中国大学生学习力模型研究

Research on the Learning Power Model of College Students in China

王 芳 著

中国社会科学出版社

图书在版编目（CIP）数据

中国大学生学习力模型研究／王芳著 . —北京：中国社会科学出版社，2023.8
ISBN 978－7－5227－2195－8

Ⅰ.①中… Ⅱ.①王… Ⅲ.①大学生—学习方法—研究 Ⅳ.①G642.46

中国国家版本馆 CIP 数据核字（2023）第 123001 号

出 版 人	赵剑英
责任编辑	赵　丽
责任校对	闫　萃
责任印制	王　超

出　　版	中国社会科学出版社
社　　址	北京鼓楼西大街甲 158 号
邮　　编	100720
网　　址	http://www.csspw.cn
发 行 部	010－84083685
门 市 部	010－84029450
经　　销	新华书店及其他书店
印　　刷	北京君升印刷有限公司
装　　订	廊坊市广阳区广增装订厂
版　　次	2023 年 8 月第 1 版
印　　次	2023 年 8 月第 1 次印刷
开　　本	710×1000　1/16
印　　张	23
字　　数	314 千字
定　　价	128.00 元

凡购买中国社会科学出版社图书，如有质量问题请与本社营销中心联系调换
电话：010－84083683
版权所有　侵权必究

出 版 说 明

为进一步加大对哲学社会科学领域青年人才扶持力度，促进优秀青年学者更快更好成长，国家社科基金2019年起设立博士论文出版项目，重点资助学术基础扎实、具有创新意识和发展潜力的青年学者。每年评选一次。2021年经组织申报、专家评审、社会公示，评选出第三批博士论文项目。按照"统一标识、统一封面、统一版式、统一标准"的总体要求，现予出版，以飨读者。

全国哲学社会科学工作办公室

2022 年

序

  高质量人才是国家未来的光明,保障人才培养质量是建设教育强国的核心要义,而"学生"就是保障人才培养质量不可忽视的重要主体。"大学生学习情况调查研究"旨在从学生视角揭示人才培养规律,解读大学使命的五大发展维度"教学相长""科学研究""社会服务""文化承创""国合交流"。自 2010 年由国家社会科学基金教育学重点课题的立项,至今已十二年。在这十二年间,我带领团队从 2011 年开始每年的大学生学情调查,通过学生这一人才培养质量的承载者对自身学习情况的综合评价,对学生的学习过程、学习结果有了全面把握。十二年来,我指导的博士生以大学生学情的子模块为选题,完成了 12 篇博士学位论文,内容涉及学生压力、学习方式、学习满意度等研究主题,并获 5 项全国优博、省级优博奖项和 1 项国外国家优选资助。随着大学生学情研究的逐步深入,我和团队逐渐意识到,每一部博士学位论文都是大学生学情子模块的精深之作,而 12 篇博士学位论文也让我们的研究面向宽且广,并逐步把这些模块联系起来,探索内部的关系结构和作用机制,在本土的学习理论寻求突破,完成了大学生学情研究从 1.0 到 2.0 的跃升。王芳的博士论文就是在这样的要求与挑战下完成的。

  毫无疑问,王芳的博士论文《中国大学生学习力模型研究》从某种程度上已经实现了从 1.0 到 2.0 的跃升。她试图构建一个动态的综合模型。虽然这个模型以学习力为载体,但是她从学习的本质出发,回归学习力的原生理论系统动力学,赋予了学习力全新的内涵，基于一种动态视角构建了学习力的理论模型，并借助"国家大学生学情调查（NCSS）数据库"追踪分析了学习力模型的动态特征。当然，如果研究只是到此为止，那么这篇学位论文也谈不上特别，只是众多量化研究的延伸，其精巧之处就在于通过并行实施的聚敛式设计将量化与质性的研究结果并行比对，相互补充与融合，相得益彰。不仅摸清了大学生学习力模型的动态特征，而且通过"深描"学习卓越大学生学习力的特殊性，为大学生学习力的发展提供了学习的范本/方向。

不可否认，王芳是有一定理论雄心的，这是成就一篇优秀博士学位论文需要具备的条件之一，也是我长期以来对王芳的要求和期许。在整个博士学位论文的撰写过程中，王芳不断挑战自己，无论是研究方法的设计与选择，还是资料的收集与分析，始终围绕研究问题逐个突破。不管是阅读大量国内外优秀博士学位论文，还是从零开始学习新方法，无不显示出王芳对于高质量学位论文的追求。令我倍感欣慰的是，王芳的所有努力和付出都没有白费，她不仅全优通过双盲审和答辩，而且获得了福建省优秀博士学位论文奖和国家社科基金后期资助暨优秀博士论文出版项目的资助。天道酬勤，这既是对王芳既往付出的肯定，又是对其后续工作的鞭策。

作为高等教育研究者，我深知坚持一项研究十二年的不易，但我仍然希望王芳等年轻学者能够继续将大学生学情研究坚持下去，实现 2.0 向 3.0，3.0 向 4.0……的飞跃；作为老师，我也希望王芳能够永葆初心，牢记使命与责任，为中国高等教育强国建设和世界高等教育发展贡献智慧与力量。

史秋衡
2022 年 8 月 30 日

摘　　要

　　大学生学习力模型研究是满足大学生学习研究现实需要，实践大学生学习整合模型的重要尝试。已有学习力研究主要以静态式结构为主，甚少研究学习力的动态性。在大学生学习研究整合性、动态性特征日益受到重视的背景下，探索学习力在大学生学习与发展过程中的变化规律，分析大学教育对学生学习力的影响以及如何发展学生学习力显得尤为迫切。基于此，本书通过混合方法研究的聚敛式设计和多种分析方法的尝试，从横纵向呈现立体式和动静结合的学习力模型。通过量化研究探索大学生学习力模型的普遍性与动态发展特征，同时运用质性研究方法"深描"学习卓越大学生学习力模型的特殊性，探寻大学生学习力发展的有效路径。

　　研究发现：（1）中国大学生学习力的各要素整体呈积极的发展态势，但各要素的发展不均衡，不同群体的大学生在学习力的各要素均值上表现出不同的特征；（2）大学生学习力模型是集认知、行为、情感为一体的综合模型，展现了学习驱动力、学习策略力、学习行动力、知识力、认知力、技能力和情感力之间的相互关系；（3）大学生学习力模型受到入学前的经历、微观的课堂教学环境和宏观的校园环境的综合影响；（4）时间因素对大学生的学习驱动力、学习策略力、学习行动力及情感力存在显著影响，且学习力模型各结构要素的相互关系会随着时间的变化呈现出不同的特征；（5）学习卓越大学生学习力模型的特殊性表现在内部作用机制的良性循环和有效借助外部环境的积极作用，促进学习力模型的良性循环。

结合量化与质性研究的基本结论，本书还提出了中国大学生学习力模型研究的综合结论：（1）学习行动力是学习力模型的桥梁性要素，在大学教育的可塑性最强；（2）高中阶段的学业表现和家庭教养方式是入学前经历影响大学生学习力模型的主要因素，其中学业表现又包括了学习习惯、学习策略和学习状态；（3）课堂教学环境是影响大学生学习力模型最重要的因素，也是大学教育最有可为的环节；（4）第二课堂是影响大学生学习力模型的重要环境因素，本科生对科研的需求凸显，需同时发挥第一课堂和第二课堂的作用；（5）人际关系是影响大学生学习力模型不可忽视的情境因素；（6）"自我定位"在量化研究中不曾被重视，却是影响学习卓越大学生学习力模型特殊性的关键性因素。

基于以上结论，分别从影响大学生学习力模型的三个重要主体，即学生、教师和学校，提出了对策与建议。学生层面：拓宽信息渠道，明确自我定位；注重学习力要素特征，推进自我建设；寻求朋辈帮助，实现自我超越。教师层面：认可教师身份，保持反思性审查；充实教学内容，加强思维引导；加强师生交流，倾听学生声音。学校层面：加强对大学生的制度性支持，创造良好的第二课堂环境；完善教师考核制度，为教师创造良好的教学环境。

关键词：大学生；学习力模型；混合方法研究

Abstract

Constructing model of college students' learning power is to meet the practical needs of college students' learning research and an important attempt to practice the integrated model of college students' learning. The existing researches on learning power mainly focus on the static structure, and rarely explore the dynamic characteristics of learning power. With the increasing attention to the integrated and dynamic characteristics of college students' learning research, it is particularly urgent to analyze the changing rules of learning power in the process of students' learning and development, how colleges affect students' learning power and how to improve students' learning power. Based on this, the study presents a three-dimensional and dynamic learning power model which is the results of horizontal and longitudinal data, using the convergent design of mixed method and various analytical methods. Therefore, the general and dynamic characteristics of college students' learning power model are explored through quantitative research. Meanwhile, qualitative study method is used to deeply describe the particularity of excellent college students' learning power model, and the effective path for the development of college students' learning power is put forward.

The findings are as below: (1) The development trend of the elements of college students' learning power is positive, but the development of each element is uneven, and students of different groups show different characteristics in the average of each element of learning power. (2) The model of learning power is a comprehensive model which integrates cognition, behavior and emotion. It shows the relationship among power of learning motivation, power of learning strategy, power of learning engagement, power of knowledge, power of cognition, power of skill, power of emotion. (3) The model of college students' learning power is influenced by the pre-school experience, the teaching environment and the campus environment. Among them, the family background and the academic performance in high school as pre-school experience significantly affect the college students' learning power model in China. (4) The time factor has significant influence on the students' power of learning motivation, learning strategy, learning engagement and emotion, and the relationship between the structure elements of learning power model will show different characteristics with the change of time. (5) The particularity of excellent college students' learning power model is manifested in the virtuous cycle of the internal mechanism and the positive role of external environment to promote the virtuous circle of the learning power model.

Combined with the basic conclusion of quantitative and qualitative research, this thesis also puts forward the comprehensive conclusions of the study on college students' learning power model in China: (1) Power of learning engagement is the bridge element of the learning power model, and the most plastic element in higher education. (2) The academic performance in high school and the way of family education are the main factors of pre-school factors that affect college students' learning power model, and the academic performance includes the learning habits, learning strategies and learning status. (3) The curricular teaching environment is the most important factor that influences the students' learning power model, and it is also the most promising link of higher education. (4) The extra-curricular activities are important environmental factors that affect the college students' learning power model. What's more, it highlights the demand for scientific research of undergraduates so that the colleges need to bring the role of normal curricula and extracurricula into full play. (5) The interpersonal relationship is the situational factor that affects college students' learning power model. (6) Self-orientation, which has not been paid much attention to in the quantitative research, is the key factor that affects the particularity of the top college students' learning power model.

Based on the above conclusions, this research put forward some suggestions to students, teachers and colleges, which play important roles in students' learning power model. For students, widening the information channel and making self-orientation clear. Paying attention to the characteristics of learning power and promoting self-construction. Seeking the help of others and realizing self-transcendence. For teachers, approving the teacher's identity and keeping reflective assessment. Enriching the teaching contents and strengthening the guidance of thinking. Increasing communication with students and listening to the students' voices. For college, strengthening the system support to students and creating a good environment by providing more extracurricular activities. Improving the system of teachers' assessment and creating a good teaching environment for teachers.

Key Words: College Student; Learning Power; Mixed Methods Research.

目　　录

第一章　绪论 ……………………………………………………（1）
　第一节　研究缘起 ………………………………………………（1）
　第二节　研究背景 ………………………………………………（3）
　第三节　研究问题 ………………………………………………（15）
　第四节　研究意义 ………………………………………………（16）

第二章　研究综述与理论分析 …………………………………（20）
　第一节　学习力的研究综述 ……………………………………（20）
　第二节　大学生学习的研究综述 ………………………………（33）
　第三节　理论模型与概念框架 …………………………………（63）

第三章　研究设计 ………………………………………………（79）
　第一节　研究问题与分析框架 …………………………………（79）
　第二节　研究方法 ………………………………………………（83）
　第三节　研究的信效度与伦理 …………………………………（115）

第四章　中国大学生学习力的实证模型建构 …………………（120）
　第一节　中国大学生学习力要素的特征描述 …………………（120）
　第二节　中国大学生学习力的实证模型分析 …………………（156）
　第三节　本章小结 ………………………………………………（165）

第五章　中国大学生学习力模型的影响因素分析 …………（168）
- 第一节　个体层面因素对中国大学生学习力模型的影响分析 ……………………………………………………（168）
- 第二节　中微观环境因素对中国大学生学习力模型的影响分析 ……………………………………………………（195）
- 第三节　宏观环境因素对中国大学生学习力模型的影响分析 ……………………………………………………（203）
- 第四节　本章小结 …………………………………………（213）

第六章　中国大学生学习力模型的动态发展特征 …………（216）
- 第一节　中国大学生学习力追踪调查的基本情况 ………（216）
- 第二节　中国大学生学习力的动态发展模型 ……………（234）
- 第三节　本章小结 …………………………………………（248）

第七章　学习卓越大学生学习力模型的特殊性探索 ………（251）
- 第一节　一位学习卓越大学生的个案调查 ………………（252）
- 第二节　学习卓越大学生学习力模型的作用机制 ………（269）
- 第三节　本章小结 …………………………………………（296）

第八章　研究结论与建议 ………………………………………（298）
- 第一节　中国大学生学习力模型研究的基本结论 ………（298）
- 第二节　中国大学生学习力模型研究的综合结论 ………（304）
- 第三节　对策与建议 ………………………………………（308）

附录　受访者信息与代码表 …………………………………（317）

参考文献 ………………………………………………………（318）

索　引 …………………………………………………（341）

后　记 …………………………………………………（343）

Content

1. Introduction .... (1)
  1.1 Reasons for Choosing the Topic .... (1)
  1.2 Background of the Study .... (3)
  1.3 Research Questions .... (15)
  1.4 Significance of Research .... (16)

2. Literature Review and Therotical Analysis .... (20)
  2.1 Literature Review of Learning Power Research .... (20)
  2.2 Literature Review of College Student Learning
      Research .... (33)
  2.3 Theoretical Model and Conceptual Framework .... (63)

3. Research Design .... (79)
  3.1 Research Questions and Analysis Framework .... (79)
  3.2 Research Methods .... (83)
  3.3 Research Reliability, Validity and Ethics .... (115)

**4. The Construction of Empirical Model of College Students'
Learning Power in China** .... (120)
  4.1 The Characteristics of College Students' Learning Power
      in China .... (120)

4.2 The Empirical Analysis of College Students' Learning Power Model in China （156）

4.3 The Summary of the Chapter （165）

5. **The Analysis of the Influencing Factors of College Students' Learning Power Model in China** （168）

5.1 The Analysis of the Influence of Individual-level Factors on the College Students' Learning Power Model in China （168）

5.2 The Analysis of the Influence of Medium and Microcosmic Environmental Factors on the College Students' Learning Power Model in China （195）

5.3 The Analysis of the Influence of Macro-Environmental Factors on the College Students' Learning Power Model in China （203）

5.4 The Summary of the Chapter （213）

6. **Dynamic Development Characteristics of College Students' Learning Power Model in China** （216）

6.1 The Basic Situation of the Tracking Survey on Learning Power of College Students in China （216）

6.2 Dynamic Development Model of College Students' Learning Power in China （234）

6.3 The Summary of the Chapter （248）

7. **Exploration on the Particularity of Learning Power Model of College Students with Outstanding Academic Performance** （251）

7.1 A Case Study of a College Student with Outstanding Academic Performance （252）

7.2　The Mechanism of Learning Power Model of College Students with Outstanding Academic Performance ……… (269)
7.3　The Summary of the Chapter …………………………… (296)

8. Conclusions and Suggestions ……………………………… (298)
8.1　The Basic Conclusions of the Research on the Learning Power Model of College Students in China ……………… (298)
8.2　The Comprehensive Conclusions of the Research on the Learning Power Model of College Students in China …… (304)
8.3　Suggestions …………………………………………… (308)

Appendix ……………………………………………………… (317)

References …………………………………………………… (318)

Index ………………………………………………………… (341)

Postscript …………………………………………………… (343)

第 一 章
绪　　论

　　从来没有一个时代，像今天这样需要不断地、随时随地地、深入广泛地、快速高效地学习。

——哈佛学习格言①

这是美国哈佛大学文理学院院长柯比先生在其专著《学习力》中展示的哈佛学习格言。柯比先生认为，在信息高速发展的今天，高等学校对学生的培养已不再只是传授给学生知识，而是要帮助每个学生能够具备终身受益的学习力。这是哈佛的最终目的，也是每个大学应该发挥的作用。

第一节　研究缘起

从硕士生入学开始，笔者就一直跟着导师从事大学生学习方面的调查与研究。在这期间积累了丰富的调查和研究经验，也深入地了解了大学生学习研究在中国乃至世界的进展。导师曾说，大学生学习研究发展到现在，所涉及的面已经很宽很广了，在独立的模块

---

① ［美］柯比：《学习力》，金粒译，南方出版社2005年版，第1页。

方面也做得较为精深，如何能够将各个模块联系起来，探索内部的关系结构和作用机制，形成属于中国本土的学习理论才是我们未来努力的方向。这是促使笔者选择这个研究主题的初始原因。

从事大学生学习的调查与研究以来，笔者一直困惑于大学生的学习过程究竟是什么样的。作为曾经的本科生，笔者一直在试图回忆自己的本科学习过程，却发现这个过程带有很强的个人印记，与个人的经历、学习动力和态度、个人适合的教学风格密切相关。犹记得有一门专业基础课叫《教育统计学》，任课教师是教育统计领域的翘楚，然而，她上课的平平语调总是让人思绪乱飞，无法集中精力。最后，笔者为了通过考试，花了两周时间突击自学。另一门基础课是《教育学原理》，老师是学院有名的"愤青"，课程中讲述了大量有趣的故事。虽然笔者已经不太记得课程的内容有哪些，但他反复强调"人是目的"却一直回荡在笔者的脑海里，影响深远。奇怪的是，同样的课程、同样的教师，班上一些同学的听课效果却截然相反。笔者的本科室友是一个典型的理科生，酷爱数学。因此，她在学习《教育统计学》的时候，完全不受老师语调的影响，课堂表现活跃、积极，无论是课堂测验还是期末考试都名列前茅。对于《教育学原理》这门课，笔者也曾听同学抱怨过老师讲课不够系统的问题。因为老师授课发散，课后的复习不知如何下手，期末考试也不考老师课上讲的故事……回顾本科阶段的学习，类似的情况还有很多。而回顾的过程又让笔者产生更多的疑惑：影响学习效果的因素有哪些？哪些因素的影响更大？哪些因素的影响更小？学习能力是如何形成的？学习方式又是怎么样的？学习动力、学习兴趣在这个过程中扮演什么角色？那些学习表现卓越的大学生又具备哪些特质？此外，笔者还困惑于学校设置这些课程是为了把学生培养成什么样的人。笔者也反问自己，哪些能力是在大学期间获得培养的呢？

于是，笔者开始搜集相关研究中对大学生学习过程的描述和解释，并且尝试用自己的经历去理解研究中的结论。虽然部分困惑得到了解答，但笔者仍旧没有找到足够的研究来回答大学生经历了怎样的本科教育，以及学习过程的各要素是如何发生变化的。

随着中国高等教育进入内涵式发展的关键阶段，人才培养质量的提升已经成为高等教育的首要任务，大学生学习已经成为一个热门研究主题。在哈佛大学文理学院院长柯比先生的启发下，笔者认为，大学生学习力的研究或许可以成为了解中国大学生学习过程的重要切入点。而对高等教育发展背景和需求，以及大学生学习研究所处的现实情境有深入的了解，是展开研究的必要条件，下文将对研究的背景展开论述。

第二节　研究背景

事实上，大学生学习研究由来已久，只是在最近十几年才受到广泛关注。这一方面得益于对本科教育质量的呼唤。美国卡内基教学促进基金会前主席欧内斯特·博耶就曾提出"大学之魂"就是培养学生，就是造就人才，其中的基础和重心又落在本科教育；[①] 另一方面也离不开对"学生"视角的日益重视。美国学者帕斯卡雷拉、特伦兹尼在《大学怎样影响学生发展》一书中说"大学的质量高低、大学对学生所产生的影响，在很大程度上由学生个体的学习努力程度和学习参与程度所决定的，卓越的大学应当把政策、管理、资源配置等落脚和围绕在鼓励学生更好地参与到学习中来"[②]。在这两股力量的推动下，越来越多的学者投入大学生学习的研究中。

一　回归大学之道——对本科教育质量的强烈呼唤

20世纪90年代，一批美国学者通过实证研究揭露了美国大学教

[①] 龚放：《守护大学教育之魂：欧内斯特·博耶高等教育思想的最新解读》，《复旦教育论坛》2018年第2期。

[②] Pascarella, E. T., Terenzini, P. T., *How College Affects Students*，转引自龚放《本科教育质量：体制制约、内涵界定与维度补缺》，《大学教育科学》2012年第5期。

学质量的诸多现实问题。帕斯卡雷拉研究发现,"学生经过大学教育之后,在各方面的进步并不显著"①。类似的结论在其他学者的研究中也得到了证实,如阿斯廷发现,"只有少数学生经过大学教育后在写作能力、计算能力、外语水平等方面获得长足进步,有些学生甚至出现倒退的现象"②;金、基奇纳发现,"多数毕业生在经过大学教育之后,分析现实生活中所遇到的非结构性问题时,表现得差强人意"③;鲍恩、博克发现"一半之多的毕业生认为大学在帮助自己提高分析能力、写作能力以及获得专业知识方面没有发挥很大的作用"④。在这样的背景下,哈佛大学前校长德雷克·博克在他的专著《回归大学之道:对美国大学本科教育的反思与展望》中写道,"当我们把注意力转移到'学生学业表现的实证研究'上来,会发现我们更有理由关注美国大学的现状"⑤。这位在哈佛大学历史上两度执掌校政且时间长达21年的校长,通过著书的方式揭露了美国大学教学质量面临的现实危机,强调了本科教育质量在高等教育中的不可替代性。

事实上,博克并不是唯一一个呼吁美国大学关注与反思本科教育的人。也是在2006年,哈佛学院前院长哈里·刘易斯在其专著对哈佛大学的本科生教育进行了强烈的批判,他明确指出:"尽管这些

---

① Pascarella, E. T., Terenzini, P. T. *How College Affects Students*, San Francisco: Jossey-Bass, 1991.

② Astin, A. W. *What Matters in College: Four Critical Years Revisited*, San Francisco: Jossey-Bass, 1993, p. 223.

③ King, P. M., Kitchener, K. S. *Developing Reflective Judgment: Understanding and Promoting Intellectual Growth and Critical Thinking in Adolescents and Adults*, Jossey-Bass Higher and Adult Education Series and Jossey-Bass Social and Behavioral Science Series, San Francisco: Jossey-Bass, 1994, p. 167.

④ Bowen, W. G., Bok, D. *The Shape of the River: Long-Term Consequences of Considering Race in College and University Admissions*, Princeton: Princeton University Press, 1999, p. 212.

⑤ [美]德雷克·博克:《回归大学之道:对美国大学本科教育的反思与展望(第二版)》,侯定凯等译,华东师范大学出版社2014年版,第211页。

顶尖大学已经具备帮助学生发展的条件，财政支持非常充裕慷慨，进行真正教育的硬件都已齐全，但却迷失了教育的大目标，忘记了自己的使命在于'继续塑造这些学生：使其成为富有学识、智慧、能为自己的生活和社会承担责任的成年人。'"①

也许是高等教育发展阶段的必然，中国高等教育在经历大众化之后，本科教育质量问题也渐渐进入公众视野。2012年5月，时任天津大学校长的龚克强调"坚守'育人为本'才是大学正道"②。同年同月，时任中山大学校长的许宁生坦言，"一想到中国本科教学欠债太多，心里就沉甸甸的"，并表示"大学要在'学'字上下功夫""如何将研究型大学积累人才、知识创造的优势，运用到育人方面，是建设高水平一流大学的关键"③。2013年"两会"期间，时任南京大学校长的陈骏高声呼吁高校摒弃浮躁风气，回归大学之道、坚守大学之本、重塑大学之魂。④ 2018年，教育部高等教育司司长吴岩在《关于加快建设高水平本科教育情况介绍》中指出，"本科生在所有毕业生中占比87%，本科生培养质量的高低直接影响着高等教育整体质量，而本科生教育质量又直接影响到我国高层次人才培养质量的高低""人才培养为本，本科教育是根"⑤。此外，习近平同志在描绘中国特色社会主义现代化强国建设蓝图时也多次浓墨重彩

---

① ［美］哈瑞·刘易斯：《失去灵魂的卓越：哈佛是如何忘记教育宗旨的》，侯定凯译，华东师范大学出版社2007年版，第11页。
② 龚克：《坚守"育人为本"才是大学正道》，《中国科学报》2012年5月9日第B1版。
③ 温才妃：《中山大学校长许宁生：大学要在"学"字上下功夫》，《中国科学报》2012年5月16日第B1版。
④ 蔡玉高、葛素表：《亟须回归大学之道，坚守大学之本》，2013年3月6日，《新华网》，http://www.xinhuanet.com/2013lh/2013-03/06/c_114917504.htm，2018年11月28日。
⑤ 吴岩：《关于加快建设高水平本科教育情况介绍》，2018年6月22日，http://www.moe.gov.cn/jyb_xwfb/xw_fbh/moe_2069/xwfbh_2018n/xwfb_20180622/sfcl/201806/t20180621_340511.html，2018年11月28日。

地突出"全面提高人才培养能力这个核心点"[①]。由此可见，无论是一国之长还是一校之长，无论是高等学校的实践需要还是社会主义现代化强国的战略需求，无不强调本科教育质量的重要性，也无不呼吁大学之道的回归。

二 促进学生发展——对本科教育灵魂的坚定守护

实际上，中国教育部早在 2004 年就成立了高等教育教学评估中心，并在随后的 5 年时间对全国 589 所公立普通高校进行了本科教学评估，并由此确立了 5 年一轮的评估制度。[②] 2007 年，教育部、财政部联合下发了《教育部财政部关于实施高等学校本科教学质量与教学改革工程的意见》（教高［2007］1 号），决定正式实施"高等学校本科教学质量与教学改革工程"（以下简称"质量工程"）。[③] 为进一步深化本科教育教学改革，教育部、财政部于 2011 年决定在"十二五"期间继续实施"高等学校本科教学质量与教学改革工程"[④]。同年，教育部发布《关于全面提高高等教育质量的若干意见》，提出要建立本科教学质量年度报告发布制度。[⑤] 2011 年 9 月底，39 所"985 工程"大学首次公开发布了《本科教育教学质量报告》，到 2013 年，中国所有的本科院校都发布了《质量

[①] 史静寰、王文：《以学为本，提高质量，内涵发展：中国大学生学情研究的学术涵义与政策价值》，《华东师范大学学报》（教育科学版）2018 年第 4 期。

[②] 蒋凯：《提高质量：高等教育发展的核心任务——对〈教育规划纲要〉"高等教育"部分的分析》，《大学》（学术版）2011 年第 3 期。

[③] 教育部、财政部：《教育部 财政部关于实施"高等学校本科教学质量与教学改革工程"的意见》，2007 年 1 月 22 日，http://old.moe.gov.cn//publicfiles/business/htmlfiles/moe/moe_1623/201001/xxgk_79761.html，2018 年 11 月 28 日。

[④] 教育部、财政部：《教育部 财政部关于"十二五"期间实施"高等学校本科教学质量与教学改革工程"的意见》，2011 年 7 月 1 日，http://old.moe.gov.cn/publicfiles/business/htmlfiles/moe/s6342/201109/xxgk_125202.html，2018 年 11 月 28 日。

[⑤] 教育部：《教育部关于全面提高高等教育质量的若干意见》，2012 年 3 月 16 日，http://www.moe.gov.cn/srcsite/A08/s7056/201203/t20120316_146673.html，2018 年 11 月 28 日。

报告》。① 2014 年，教育部开始启动"普通高等学校本科教学工作审核评估"工作，依据参评学校自定的办学定位，对学校人才培养目标与培养效果的实现状况进行评价。② 除此之外，还有"国家精品课程"建设、"优秀教学成果奖"、"人才培养模式创新实验区"等一系列的举措来提高本科教育教学质量。然而，分析这些举措可以发现，中国高校本科教育质量更多的是受行政化评价的驱动，在这场本应由高等学校作为主体的改革中，高校带有明显的外生性、被动性，而主体性与主动性体现得并不明显，这就使得改革的动力略显不足。在 35 所中国世界一流大学建设高校发布的 2016—2017 年质量分析报告③中，虽然各高校为提高本科教学质量也采取了一系列举措，如教学督导、同行听课、教学检查、学生评教等监控机制，但是其中有关展示学生培养质量，即学生的学习效果或学生的发展情况的呈现相当有限，只报告了学生对本科教育的满意度、学生毕业就业情况等内容。

一个根源性的问题：本科教育的灵魂究竟是什么？

博耶说"围绕教学与科研、通识教育与专业教育、校园生活的质量、学校的社会服务等问题进行的争论，都是为了寻求一种大学的灵魂"④，而这种灵魂就是他全身心投入所捍卫的："关注本科教育质量，关注学生的培养和成长。"⑤ 海伦·凯勒在 1904 年拉德克利

---

① 刘海燕：《本科教育质量提升研究——基于就读经验的视角》，高等教育出版社 2017 年版，第 2 页。

② 教育部：《教育部关于开展普通高等学校本科教学工作审核评估的通知》，2013 年 12 月 12 日，http://www.moe.gov.cn/srcsite/A08/s7056/201312/t20131212_160919.html，2018 年 11 月 28 日。

③ 由于部分高校并没有公布 2016—2017 年的本科教学质量报告，或没有提供下载链接，此处只搜到了 35 所高校的报告。

④ Bowyer, E. L. *Selected Speeches*, 1979 – 1995, San Francisco：Jossey-Bass Inc., 1997, p.73.

⑤ 潘金林：《守护本科教育的灵魂——欧内斯特·博耶高等教育思想探微》，高等教育出版社 2017 年版，第 140 页。

夫学院毕业典礼上说"大学教育激活了我的思维，开阔了我的视野，赋予了我真知，让我重新认识了世界"，这句话被博克评价为"道出了本科教育的真谛"①。哈瑞·刘易斯说："本科教育的基本任务是帮助十几岁的人成长为二十几岁的人，让他们了解自我、探索自己生活的远大目标，毕业时成为一个更加成熟的人。"② 尽管表达方式各异，但是促进学生的成长与发展是本科教育的核心却是大家的共识。以学生为中心，实现对学生的培养与发展是本科教育最根本的使命与任务，也是高等教育得以不断发展的灵魂所在。正如教育部高等教育司司长吴岩所说"没有优秀的本科生培养质量，研究生教育就没有高质量的毛坯和种子，就成了无源之水、无本之木，就无法保证培养出优秀的高层次人才，本科生培养质量直接影响到我国高层次人才培养质量的高低"③。

遗憾的是，以人才培养为根本使命并不是所有中国高校的共识。史静寰在对39所大学的"宗旨"或"使命"的文本分析中发现，"有24所大学提到'人才培养'，而明确将人才培养作为根本任务的高校只有1/5"④。2018年10月发布的《教育部关于加快建设高水平本科教育全面提高人才培养能力的意见》也提到"人才培养的中心地位和本科教学的基础地位还不够巩固，一些学校领导精力、教师精力、学生精力、资源投入仍不到位，教育理念仍相对滞后"⑤。卡

---

① ［美］德雷克·博克：《回归大学之道：对美国大学本科教育的反思与展望》，侯定凯等译，华东师范大学出版社2014年版，第173页。

② ［美］哈瑞·刘易斯：《失去灵魂的卓越：哈佛是如何忘记教育宗旨的》，侯定凯等译，华东师范大学出版社2012年版，英文版序言第10页。

③ 吴岩：《关于加快建设高水平本科教育情况介绍》，2018年6月22日，http://www.moe.gov.cn/jyb_xwfb/xw_fbh/moe_2069/xwfbh_2018n/xwfb_20180622/sfcl/201806/t20180621_340511.html，2018年11月28日。

④ 史静寰：《现代大学制度建设需要"根""魂"及"骨架"》，《中国高教研究》2014年第4期。

⑤ 中华人民共和国教育部：《教育部关于加快建设高水平本科教育 全面提高人才培养能力的意见》，2018年10月8日，http://www.moe.gov.cn/srcsite/A08/s7056/201810/t20181017_351887.html，2018年11月28日。

诺奇曾说："如果对大学的目标缺乏足够认识，我们就无法知道实践中高等教育的质量如何，甚至无法知道所谓'高等教育'质量的内涵是什么。"① 换言之，如果本科教育不能将培养学生作为使命/宗旨/目标，对培养学生缺乏足够的认识，我们就无法知道实践中的本科教育质量如何，甚至无法知道本科教育质量的内涵是什么，更遑论守护本科教育的灵魂。这也是中国高等学校的主体性与主动性在本科教育质量提升过程中缺失的主要表现。

美国学者博格说："我们探寻质量的根本原因：对人的才能、精神和潜力的有效培养。"② 我们之所以关注本科教育质量，最根本的是要探寻对学生的有效培养。只有学生获得了全面发展，才能说本科教育是成功的，是有质量的，而这才是建设高等教育强国应该达到的基本目标。当前，中国高等教育正处于"内涵发展、质量提升、改革攻坚的关键时期和全面提高人才培养能力、建设高等教育强国的关键阶段"③，高等学校能否结合本校实际，摒弃浮躁风气，回归大学之道，积极改进本科教育；重视学生的培养，重塑大学之魂是其能否在新时代的教育改革浪潮中获得新生的关键。

三　大学生的学习——衡量本科教育质量的关键维度

随着本科教育教学改革的不断深入，接踵而来的还有本科教育质量如何衡量的问题。1984 年 10 月，美国高质量高等教育研究小组就曾强调，"在高等教育质量评价中所注重的物力、财力、接受的资

---

① Carnochan, W. B. *The Battleground of the Curriculum: Liberal Education and the American Experience*，转引自［美］德雷克·博克《回归大学之道：对美国大学本科教育的反思与展望》，侯定凯等译，华东师范大学出版社 2014 年版，第 41 页。

② ［美］博格：《高等教育中的质量与问责》，毛亚庆等译，北京师范大学出版社 2008 年版，第 1 页。

③ 中华人民共和国教育部：《教育部关于加快建设高水平本科教育 全面提高人才培养能力的意见》，2018 年 10 月 8 日，http：//www.moe.gov.cn/srcsite/A08/s7056/201810/t20181017_351887.html，2018 年 11 月 28 日。

助与经费，学校课程的广度和深度，教师的学术成就，入学新生的考试分数以及录取时可选择的幅度，图书馆与实验室的现代性和充足度等'替代物'和'输入物'都没有向我们说明：学生实际上学到了什么；经过高等教育后，他们又取得了多大进展。它们没能向我们说明教育成就的任何情况"[1]。事实上，这也是中国高等学校在衡量本科教育质量中所呈现出来的问题。在各高校公布的《本科教学质量报告》中，前文所述的"输入物"和"替代物"占了很大的篇幅，几乎所有的学校都在强调学校的师资队伍建设、课程与教材建设、教学条件建设、实验室与教学用房建设、专业建设、招生、国际化等内容，包括学校在教学质量保障体系中所采取的领导干部听课、教学督导、课堂教学评估等举措。不可否认的是，这些内容具有对学生学习产生直接影响的潜力。但正如美国高质量高等教育研究小组指出的那样，这些内容都是本科教学质量的"替代物"或"输入物"，他们只能说明学校投入了、重视了，甚至行动了，却无法证明学生是否真的学到了。即使是学生的学习满意度和毕业与就业情况，也只是在数值上说明学生对课程及任课教师的总体满意情况，学生的毕业率以及就业的情况。然而，没有最直接的证据说明经过高等教育之后，学生取得了多大的进展、成就，是否达到了学校设立的人才培养目标。

在《投身学习：发挥美国高等教育的潜力》中，美国高质量高等教育研究小组这样写道，"尽管这些标准可能不合适，但它们仍然继续被采用。它们鼓励学校集中精力去获取更多的资源，有时甚至损害了学生的学习和发展"[2]。为此，该小组进一步提出，必须是能证明学生从入学到毕业在知识、能力、技能以及态度等方面产生可以证明的进步；教育质量必须着眼于学生的成果——主要是知识、

---

[1] 吕达、周满生：《当代外国教育改革著名文献（美国卷·第一册）》，人民教育出版社2004年版，第30—31页。

[2] 吕达、周满生：《当代外国教育改革著名文献（美国卷·第一册）》，第31页。

能力和技能这样的学习成果，也包括学生成长的其他方面，如自信心、毅力、领导能力、同情心、社会责任感以及对不同文化和学术流派的理解能力。① 此后，这一标准被许多学者认可并运用到具体的实证调查中，且逐渐在国际高等教育界达成一种共识：即表征本科教育质量的指标体系不能仅仅是设施设备、师资队伍、课程与教材、学生毕业与就业率等一些外围的替代物，学生的学习投入、学习参与及其学习结果等才是反映本科教育质量的真实标尺。② 因此，近十几年来，以高等教育质量的实践改进为指向的有关本科生学习参与、就读经验的院校调查日趋引人关注，其中较有影响力的调查有："美国的'全美学生学习投入调查（National Survey of Student Engagement，NSSE）''研究型大学学生就读经历调查（Student Experience in the Research University，SERU）''大学就读成果调查（Collegiate Results Survey，CRS）''大学生调查（College Student Survey，CSS）'；英国的'全国大学生调查'（National Student Survey，NSS）；日本的'大学生调查'以及澳大利亚的'大学生课程经验调查'（Course Experience Questionnaire，CEQ）等"③。

在国际高等教育质量对大学生学习日益重视的背景下，面对中国本科教育质量所呈现的现实问题，中国的高等教育研究者也开始重视大学生学习在本科教育质量评估的核心地位。龚放提出，"衡量本科教育质量高低的标准应当着眼于学生的成长与发展，即大学毕业生与其四年前进入大学时相比，在知识掌握、能力发展和素质提高诸方面有无长进，有多大长进"④。郭芳芳、史静寰强调"只有学

---

① 吕达、周满生：《当代外国教育改革著名文献（美国卷·第一册）》，第 31 页。
② 吕林海、龚放：《美国本科教育的基本理念、改革思路及其启示——基于 AAC&U 的相关研究》，《教育发展研究》2012 年第 3 期。
③ 史秋衡、汪雅霜：《大学生学习情况调查研究》，教育科学出版社 2015 年版；吴凡：《我国研究型大学本科人才培养质量研究——基于"985 工程"高校大学生学习经验调查》，博士学位论文，厦门大学，2013 年，第 9 页。
④ 龚放：《聚焦本科教育质量：重视"学生满意度"调查》，《江苏高教》2012 年第 1 期。

生学了什么和学生是怎么学的才是高等教育机构的基本使命，才是高等教育质量的价值所在，因此也只有在真正认识和理解了学生到底在大学中学了什么，高等教育机构的核心职能和高等教育质量才能得以彰显和保证"[1]。此外，不少学者也在推进实证调查工作，如厦门大学课题组自主设计问卷及开展了八年的"国家大学生学情调查（National College Student Survey，NCSS）"[2]；北京师范大学于 2001 年引进"大学生学习经历问卷，使用其汉化版本在国内多个省份的高校开展调查"[3]；清华大学引进美国全国大学生学习性投入调查问卷，使用其汉化版工具 NSSE-China 对中国大学生展开调查，并于 2011 年更名为"中国大学生学习与发展追踪研究"[4]；北京大学面向首都高校开展的"首都高校学生发展状况调查"[5]；南京大学、西安交通大学等高校参与了国际"研究型大学本科生学习经历调查"[6]；还有一些学校在院校内部发起的本科生学习与发展调查，如中山大学、[7] 华中科技大学[8]等。

---

[1] 郭芳芳、史静寰：《区域认证中的学生评价："奉子成婚"抑或"天作之合"？——美国高等教育质量保障机制研究》，《外国教育研究》2012 年第 10 期。

[2] 史秋衡、郭建鹏：《我国大学生学情状态与影响机制的实证分析》，《教育研究》2012 年第 2 期。

[3] 周廷勇、周作宇：《高校学生发展影响因素的探索性研究》，《复旦教育论坛》2012 年第 3 期。

[4] 史静寰、王文：《以学为本，提高质量，内涵发展：中国大学生学情研究的学术涵义与政策价值》，《华东师范大学学报》（教育科学版）2018 年第 4 期。

[5] 朱红：《高校学生参与度及其成长的影响机制——十年首都大学生发展数据分析》，《清华大学教育研究》2010 年第 6 期。

[6] 龚放、吕林海：《中美研究型大学本科生学习参与差异的研究——基于南京大学和加州大学伯克利分校的问卷调查》，《高等教育研究》2012 年第 9 期；陆根书等：《大学生学习经历：概念模型与基本特征——基于西安交通大学本科生学习经历的调查研究》，《高等教育研究》2013 年第 8 期。

[7] 傅承哲：《本土化学生学习调查工具的开发初探》，《复旦教育论坛》2012 年第 3 期。

[8] 魏署光、陈敏：《本科生学习效果影响机制研究——基于华中科技大学 SSLD 的分析》，《高等工程教育研究》2016 年第 2 期。

四　学习力的研究——大学生学习研究现实窘境的破解之道

虽然大学生学习的调查研究正在如火如荼地进行着，但是其存在的缺陷和不足，也受到学界的不少批评。史静寰、王文"将大学生学习投入研究概括为两条经典研究路径，一条路径根源于心理学研究，主要是从个体心理层面来探索学习投入的含义和结构；另一条路径则是以阿斯廷、廷托、帕斯卡雷拉等人为代表的现代意义的学习投入理论"①，"呈现了由只注重量到质量并重"②"由关注'个体投入'到同时关注'个体投入+院校环境'的内涵变化"③。然而，不管是从心理层面研究学习投入，还是个体投入与院校环境融合下的学习投入都受到了学界的批评。心理学视角的学习投入被认为"忽视了对环境及个体—环境互动关系的考察，与教育实践情境不符，缺乏解释群体行为的足够空间和改进实践的应用价值，且该路径下的学习投入各维度含义及相互关系缺乏清晰统一的定义"④。而同时关注"个体投入+院校环境"的路径二，虽然弥补了路径一的不足，考察了院校环境对学习投入及收获的影响，但"其概念不够清晰且理论建构较为薄弱"⑤，"对学习投入定义过于狭隘，只关注行为视角而忽视了心理状态、情感反应"⑥ 等问题也是为人诟病的不足之处。尹弘飚指出，"仅关注行为的做法不仅丢失了重要的解

---

① 史静寰、王文：《以学为本，提高质量，内涵发展：中国大学生学情研究的学术涵义与政策价值》，《华东师范大学学报》（教育科学版）2018 年第 4 期。

② 张娜：《国内外学习投入及其学校影响因素研究综述》，《心理研究》2012 年第 2 期。

③ 吕林海：《大学生学习参与的理论缘起、概念延展及测量方法争议》，《教育发展研究》2016 年第 21 期。

④ 史静寰、王文：《以学为本，提高质量，内涵发展：中国大学生学情研究的学术涵义与政策价值》，《华东师范大学学报》（教育科学版）2018 年第 4 期。

⑤ Khan, P. E., "Theorising Student Engagement in Higher Education," *British Educational Research Journal*, Vol. 40, 2014, pp. 1005 – 1018.

⑥ Kahu, E. R., "Framing Student Engagement in Higher Education," *Studies in Higher Education*, Vol. 38, 2013, pp. 758 – 773.

释变量，而且忽视了学生内部状态与外显行为之间可能存在的矛盾"①。事实上，已经有不少学者提出要"从整体视角构建学习理论"②。

　　鉴于大学生学习研究和中国国情的复杂性，笔者认为应该从教育学、心理学、管理学乃至社会学等多维视角，从学生、学校、家庭等系统情境，全面考察学生的心理、行为、情感态度等情况，构建能够解释中国国情的大学生学习理论。在这样的背景下，笔者关注到了哈佛大学文理学院院长柯比先生提出的"学习力"，即"学习力是包括学习动力、学习态度、学习方法、学习效率、创新思维和创造能力的一个综合体"③。学习型组织之父彼得·圣吉在总结以往理论的基础上，通过调研四千多家企业发展和完善了组织学习力理论，将学习力总结为"学习态度、能力以及终身学习的综合，是最可贵的生命力与创造力"④。蒋文昭从力学的视角提出，"学习力是学习的总量、质量、流量和增量的综合效应，总量表示学习内容来源的宽广度；质量表现学习者的综合能力素质以及学习的效率、品质；流量表现学习的速度和载体的流通效率；增量表现学习成果的创新程度和对未来的价值"⑤。谷力认为"学习力是个体与环境相互作用的产物"⑥。

---

　　① 尹弘飚：《大学生学习投入的研究路径及其转型》，《高等教育研究》2016年第11期。

　　② Kahu, E. R., "Framing Student Engagement in Higher Education," *Studies in Higher Education*, Vol. 38, 2013, pp. 758 – 773; Zepke, N., "Student Engagement Research in Higher Education: Questioning an Academic Orthodoxy," *Teaching in Higher Education*, Vol. 19, 2014, pp. 697 – 708; 尹弘飚：《大学生学习投入的研究路径及其转型》，《高等教育研究》2016年第11期。

　　③ ［美］柯比：《学习力》，第1页。

　　④ ［美］彼得·圣吉：《第五项修炼——学习型组织的艺术与实务》，郭进隆译，上海三联书店2002年版。

　　⑤ 蒋文昭：《谈在反思中提升大学生的学习力》，《教育与职业》2006年第11期。

　　⑥ 谷力：《学习力——个体与环境相互作用的产物》，《上海教育科研》2009年第7期。

从学习力的概念发展来看，它是一个多维、综合的概念，是学习各维度的集合体，也是学习过程与结果的重要表征。它的概念内涵既有个体心理层面的反映，也有行为、思维、态度、情感等方面的表现。不仅如此，它还是一个动态、系统的概念。它的内涵之丰富，在很大程度上可以解释大学生复杂的学习情况，也是对前文所述不足之处的重要整合与补充。如果能够解构学习力模型，探究大学生学习力模型的内在结构及其作用机制，建构学习卓越大学生的学习力模型，无疑是大学生学习研究和学习理论的重大突破，对认识大学生学习的复杂性有重要意义。然而，从大学生学习力的研究现状来看，它还没有受到研究者的足够重视，相较于学习投入，学习力的研究成果要少得多，相关研究也并不深入。如何以大学生学习力模型作为突破口，帮助大学生实现自我成长与发展，提高本科教育质量，是值得高等教育研究者关注并重视的课题。

第三节　研究问题

在初步分析了研究的背景之后，怀着对大学生学习诸多问题的思索，笔者提出了本书的研究问题并制定了相应的技术路线。主要的研究问题包括：

1. 大学生学习力的内涵是什么？结构要素有哪些？即学生在学习过程中有哪些力在发生作用，并最终形成了哪些力？

2. 中国大学生的学习力现状如何？各要素的影响关系为何？即在全国范围内，大学生学习过程中各种力的现状如何，它们之间作用力的大小如何？是推力还是阻力？

3. 中国大学生学习力模型与环境的互动关系为何？即大学生的学习力模型受到家庭环境、学校环境等因素的影响如何？它们在多大程度上影响着大学生学习力模型？影响了力的大小还是影响了力的方向？随着时间的变化，学习力模型会发生什么变化？又有多少变化是由大学教育引起的？

4. 学习卓越大学生的学习力模型是如何发生作用的？有何独到之处？大学教育又在当中扮演着什么角色？

在以上四个主要问题的指导下，笔者制定了本书的技术路线：第一，通过对已有文献的梳理，对相关学科有关理论的提炼、整合甚至重新建构，提出本书的核心概念——大学生学习力的内涵及理论模型，并在相关理论基础上形成本书的概念框架；第二，通过量化研究方法分析建构学习力的实证模型；第三，在数据模型基础上，加入环境因素的影响，探索学习力模型与环境的互动关系；第四，尝试建构大学生学习力的动态发展模型；第五，通过质性研究探索学习卓越大学生学习力模型的特征与作用机制，并建构学习卓越大学生学习力模型的理论模式；第五，比较和融合量化与质性研究的结论，并为中国高校大学生学习力的发展提出相应的对策与建议。

第四节 研究意义

本书的目的在于建构大学生学习力理论与实证模型，探索大学生学习力模型与院校环境的互动关系、大学生学习力模型的动态发展特征，并探索学习卓越大学生学习力模型的特殊性，以此来揭示大学生学习过程的"黑箱"，为中国本科教育质量提升探索有效路径，为大学生学习研究的理论工作者和实践者提供参考。

一 理论意义

第一，探索大学生学习的内在规律，丰富大学生的学习理论。英国高等教育研究领域的著名学者罗纳德·巴尼特曾说，"学生的学习问题在高等教育的讨论中常常被忽视。除了关于学习的心理特征以及怎样改善学习等技术层面的讨论之外，学习似乎难以描述，学习的地位与我们所作的解释很难被提上公共的议事日程，而且我们也没有对学习进行批判性的思考。"① 显然，这种状况随着大学生学习研究的不断发展而得到改善。然而，随着国内外学者对大学生学习的深入关注，已有学习理论的缺陷与不足也逐渐显现出来，对整体性视角构建学习理论的需求也愈发强烈。学习力作为一个多维、综合、动态、系统的概念，对于探究大学生复杂的学习规律具有先天优势，是对现阶段大学生学习研究的重要整合与补充。探索大学生学习力的特征，构建大学生学习力模型，运用量化和质性研究方法揭露大学生学习力模型的特征，分析大学生学习力模型的作用机制，不仅有利于探索大学生学习的内在规律，而且有助于丰富大学生的学习理论。

第二，推进中层理论的发展，搭建大学生学习理论与实践的桥梁。美国科学社会学家罗伯特·金·默顿提出，"中层理论的意义在于架通抽象理论与具体经验分析之间的桥梁，是一种介于抽象的统一性理论与具体经验性描述之间的理论"②。中层理论研究思路的提出，是为了"避免宏观理论由于普遍化、抽象化而产生的空洞化和理想化的弊端，目的是开辟宏观理论所忽视的具体领域和研究方向，增强理论研究的适应性和指导性"③。大学生学习研究具有很强的实践指导性，其研究成果如果无法有效运用于实践指导，就失去了其存在的价值与意义。因此，推进中层理论的发展，关注大学生在学习过程中的鲜活的生命体验，打通"自上而下"和"自下而上"两条并行的通道，既能够以宏观、抽象的理论为指导，又能与微观、具体的实践相结合。本书以学习理论、大学影响模型等宏观理论为基础，立足于解决大学生学习过程的现实与具体问题，通过量化与

---

① ［英］罗纳德·巴尼特：《高等教育理念》，蓝劲松主译，北京大学出版社2012年版，第191页。
② ［美］罗伯特·金·默顿：《论理论社会学》，华夏出版社1990年版，第68页。
③ 张湘韵：《我国大学生人际交往对学习力的影响研究》，人民出版社2017年版，第10页。

质性研究方法，厘清高等教育实践的现实逻辑，还原大学生学习的本来面目，努力搭建大学生学习理论与实践的桥梁，为高等教育研究的中层理论发展贡献自己的力量。

第三，促进多学科的融合，实现本土化学习理论的建构。多学科是指"求助于若干最有关系的学科和它们所提出与运用的一些观点"①。学习力最早是学习型组织的核心概念，受到管理学研究者的青睐，许多国际著名企业将学习力的设计与实施运用到实践中并大获裨益。由于学习力所产生的影响，一些教育研究者将学习力迁移到教育研究领域。本书将学习力作为核心，探究大学生学习力模型的现状及发展规律，其实质就是一个多学科融合的研究。此外，本书还将借鉴管理学、心理学领域的理论，以服务于探究大学生学习规律这一目的，也是对学科壁垒的突破，综合多学科观点的重要尝试。另外，本书还将突破西方经验，从中国大学生学情入手，以中国大学生的真实体验为基础，自下而上地还原大学生学习力模型的真实面貌，为建构本土化的学习理论贡献力量。

二　实践意义

本书对中国高等教育内涵式发展阶段大学生学习力模型的探讨具有较大的实践意义，下面将按照从学生到高校的顺序进行论述。

首先，对大学生而言，本书对大学生学习力要素及模型特征的探讨，有利于他们更好地理解自身的学习过程，了解学习力各要素的相互关系，发现学习过程的内在规律。这种将个体经历与群体现状扣连在一起的方式，有利于他们更清醒地认识自身的学习情况。同时，本书还将分析学习卓越大学生学习力模型的独特性，也为大学生调节和改善自身学习情况提供可参考的范例。

其次，对于教师而言，本书的分析有利于教师倾听学生的真实

---

① ［美］伯顿·克拉克：《高等教育新论——多学科的研究》，王承绪等译，浙江教育出版社1988年版，第2页。

声音。在师生交流中，因为身份不对等因素，教师很难听到学生的真实声音，这对于教师改进教学是十分不利的境况。本书对大学生学习真实面貌的还原将对教师的教学改革有所启发，为改进教学效果提供实证依据。

再次，对于高校而言，本书试图为高校教学和人才培养模式改革提供科学依据。诚然，许多高校在教学和人才培养模式改革方面已经做出了较大努力，但仍然还需要更多学生层面的数据支持。本书以学生在校期间的学习力模型为基本逻辑，厘清大学生学习与学校环境的相关性，呈现大学生学习力模型的动态发展特征，这对于高校优化人才培养路径，加强对大学生学习过程指导的针对性和有效性具有重要的参考价值，有利于提升高校在学生学习过程中的指导力和培养力。

最后，本书还试图为国家宏观政策的制定提供参考。迄今为止，教育部针对高校教学改革和学习质量提升已经出台了相关的政策文件。但笔者更加关注大学生在学习过程中表现出的学习特征和规律，关注大学生在进入大学之后的学习体验。已有的大学生学习研究启示我们，教学改革和学习质量提升仍然需要有针对性的配套措施，本书将为此类配套措施的出台提供参考。

第 二 章

研究综述与理论分析

在阐明了研究缘起、研究背景以及研究意义之后,为了更好地开展这项研究,下文将总结已有文献中有关学习力与大学生学习的相关研究,为研究的合理性寻求证据解释并提出进一步的研究方向。

第一节 学习力的研究综述

本节重点回顾了学习力研究的发展脉络,并在此基础上梳理学习力的内涵、结构等研究现状,最后评析已有的研究文献及其对本书的启示。

一 学习力研究的发展脉络

学习力是学习型组织中的核心概念之一,是知识经济时代应运而生的一种管理理论,它最初的构想源自麻省理工学院福里斯特教授在1965年写的一篇文章"一种新型公司设计"[1],他运用系统动

---

[1] Forrester, J. W., "A New Corporate Design," *Industrial Management Review*, Vol. 7, No. 1, 1965, pp. 5–17.

力学（System Dynamics）的原理提出了未来企业的思想组织形态。"他的学生彼得·圣吉继续以组织系统动力学为基础发展出了一种新型的组织概念——学习型组织。"① 虽然福里斯特和圣吉都没有明确给出学习力的定义，但却赋予学习力对于组织管理的非凡意义："一个具有学习力的学习型组织像具有生命的机体，总能灵活伸展，轮转向前。"② 张声雄在导读圣吉的著作《第五项修炼》时，对学习力的内涵进行了提炼，他指出"学习力是指一个人或一个企业，一个组织学习的动力、毅力和能力的综合体现"③。由此可见，学习力对于企业或个人都是十分重要的综合能力。此后，有关组织学习、学习型组织、学习力等的研究呈现逐年增长的趋势，颇受管理学领域研究者的青睐，更有许多国际著名企业将学习力的设计与实施运用到实践中，并因此获益。由于学习力在管理学领域所产生的影响，一些教育研究者开始将学习力迁移到教育学领域，并从 20 世纪 80 年代开始成为教育研究者们重视的研究内容。

教育学领域对学习力的关注首先是从研究学习的有效性与持久性开始的。1985 年，澳大利亚的墨尔本大学和莫纳什大学联合创建了一项"促进有效学习项目"（The Project for Enhancing Effective Learning，PEEL）的合作行动研究，旨在"联合一线中学教师对促进学生有效学习开展深层次研究"④。研究者希望通过增强学生对知识、意识、调控等的元认知，帮助他们成为见识广、有主见、更智慧也更独立的学习者。这个原计划只有两年的项目在实践中得到了一线教师的大力支持和推广，越来越多的学校加入该项目中。到了 20 世纪 90 年代，PEEL 项目被推广到丹麦、瑞典等欧洲国家。英国

---

① ［美］史蒂芬·迪夫：《学习力》，常桦译，延边人民出版社 2003 年版，前言。
② 陈维维：《技术生存视域中的学习力》，教育科学出版社 2010 年版，第 120 页。
③ 张声雄：《〈第五项修炼〉导读》，上海三联书店 2001 年版。
④ Mitchell, I., "Project for Enhancing Effective Learning (PEEL)," in Gunstone, R., ed. *Encyclopedia of Science Education*. Dordrecht: Springer, 2015.

布里斯托尔大学认知领域科学家克拉克斯顿也参与了 PEEL 项目的研究。他在研究与实践的过程中逐渐形成了构建学习力的想法，并于 2002 年出版了《构建学习力：让年轻人成为更好的学习者》一书，他认为"学习属于学习者，人们可以在获得帮助后成为更有效的学习者，每个人都可以通过训练获得更强的学习力"[1]。同年，他与布里斯托尔大学教育学教授帕特里夏·布罗德富特（Patricia Broadfoot）参与领导了英国终身学习基金会资助的"有效终身学习调查（Effective Lifelong Learning Inventory，ELLI）项目"[2]，并与研究团队一起对影响学习的诸多要素进行系统的调查与研究，形成了学习力研究的理论基础。此后，ELLI 项目进入第二阶段研究，迪金·克里克博士及其研究团队致力于学习力的应用性研究，通过探索学习力与其他重要教学因素之间的关系来促进学生学习力的提升，并于 2006 年出版了《实践中的学习力：教师指南》[3] 近十年来，研究者主要"采用混合研究方法研究学习力，探索使学生成为负责任、有自我意识学习者的学习与教学策略"[4]。早期的学习力研究主要集中在基础教育阶段，随着研究的深入，研究者也将学习力研究扩展至高等教育阶段，一些学者开始对"大学生、研究生的学

---

[1] Claxton, G. L., *Building Learning Power: Helping Young People Become Better Learners*, Bristol: TLO Ltd, 2002.

[2] Deakin Crick, R., *Learning Power in Practice: A Guide for Teachers*, London: Paul Chapman Publishing, 2006, p. xi.

[3] Deakin Crick, R., *Learning Power in Practice: A Guide for Teachers*, p. xi.

[4] Deakin Crick, R., et al., *The Learning Futures Evaluation Report*, London: Paul Hamlyn Foundation, 2010; Ren, K., "Could Do Better, So Why Not?": Empowering Underachieving Adolescents, Ph. D. Dissertation, University of Bristol, 2010; Deakin Crick, R., et al., *The Learning Futures Evaluation Report*, London: Paul Hamlyn Foundation, 2011; Wang Q. Coaching Psychology for Learning: A Case Study on Enquiry-Based Learning and Learning Power Development in Secondary Education in the UK Using Participatory Research Methodology, Ph. D. Dissertation, University of Bristol, 2013; Huang, S. Imposed or Emergent? A Critical Exploration of Authentic Pedagogy from A Complexity Perspective, Ph. D. Dissertation, University of Bristol, 2014.

习力展开调查研究"①。

二 学习力研究的主要内容

从学习力的发展脉络来看，早期的学习力研究主要集中在对学习力内涵的探讨及其结构的解析，第二阶段主要探究学习力与教学、课堂环境等其他因素的关系，通过这些关系的探索来寻求有效提升学生学习力的策略。因此，对学习力研究主要内容的梳理也主要集中在学习力的内涵、结构以及其他相关研究。

（一）学习力的内涵研究

学习力是什么？迪金·克里克博士指出，学习力是一种无形的能量，虽然不可见却又客观存在。她用电力来比喻学习力，灯泡发光是电力的表现形式，而"学习力的表现形式则会通过个体的行为、认知、情感等方式表现出来"②。因此，学习力是一个抽象的概念。虽然学习力在教育学领域逐渐受到重视，但是其抽象性与复杂性的特征使得不同的研究者对其内涵有不同的认知与解读。

ELLI 项目的首轮发起者克拉克斯顿认为"学习力是一种能量，潜藏于人类自身，是影响人类随时间生长、发展并取得成就的生命能量"③。2002 年，英国格拉斯哥大学教授麦格特里克在生物学 DNA 结构模型的启示下，提出了学习的双螺旋结构理论，即"学习是两条学习链相互作用的过程，一条链是学习者的个人发展，另一条链是学习试图达到的结果，包括知识、技能和理解等内容，两条学习

---

① Harding, J., Thompson, J., *Dispositions to Stay and to Succeed: Final Report*, Bristol: Higher Education Academy, 2011; Godfrey, P., Deakin Crick, R., and Huang, S., "Systems Thinking, Systems Design and Learning Power in Engineering Education," *International Journal of Engineering Education*, Vol. 30, 2014, pp. 112 - 127.

② Deakin Crick, R., *Learning Power in Practice: A Guide for Teachers*, p. 1.

③ Claxton, G. L., *Building Learning Power: Helping Young People Become Better Leaners*, Bristol: TLO Ltd, 2002.

链的相互作用将会增进学习者的学习能力"①。在该理论的基础上，迪金·克里克博士提出，"学习力就是促进两条链条相互作用的能量，是两条链条的核心，调控和支持着两条链条的相互作用，使学习者在获取知识、技能和理解的同时，获得个人发展"②。她认为"个人发展包括了学习者的价值观、态度和意向，其中价值观就是指学习者对周围事物重要性的认知，态度是学习者对人、事、观点的想法、感受和信仰，而意向则是学习者用某种方式行为的倾向"③，而学习力就是"以个体的意向、价值观和态度为特点的意识形式，这种意识形式会通过我们的生活故事、我们和他人与世界的关系与联系表达出来"④。此外，学习力极具个人特色，是"个体作为学习者的意识，是个体对自己和学习的特定行为、信仰和感受，伴随着个体的成长与发展，是不局限于学校教育的终身学习特征"⑤。

ELLI 是研究学习力持续时间最长、影响力最广的研究团队，除了他们以外，国内外还有一些学者也对学习力开展了研究。概括起来，学习力的内涵解读还有以下几种观点。

1. 学习力是单一向度的能量/能力/心理品质

在 ELLI 早期的观点中，学习力是促进学习者有效终身学习的能量。持有相似观点的还有中国学者沈书生和杨欢、裴娣娜。谷力则从心理学角度出发，提出"学习力是学习者在学习活动中起作用的、由心理结构和身心能量组成的一种个性心理品质"⑥。除此之外，较多的学者认为"学习力是促使学习者达到学习目的的能

---

① McGettrick, B., "Emerging Conceptions of Scholarship, Service and Teaching," Canadian Society for the Study of Education, Toronto, 2002.
② Deakin Crick, R., *Learning Power in Practice: A Guide for Teachers*, pp. 4 – 5.
③ Deakin Crick, R., *Learning Power in Practice: A Guide for Teachers*, p. 3.
④ Deakin Crick, R., *Learning Power in Practice: A Guide for Teachers*, pp. 5 – 6.
⑤ Deakin Crick, R., *Learning Power in Practice: A Guide for Teachers*, p. 5.
⑥ 谷力：《学习力——个体与环境相互作用的结果》，《上海教育科研》2009 年第 7 期。

力/能力系统"①。

2. 学习力是综合向度的认知、情感、态度等的集合体

这种观点的典型代表是美国哈佛大学的柯比教授，他在实践经验的基础上将学习力定义为"学习动力、学习态度、学习方法、学习效率、创新思维和创造能力的综合体"。② 中国学者吴太胜区分了广义的学习力与狭义的学习力，他认为"广义上的学习力就是指态度、能力与知识的总称，是个体学习的动力系统、能力系统和学习水准、知识底蕴的综合描述，而狭义的学习力包括了学习掌握的学习动力、学习毅力、学习能力、学习创新力的总和"③。张湘韵则提出学习力是"学习者内部学习的综合状态，既是个体内部表征学习的心理品质，包括情感、态度、动机等；又是个体学习能力的综合体现，反映在个体学习行为上通过自我规划、学习效率、自主性、思维的发展等进行表征"④。

总体而言，有关学习力的探讨丰富且多元，这说明了学习力本身的复杂性与抽象性，也反映出对其内涵解读的难度。尽管不同的学者解读各异，但是从上述的诸多定义来看，学者们也达成了一些基本认识：首先，学习力是客观存在的，它存在于个体的学习活动中，伴随着学习者的成长与发展；其次，学习力是抽象与复杂的，它以学习者为载体，在学习过程中生成和发展，以能量、品质或能力作为其表现形式。

（二）学习力的结构研究

学者们对学习力的内涵分析通常都伴随着对学习力的要素解构。

---

① 黄健：《造就组织学习力》，上海三联书店 2003 年版，第 16—17 页；瞿静：《论学习力理念从管理学向教育学领域的迁移》，《教育与职业》2008 年第 3 期；朱唤民：《发展学习力：教学管理应有之义》，《中国教育学刊》2011 年第 10 期。

② ［美］柯比：《学习力》，第 1 页。

③ 吴太胜：《大学生学科学习力及其生成和发展的教育范式》，《辽宁教育研究》2007 年第 8 期。

④ 张湘韵：《我国大学生人际交往对学习力的影响研究》，第 23 页。

其中，较为典型的有"四要素""六要素""七要素""综合体"等结构。

学习力的"四要素"结构是由克拉克斯顿提出的，他关注了"学习者的学习动机、学习过程与行为变化等方面，认为构建学习力就是要发展学习者的学习心智，使学习者达成四个方面的变化（简称4R）"[①]："顺应力（Resilient/ Resilience）是指学习者在面对无序和混乱的外部世界时，能够保持耐性，具有专注精神，能够抗拒来自内在的或外在的干扰；策应力（Resourceful/ Resourcefulness）是指学习者熟知信息表征的不同方式，能够根据需要，综合运用各种方法或策略解决学习问题；反省力（Reflective/ Reflection）是指学习者理解学习的作用，对学习进行完整的规划，做到松弛有度，并能够理解学习对自身发展的影响；互惠力（Reciprocal/ Relationships）是指学习者能够以最有成效的、愉悦的、负责任的方式建立学习关系，既能够分享别人的成果，也能够与别人共享自己的学习成果，能够在学习过程中学会换位思考。"[②]

由于4R结构还是很抽象，研究者很难将学习力量化及观察，ELLI项目采用文献研究和实地调查相结合的方法，对将近6000名学习者展开了跟踪研究，并从该项研究中归纳出学习力的七个关键要素，即学习力的"七要素"结构："改变与学习（Changing and Learning）是指学习者对自身变化与成长的感知；探究意识（Critical Curiosity）是指学习者善于提问，透过现象看本质并能得出自己的结论；意义建构（Meaning Making）是指学习者将所学内容与已知内容建立联系，从而形成具有个人意义的学习；创造力（Creativity）是指学习者敢于冒险、把玩知识，懂得横向思维，从不同侧面思考，

[①] Claxton, G. L., *Building Learning Power: Helping Young People Become Better Leaners*, Bristol: TLO Ltd, 2002.

[②] Claxton, G. L., *Building Learning Power: Helping Young People Become Better Leaners*, 转引自沈书生、杨欢《构建学习力：教育技术实践新视角》，《电化教育研究》2009年第6期。

在学习中能够利用想象、直觉等理解学习内容；学习关系（Learning Relationships）是指学习者既能够独立学习，也能够与他人一起学习，并学习他人；策略意识（Strategic Awareness）是指学习者能够有意识地管理自己的学习过程，控制自己的情感，并能根据需要运用学习策略；顺应力是指学习者在遇到未知和失败时能够坚持不懈的能力"[1]。这七要素相互联系、相互促进，是学习力的不同方面。

"综合体"结构的代表人物是柯比，他提出的学习力主要包括学习动力、学习态度、学习方法、学习效率、创新思维和创造能力六要素。其中"学习动力主要涵盖兴趣、持续性和目的，用以挖掘自身潜能等；学习态度包括专注力、面对学习困难的勇气、学习习惯等；学习方法包括学习方式、理解力、观察力与融入度等；学习效率则涵盖知识的取舍、时间利用与分配、排除干扰等；创新思维含有批判、质疑与想象力；创造能力有发现、应用、问题意识等"[2]。

除了"综合体"结构以外，还有一些学者提出了学习力的"六要素"结构。高志敏认为"学习力由六大要素组成，包括学习行为的总动力、学习需要的识别力、学习潜能的评价力、学习行为的理解力、学习活动的激活力和学习能力，并在这六要素的基础上提出了学习力的'E'字型模型"[3]。

"'E'字型模型的底部主要由'积极的学习态度'和'终身学习观念'构成学习行为的总动力，它既是学习行为和学习活动的基础性力量，又是构成学习力全部整体的第一需要；'E'字型模型的中部，由学习需要的识别力、学习潜能的评价力和学习行为的理解力共同构成学习行为与学习活动的间接性力量；'E'字型模型的上部，是由动机、兴趣、情绪、意志等要素组成的学习活动激活力和由知识、智力、策略、方法等要素组成的学习能力，此二者共同构

---

[1] Deakin Crick, R., *Learning Power in Practice: A Guide for Teachers*, pp. 8–9.
[2] ［美］柯比：《学习力》，第1页。
[3] 高志敏：《人力资源开发中的学习力构架研究》，《河北师范大学学报》（教育科学版）2002年第11期。

成了学习行为与学习活动的直接性力量（见图2-1）"①。

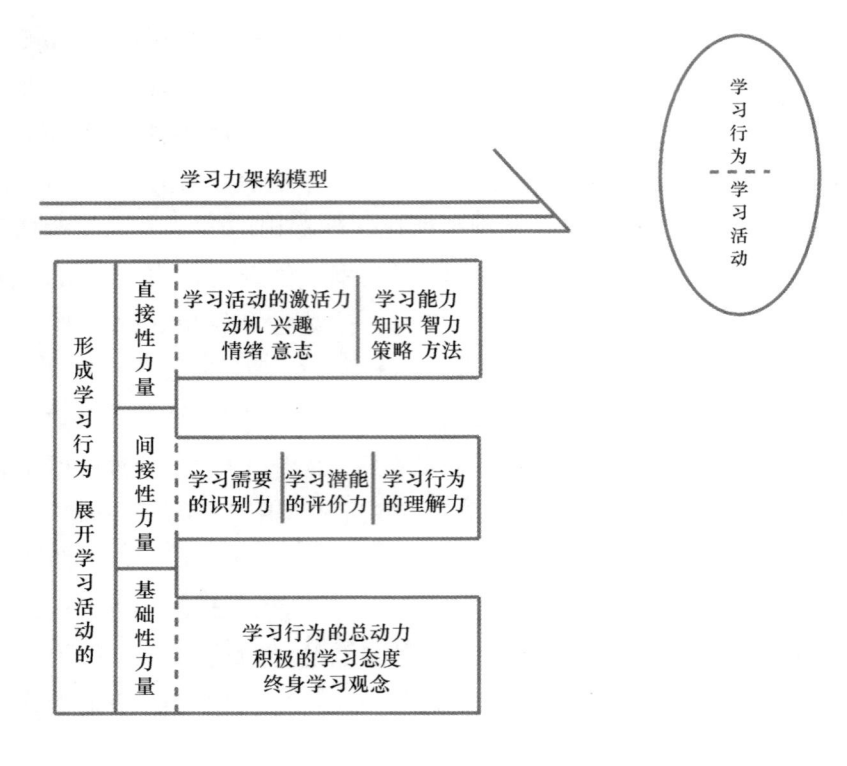

图2-1 学习力的"E"字型模型

裴娣娜也将学习力解构为三层次六要素，"其中第一层次是人的基本素质，包括了知识与经验、策略与反思、意志与进取；第二层次是实现人的发展的两个基本路径，包括实践与活动、协作与交往；第三层次是人发展的最高境界，包括批判与创新（见图2-2、2-3）"②。

---

① 高志敏：《人力资源开发中的学习力构架研究》，《河北师范大学学报》（教育科学版）2002年第11期。
② 裴娣娜：《学习力：诠释学生学习与发展的新视野》，《课程·教材·教法》2016年第7期。

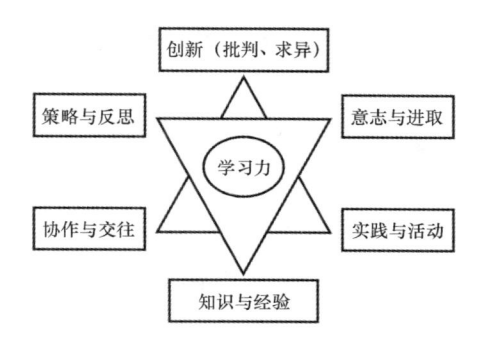

图 2-2 学习力的要素结构组成

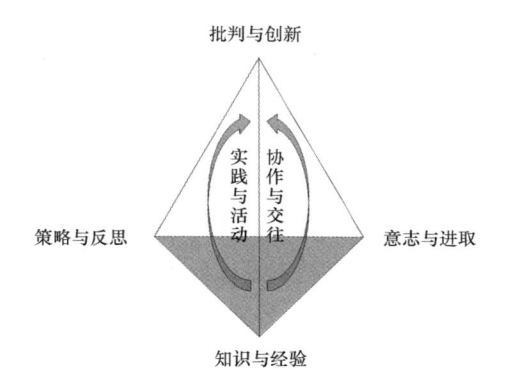

图 2-3 学习力结构要素的立体示意

与裴娣娜提出的学习力要素结构相似的还有日本学界提出的学力理论。钟启泉将日本学界的学力结构模型概括为三种不同层次的成分,"第一层次是学力基础,包括了性格因子、生理因子,以及被视为一般智能的因子;第二层次是基础学力,系学力的基础部分,是作为最低限度的国民教养或是作为一个公民必须的以'三基'(读、写、算)为中心的基础教养;第三层次是发展性学力,它是以问题解决与创造性相结合的、有个性的思考力为轴心的学力,也称'创造性学力'"[①]。

总体而言,无论是"四要素""六要素""七要素"还是"综合

[①] 钟启泉:《学力理论的历史发展》,《全球教育展望》2001 年第 12 期。

体",都离不开对学习过程和结果的考察。

(三) 学习力的其他相关研究

由于学习力研究产生与发展的时间尚短,尤其是在教育研究领域,其发展时间也只有三十多年,又因其内涵的抽象性与复杂性,现阶段对学习力的探讨主要集中在内涵与结构上。当然,也有一些学者尝试对学习力影响教学实践及其影响因素等方面展开了研究。

ELLI 项目组对 3 所学校的 12 名老师以及 380 名学生开展了质性研究,请学生参与了学习力问卷调查,并将调查结果以个体及小组的方式反馈给老师,同时设计成学习与教学的策略分享给师生们,在日常的教学实践中形成"学习干预"。老师之间是亲密合作的关系,而老师与研究者之间则会定期会面、提交反思。该研究提出"'以学生为中心的教学观','以信任、信心、挑战建立起积极的人际关系','运用监管手段建立起独特的学习语言','教师的学习力与学生对教师等权威行为的模仿','培养学生对自我学习力的意识','学生对学习策略的选择与责任感','重组课程内容来进行问题学习'等教学主题"[1]。黄运用混合研究法探究了"学习力对真实教学的贡献以及它作为复杂的适应系统在课堂上所扮演的角色"[2]。此外,ELLI 项目研究团队还将"学习力研究从学校教育扩展到成人学习,并开发了成人版问卷,发现儿童期学习力会随着年龄的增长而下降,成人后又会随着年龄的增长而提高"[3]。

---

[1] Deakin Crick, R., "Learning How to Learn: The Dynamic Assessment of Learning Power," *The Curriculum Journal*, Vol. 18, No. 2, 2007, pp. 135–153.

[2] Huang, S., Imposed or Emergent? A Critical Exploration of Authentic Pedagogy from A Complexity Perspective, Ph. D. Dissertation, University of Bristol, 2014.

[3] Deakin Crick, R., et al., "Learning Power in the Workplace: The Effective Lifelong Learning Inventory and Its Reliability and Validity and Implications for Learning and Development," *The International Journal of Human Resource Management*, Vol. 24, No. 11, 2013, pp. 2255–2272; Deakin Crick, R. & Yu, G., "Assessing Learning Dispositions: Is the Effective Lifelong Learning Inventory Valid and Reliable as A Measurement Tool?" *Educational Research*, Vol. 50, No. 4, 2008, pp. 387–402.

在学习力的影响因素与发展策略研究方面，学者们发现"家庭因素"①、"院校环境与人际关系"② 以及学生个体因素，如"认知能力、动机水平、精神状态"③ 都对学生的学习力发展存在显著影响。在此基础上提出的学习力发展策略包括："加强家长对孩子学校生活的关心与鼓励"④；"创建良好学习氛围"⑤；"组织多种教学形式进行教学，加强课堂环境中学生的参与度，变课堂教学为课堂内外相结合"⑥；"围绕学习力的反馈结果展开'元学习'的辅导谈话、以'学习者为中心'的教学改革、对课程内容进行重整、促进生态学习关系生成、激发并解放学习者终身学习的能动性等"⑦。

三　学习力研究文献的评析与启示

归纳与整理国内外对学习力的研究文献可以看出，学习力始于管理学领域，并逐渐向教育学领域迁移，不少教育学研究者对学习力展开了研究，其中以 ELLI 项目组的影响力最广。经过早期的学习力内涵与结构要素的探讨之后，ELLI 项目已经进入教学实践的应用阶段。然而，学习力本身是一个抽象且复杂的概念，因此仍然有大量研究集中在对其内涵和结构要素的探讨中，对学习力的影响因素及其对教学实践的影响研究虽已受到关注，但依然有较大的研究空间。

首先，学习力的内涵发展反映了人本主义学习理论和建构主义

---

① 贺文洁等：《中学生学习力：结构、类型与影响因素研究》，《教育学报》2017 年第 4 期。

② 曹立人等：《高中生学习力的探索研究》，《心理与行为研究》2016 年第 5 期；张湘韵：《我国大学生人际交往对学习力的影响研究》，第 249 页。

③ 曹立人等：《高中生学习力的探索研究》，《心理与行为研究》2016 年第 5 期。

④ 贺文洁等：《中学生学习力：结构、类型与影响因素研究》，《教育学报》2017 年第 4 期。

⑤ 曹立人等：《高中生学习力的探索研究》，《心理与行为研究》2016 年第 5 期。

⑥ 张湘韵：《我国大学生人际交往对学习力的影响研究》，第 259—269 页。

⑦ Crick, D. R., "Learning How to Learn: The Dynamic Assessment of Learning Power," *The Curriculum Journal*, Vol. 18, No. 2, 2007, pp. 135–153；任凯、鲁思·迪肯·克瑞克：《探索有效终身学习之指标："学习能量"及其动态测评》，《教育学报》2011 年第 6 期。

学习理论对学习本质的价值取向。单一向度的学习力内涵只注重学习者内部心理结构的探讨，认为学习力是"个体的心理品质"[①]，而综合向度的学习力内涵则关注学习者自身的意义建构和自我实现，强调个体与环境的交互作用，认为学习力是"个体动力系统、能力系统及其与外部环境、社会之间相互作用的动态系统"[②]，这与人本主义和建构主义学习理论的观点相吻合，既强调学习者自身的意义建构，又十分重视个体与环境、社会的作用。在现阶段，综合向度的学习力内涵解读最为丰富，也最受学者们认可与接受。

其次，与综合向度的学习力内涵相匹配的要素解构有待进一步开展。在对学习力要素解构的研究中，无论是"四要素""六要素"还是"综合体"都只关注到个体的成长与发展，只有 ELLI 提出的"七要素"更接近于综合向度的内涵解读。"七要素"结构强调了学习的互惠性，即学习者既能够独立学习，也能够与他人学习，并能够学习他人，这符合建构主义学习理论对个体与环境相互作用的主张。遗憾的是，提出学习力是动态系统的研究者并没有就动态系统的要素加以解构，而是运用了更为狭义的要素结构。综合上述，学习力的内涵解读已经与学习理论的发展同步，但学习力的要素解构还有待进一步分析，这将是本书的重点内容之一。

再次，学习力的影响因素及其对教学实践的影响已经受到学者们的关注，但对大学教育的影响研究不足，有待进一步深化。在已有研究中，多数学者关注的是中小学生学习力的影响因素分析，而大学生学习力的影响因素分析主要关注院校环境特征的影响，尤其是院校类型等结构特征的影响，对大学教育影响大学生学习力发展的研究不足，使得已有发展策略研究针对性不足，这也是本书的重点内容之一。

最后，研究方法的多元性逐渐受到重视。在具体研究方法的运

[①] 谷力：《学习力——个体与环境相互作用的结果》，《上海教育科研》2009 年第 7 期。

[②] 吴太胜：《大学生学科学习力及其生成和发展的教育范式》，《辽宁教育研究》2007 年第 8 期；张湘韵：《我国大学生人际交往对学习力的影响研究》，第 23 页。

用上，ELLI 团队早期以问卷调查的量化研究方法为主，在近期与真实教学实践相结合的研究中，则越来越多地采用混合研究方法，即量化研究与质性研究相结合。混合研究方法被称为"'第三种教育研究范式'，是以研究问题为核心，研究方法服务于研究目的的研究范式"[①]。混合研究方法有利于弥补单一研究方法的不足，提高教育研究的水平与质量。这也是本书拟采用的研究方法。

第二节　大学生学习的研究综述

大学生学习一直是教育学、心理学等领域学者关注的重点，相关的调查与研究经过数十年的摸索，已经初具规模并形成了多个具有影响力的经典理论。大学生学习力是大学生学习的重要内容，研究大学生学习力需要将其放置在大学生学习研究的大背景下进行。因此，梳理大学生学习研究的发展脉络，了解大学生学习的研究进展和问题是本书的基础性工作。正如 2008 年恩特威斯尔在牛津大学的报告中指出"在大学学习研究的纷繁枝蔓中，我们需要对该领域的基本方法、主要思想进行基础性的梳理和反思工作，这对于它的发展是非常重要的"[②]。因此，本节内容将主要梳理大学生学习研究各分支的发展脉络与主要内容，反思各分支存在的争议与问题，为本书切入点的提出奠定基础。

一　大学生学习的研究现状

有关大学生学习的研究，调所将其归纳为三个截然不同却又有

[①] 张绘：《混合研究方法的形成、研究设计与应用价值——对"第三种教育研究范式"的探析》，《复旦教育论坛》2012 年第 5 期。

[②] Tight M., *The Routledge International Handbook of Higher Education*，转引自吕林海、龚放《大学学习方法研究：缘起、观点及发展趋势》，《高等教育研究》2012 年第 2 期。

所重叠的研究内容，具体包括"自我调节学习（Self-Regulated Learning，SRL）；学习方式/模式（Students' Approach of Learning，SAL）以及学习参与（Student Engagement[①]）"[②]。具体而言，自我调节学习研究主要起源于北美地区，由北美的心理学研究者针对学生自我调节学习开展的研究。尽管他们也对大学生开展研究，但是他们并不完全专注于高等教育的问题。相比之下，学习方式/模式研究则更加明确地关注高等教育，是由欧洲和澳大利亚的心理学家们专门就大学生学习方式/模式展开的研究。而学习参与研究是大学生学习研究的另一重要内容，也是近十几年来备受关注的研究，它的产生与解决高等教育实践问题密切相关，"主要是为了解决大学教育中学生学习参与率下降和持续上升的外部压力等现实问题，通过实践应用提升高等教育质量"[③]。这三大研究内容几乎覆盖了全球大学生学习研究的绝大部分。早在2009年就有学者做过统计，"'大学生学习方式'的相关研究占'大学生学习研究'的50%以上"[④]，"近些年来学习参与凭借其在研究与实践中的双重影响力成为大学生学习研究的重要理论之一"[⑤]。因此，本书对大学生学习研究发展脉络的梳理，将重点放在大学生自我调节学习研究、学习方式/模式研究以及学习参与研究三大内容上。

（一）大学生自我调节学习研究的发展脉络与主要内容

自我调节学习理论的提出"缘起于对美国三次教育改革运动的

[①] 由于翻译的问题，Student Engagement 也译为学生投入。本书采用学界现阶段较为通用的译法，即学习参与，后文将不再解释。

[②] Zusho, A., "Toward an Integrated Model of Student Learning in the College Classroom," *Educational Psychology Review*, Vol. 29, 2017, pp. 301 – 324.

[③] Coates, Hamish, "A Model of Online and General Campus-Based Student Engagement," *Assessment & Evaluation in Hihger Education*, Vol. 32, No. 2, 2007, pp. 121 – 141.

[④] Haggis, T., "Student Learning Research: A Broader View," in Malocom, T., ed. *The Routledge International Handbook of Higher Education*, London: Routledge, 2009, pp. 23 – 35.

[⑤] Fryer, L., & Gijbels, D., "Student Learning in Higher Education: Where We Are and Paths Forward," *Educational Psychology Review*, Vol. 29, 2017, pp. 199 – 203.

反思，这三次教育改革都强调教师、环境和学校的功能与作用，忽视了学习者本人的作用"①。当研究者在真实的教育情境中发现，"美国亚裔学生在客观条件较差的情况下，却取得了比条件好的本土学生更好的成绩，而产生这一结果的原因是这些学生渴望成功，具有较强的自我效能感，能够很好的控制自己的行为"②。在这样的背景下，研究者开始关注学习者在学习过程中发挥的作用，自我调节学习理论也由此诞生。

1. 大学生自我调节学习研究的发展脉络

"自我调节学习研究起源于信息加工理论"③，以自上而下的方式从认知心理学和教育心理学中的心理结构与理论推导出来，然后运用定量的方法对学生学习展开调查分析，带有浓厚的心理学研究传统。早期的信息加工理论"主要着眼于学生的学习策略及其与学习过程和结果的关系"④。但随着研究的深入与发展，一些学者开始批判"信息加工理论的分析过于狭窄，认为其无法包容学生学习中除认知以外的其他因素"⑤。于是，一些研究者拓宽了学生学习的研究视角，"将认知、动机、情感以及社会背景等因素补充到学习研究中，弥补了信息加工理论没有解决的学生动机问题，并形成了自我

---

① 张林、周国韬:《自我调节学习理论的研究综述》,《心理科学》2003 年第 5 期。

② 杨莉:《大学生自我调节学习的研究——心理维度与培养策略》,博士后研究工作报告,厦门大学,2009 年。

③ Pintrich, P. R., & De Groot, E. V., "Motivational and Self-Regulated Learning Components of Classroom Academic Performance," *Journal of Educational Psychology*, Vol. 82, No. 1, 1990, pp. 33 – 40; Weinstein, C., Zimmermann, S., & Palmer, D., "Assessing Learning Strategies: The Design and Development of the LASSI," in Weinstein, C., Goetz, E., & Alexander, P. (eds.), *Learning and Studying Strategies: Issues in Assessment, Instruction, and Evaluation*, San Diego, CA: Academic Press, 1988, pp. 25 – 40.

④ Kirsti L., & Erkki O., & Jarkko M., "Aspects and Prospects of Measuring Studying and Learning in Higher Education," *Educational Psychology Review*, Vol. 16, No. 4, 2004, pp. 301 – 323.

⑤ Biggs, J., "What do Inventories of Students' Learning Processes Really Measure? A Theoretical Review and Clarification," *British Journal of Educational Psychology*, Vol. 63, 1993, pp. 3 – 19.

调节学习的研究模式"①。

自我调节学习一般被认为是一种主动性、建构性的过程。"在这个过程中，学习者可以主动地监控、调节他们的思维、情感和行为，以实现自我设定的学习目标"②，并且那些能够自我调节的学习者们，即"自主设定适当的学习目标和计划，监督这些目标的进展并适时调节他们的思维、动机以及学习习惯的学生比那些不能自我调节学习的学生更有可能获得学业上的成功"③。经过多年的发展，自我调节学习研究出现了不同的理论视角，这些理论观点反映出不同的学习概念（如信息加工、社会认知、社会建构等）和 SRL 关注的不同方面（如认知、动机、行为、情感等）。而高等教育领域的 SRL 研究以平崔克（Pintrich）提出的 SRL 模型为主流模型，他们在 SRL 模型的基础上形成的"学习动机策略问卷（Motivated Strategies for Learning Questionnaire，MSLQ）被广泛地运用于评估大学生的认知与

---

① Pintrich, P. R., "The Role of Goal Orientation in Self-Regulated Learning," in Boekaerts, M., Pintrich, P. R., & Zeidner, M. (eds.), *Handbook of Self-Regulation*. San Diego, CA: Academic Press, 2000, pp. 451 – 502; Winne, P., & Hadwin, A., "Studying as Self-Regulated Learning," in Hacker, D., Dunlosky, J., & Graesser, A. (eds), *Metacognition in Educational Theory and Practice*, Mahwah, New Jersey: Lawrence Erlbaum Associates, Inc. 1998, pp. 179 – 206.

② Pintrich, P. R., & Zusho, A., "Motivation and Self-Regulated Learning in the College Classroom," in Perry, R., & Smart, J. (eds.), *Handbook on Teaching and Learning in Higher Education*, Dordrecht: Springer Publishers, 2007; Zimmerman, B. J., "Investigating Self-Regulation and Motivation: Historical Background, Methodological Developments, and Future Prospects," *American Educational Research Journal*, Vol. 45, No. 1, 2008, pp. 166 – 183.

③ Pintrich, P. R., & Zusho, A., "Motivation and Self-Regulated Learning in the College Classroom," in Perry, R., & Smart, J. (eds.), *Handbook on Teaching and Learning in Higher Education*, Dordrecht: Springer Publishers, 2007; Zimmerman, B. J., "Investigating Self-Regulation and Motivation: Historical Background, Methodological Developments, and Future Prospects," *American Educational Research Journal*, Vol. 45, No. 1, 2008, pp. 166 – 183; Dent, A. L., & Koenka, A. C., "The Relation Between Self-Regulated Learning and Academic Achievement across Childhood and Adolescence: A Meta-Analysis," *Educational Psychology Review*, Vol. 28, 2016, pp. 425 – 474.

元认知策略"[1]。

2. 大学生自我调节学习研究的主要内容

尽管学者们提出了不同的理论观点，但是多数学者都认同 SRL 具有四个方面的假设："（1）学习者是学习过程的积极参与者。学习者会根据外部环境和自我认知信息（内部环境）构建自己的意义、目标和策略。（2）学习者具有监测、控制和调节自己的认知、动机和行为的潜力。"[2] 这一假设并不意味着学习者可以在任意时间和情境中发挥这一潜力，而是说他们具有发挥这一潜力的可能性。此外，SRL 的研究者们也承认，学习者存在生物特性、发展、环境和个体方面的差异，这些差异会限制他们在自我调控方面能做的努力程度。"（3）学习有不同的目标/标准类型，学习者在不同的目标/标准类型间做比较，以评估学习过程是否继续或变更学习目标/标准类型。"[3] 换言之，学习者可以设定目标，通过监控自己在实现这些目标上的进度，适时地调整认知、动机和行为以达成目标。"（4）自我调节学习是个体和情境特征与实际成就或行为表现之间的中介变量"[4]。也就是说，影响学生学业成就的不单有个体的文化背景、人口统计学、性格方面的因素，也不只是课堂环境因素，还有学生对自己的认知、动机和行为的自我调节在个体、环境和成就之间起着中介作用。除此之外，大多数的 SRL 理论模型都形成了自我调节学习的一般阶段，

---

[1] Ducan, T. G., & McKaechie, W. J., "The Making of the Motivated Strategies for Learning Questionnaire," *Educational Psychologist*, Vol. 40, No. 2, 2005, pp. 117 – 128.

[2] Pintrich, P. R., "A Conceptual Framework for Assessing Motivation and Self-Regulated Learning in College Students," *Educational Psychology Review*, Vol. 16, No. 4, 2004, pp. 385 – 407.

[3] Pintrich, P. R., "A Conceptual Framework for Assessing Motivation and Self-Regulated Learning in College Students," *Educational Psychology Review*, Vol. 16, No. 4, 2004, pp. 385 – 407.

[4] Pintrich, P. R., "A Conceptual Framework for Assessing Motivation and Self-Regulated Learning in College Students," *Educational Psychology Review*, Vol. 16, No. 4, 2004, pp. 385 – 407.

即计划、监控、反思。以平崔克的 SRL 模型为例,主要包括四个阶段:预先考虑、计划和启动;监测;控制;反应/反思。这四个阶段可以运用到 SRL 研究的具体领域,如认知、动机/情感、行为和环境。学习任务完成的过程,一般是按照这四个阶段进行,但并不是说它们一定是线性的,即后一阶段的发生一定是在前一阶段完成之后。在大多数 SRL 模型中,监测、控制和反应/反思在个体学习过程中几乎是同时、动态地发生,目标和计划的改变、更新则是对监测、控制和反应过程的反馈。

在学者们已经达成的共识里,无论是四个假设还是一般阶段,认知、动机/情感、行为和情境都是 SRL 研究的核心内容。因此,SRL 研究也主要集中在以下几个方面。

(1) 认知方面

认知的控制与调节包括了"认知和元认知活动,这些活动旨在调整和改变学习者的认知,它的核心内容之一是在记忆、学习、推理、解决问题和思考方面对不同认知策略的实际选择和使用"[1]。在 SRL 研究中,大量的认知和学习策略被学习者用来帮助自己理解和学习课程知识,许多研究者发现"学习者会运用复述、加工和组织等策略来控制和调节他们的认知与学习"[2]。

(2) 动机和情感方面

动机与情感的调节包括"对动机观念的调节,例如目标取向、

---

[1] Pintrich, P. R., "A Conceptual Framework for Assessing Motivation and Self-Regulated Learning in College Students," *Educational Psychology Review*, Vol. 16, No. 4, 2004, pp. 385–407.

[2] Pintrich, P. R., & De Groot, E. V., "Motivational and Self-Regulated Learning Components of Classroom Academic Performance," *Journal of Educational Psychology*, Vol. 82, No. 1, 1990, pp. 33–40; Pressley, M., & Afflerbach, P., *Verbal Protocols of Reading: The Mature of Constructively Responsive Reading*, New York: Routledge, 1995; Zimmerman, B. J., & Martinez-Pons, M., "Development of a Structured Interview for Assessing Student Use of Self-Regulated Learning Strategies," *American Educational Research Journal*, Vol. 23, No. 4, 1986, pp. 614–628.

自我效能、任务难度感知、任务价值感知以及个人对任务的兴趣等，也包括对消极情绪的处理，如害怕和焦虑"[1]。沃尔特斯发现"大学生会有意地唤起一些外部动机，如取得高分等来帮助自己维持学习的动力"[2]。还有一些学生"通过游戏学习等策略来使得学习变得更有意思，以增加学习的内在动力"[3]。总而言之，大学生们对动机和情感的调控主要表现在唤起外在学习动机或增加内在学习动机来完成枯燥或困难的学习任务。"在完成任务后，学生会对结果产生相应的情绪反应（如成功的喜悦或失败的悲伤）和归因，而情绪反应和归因都是自我调节学习的结果，并且会成为学生应对后续学习任务的自我价值和动机。"[4]

（3）行为调节方面

"时间与努力的计划和管理是行为控制的重要部分"[5]。其中，"对努力的控制就是为了在学业上表现良好，而时间管理则是通过对

---

[1] Boekaerts, Monique, "Being Concerned with Well-Being and with Learning," *Educational Psychologist*, Vol. 28, No. 2, 1993, pp. 149 – 167; Boekaerts, M., & Niemivirta, M., "Self-Regulated Learning: Finding A Balance between Learning Goals and Ego-Protective Goals," in Boekaerts, M., Pintrich, P. R., & Zeidner, M. (eds.), *Handbook of Self-Regulation*. San Diego, CA: Academic Press, 2000, pp. 417 – 450.

[2] Wolters, C., & Pintrich, P. R., "Contextual Differences in Student Motivation and Self-Regulated Learning in Mathematics, English, and Social Studies Classrooms," *Instructional Science*, Vol. 26, 1998, pp. 27 – 47.

[3] Sansone, C., et al., "Once A Boring Task, Always A Boring Task? The Role of Interest as A Self-Regulatory Mechanism," *Journal of Personality and Social Psychology*, Vol. 63, No. 3, 1992, pp. 379 – 390; Wolters, C., & Pintrich, P. R., "Contextual Differences in Student Motivation and Self-Regulated Learning in Mathematics, English, and Social Studies Classrooms," *Instructional Science*, Vol. 26, 1998, pp. 27 – 47.

[4] Pintrich, P. R., "The Role of Goal Orientation in Self-Regulated Learning," in Boekaerts, M., Pintrich, P. R., & Zeidner, M., eds. *Handbook of Self-Regulation*, San Diego, CA: Academic Press, 2000b, pp. 451 – 502.

[5] Pintrich, P. R., "A Conceptual Framework for Assessing Motivation and Self-Regulated Learning in College Students," *Educational Psychology Review*, Vol. 16, No. 4, 2004, pp. 385 – 407.

不同学习活动分配时间来形成进度表"①。齐默尔曼和马丁内斯—庞斯研究发现"自我调节的学习者与高成就者确实会进行时间管理，也会决定学习的努力程度和强度"②。此外，寻求帮助是另一个重要的学习行为调控策略。研究者发现"优秀的自我调节学习者知道应该在什么时间、为什么以及向谁寻求帮助"③。

（4）情境调控方面

情境调控是指"大学生在课堂上面对的任务与情境的调节与控制"④。与认知、动机和行为的调控相比，对任务或情境的调控会更难，因为后者并不受大学生的直接控制。因此，在 SRL 研究中，多数模型都提出了塑造/控制/建构学习环境作为自我调节的重要策略。在高等教育领域，学生对于学习环境的建构有更多的自由度，大学生的许多学习任务都发生在课堂以外，学生必须有能力控制和调节他们的学习环境。此外，"与同伴组成学习小组的能力在大学课堂里

---

① Pintrich, P. R., McKeachie, W., & Lin, Y. G., "Teaching A Course in Learning to Learn," *Teaching of Psychology*, Vol. 14, No. 2, 1987, pp. 81 – 86; Hofer, B., Yu, S., & Pintrich, P. R., "Teaching College Students to Be Self-Regulated Learners," in Schunk, D. H., & Zimmerman, B. J. (eds.), *Self-Regulated Learning: From Teaching to Self-Reflective Practice*, New York: Guilford Press, 1998, pp. 57 – 85.

② Zimmerman, B. J., & Martinez-Pons, M., "Development of A Structured Interview for Assessing Student Use of Self-Regulated Learning Strategies," *American Educational Research Journal*, Vol. 23, No. 4, 1986, pp. 614 – 628.

③ Karabenick, S., & Sharma, R., "Seeking Academic Assistance as A Strategic Learning Resource," in Pintrich, P. R., Brown, D. R., & Weinstein, C. E. (eds.), *Student Motivation, Cognition, and Learning: Essays in Honor of Wilbert J. McKeachie.*, New York: Routledge. 1994, pp. 189 – 211; Newman, R., "Adaptive Help Seeking: A Role of Social Interaction in Self-Regulated Learning," in Karabenick, S. (eds.), *Strategic Help-Seeking: Implications for Learning and Teaching*, New York: Routledge: 1998, pp. 13 – 37; Ryan, A., & Pintrich, P. R., "Should I Ask for Help?' The Role of Motivation and Attitudes in Adolescents' Help Seeking in Math Class," *Journal of Educational Psychology*, Vol. 89, 1997, pp. 329 – 341.

④ Pintrich, P. R., "A Conceptual Framework for Assessing Motivation and Self-Regulated Learning in College Students," *Educational Psychology Review*, Vol. 16, No. 4, 2004, pp. 385 – 407.

显得尤其重要，因为越来越多的大学课程要求同伴互动及同伴学习"[1]。

(二) 大学生学习方式/模式研究的发展脉络与主要内容

大学生学习方式研究是大学生学习的另一重要内容，其标志是"瑞典哥德堡大学的研究团队将大学生学习方式分为浅层学习方式和深层学习方式的经典研究"[2]，"该团队的马顿和萨廖的工作也被许多学者誉为'开创性的'"[3]。

1. 大学生学习方式和模式研究的发展脉络

事实上，大学生学习方式研究起源于马顿的博士论文"学习任务的模拟"经过校外评审时收到的两条评审意见：(1) 对教育界来说，研究结果对实际学习情况 (而不是实验学习情况) 是否有启示？(2) 学生究竟是怎样学习的，我们应当从学生的角度而不是研究者角度来看待学习任务。在这两条评审意见的启发下，马顿开始"把大学生学习方式研究集中在实际的学习情况，即研究在实际学习环境中的学习情况，同时将研究视角转向了学习者自身"[4]。马顿团队"运用'现象描述分析'的创新性方法，定性地分析了学生在如何处理阅读任务上所给出的自陈解释"[5]，并得出学生的两种学习方式：关注文本意义的深层学习方式和关注文本背诵与记忆的浅层学习方式，打破了长期以来教育心理学自上而下的研究传统，开始通

---

[1] Pintrich, P. R., "A Conceptual Framework for Assessing Motivation and Self-Regulated Learning in College Students," *Educational Psychology Review*, Vol. 16, No. 4, 2004, pp. 385 – 407.

[2] Biggs, J., *Teaching for Quality Learning at University: What the Student Does*, London: SRHE, Open University Press, 1999, pp. 11 – 12.

[3] Entwistle, N., "Constructing Perspectives on Leaning," in Marton, F., Hounsell, D., Entwistle, N., eds. *The Experience of Learning: Implications for Teaching and Studying in Higher Education*, Edinburgh: Scottish Academic Press, 1997, pp. 3 – 22.

[4] Marton, F., Booth, S., *The Educational Psychology Series. Learning and Awareness*, New Jersey: Lawrence Erlbaum Associates Publishers, 1997, p. 211.

[5] 吕林海、龚放：《大学学习方法研究：缘起、观点及发展趋势》，《高等教育研究》2012 年第 2 期。

过自然情境来了解学习参与者的真实体验。

在马顿团队之后,英国学者恩特威斯尔和澳大利亚学者比格斯沿用了马顿团队的研究方法,对处在真实教育情境中的学生开展深入的访谈,将概念化的学习方式转变为可量化分析的学习方式量表,这种"自下而上的研究模式成为后来具有欧洲和澳大利亚背景的学者共同遵循的研究传统"[1],即"先进行质性研究以从学生视角得出概念,再作为定量研究的基础,并最终确保整个研究以学生的自身体验为起点"[2]。与马顿团队不同的是,恩特韦斯特尔和比格斯都发现了除深层和浅层学习方式以外的第三种方式。恩特韦斯特尔将其定义为策略方式,即"学生为了实现成就目标,在必要时使用深层学习方式或浅层学习方式,并最终形成了学习方式问卷(Approaches to Studying Inventory,ASI)的调查工具"[3]。而比格斯除了发现策略学习以外,还将学习方式特征化为"一致性的动机—策略包(Congruent Motive-Strategy Packages)"[4],他指出"学生会根据动机运用相应的策略"[5],在此基础上开发了学习过程问卷(Study Processes Questionnaire,SPQ)的调查工具,"并与ASI成为全世界影响最大、使用范围最广的基准性调查工具,而马顿、恩特威

---

[1] 吕林海、龚放:《大学学习方法研究:缘起、观点及发展趋势》,《高等教育研究》2012年第2期。

[2] Lonka, K., Olkinuora, E., Makinen, J., "Aspects and Prospects of Measuring Studying and Leaning in Higher Education," *Educational Psychology Review*, Vol. 16, No. 4, 2004, pp. 301–320.

[3] Haggis, T., "Student Learning Research: A Broader View," in Malocom, T., ed. *The Routledge International Handbook of Higher Education*, London: Routledge, 2009, pp. 23–35.

[4] Biggs, J., "What Do Inventories of Students' Learning Process Really Measure? A Theoretical Review and Clarification," *British Journal of Educational Psychology*, Vol. 63, No. 1, 1993, pp. 3–19.

[5] Biggs, J., "What Do Inventories of Students' Learning Process Really Measure? A Theoretical Review and Clarification," *British Journal of Educational Psychology*, Vol. 63, No. 1, 1993, pp. 3–19.

斯尔和比格斯被公认为大学生学习研究领域的'三大早期奠基者'"①。

此后，英国学者佛蒙特等人指出，早期的学习方式研究只考虑了认知策略的使用和动机的交互，却没有考虑学生的学习调控。为此，他们吸收了自我调节学习理论的观点，试图将 SAL 和 SRL 的研究传统联系起来，将认知策略、调节策略、动机、元认知和学习观结合在一起，② 并开发了"学习风格模型"③，这一模型"既包括了 SAL 模型所考虑的认知与动机策略，还包括了调控策略、学习观、学习方向，是一个侧重于分析学习过程中自我调节与外部监管相互作用的综合性学习理论，并形成了学习风格调查问卷（Inventory of Learning Styles，ILS）"④。随着学习风格模型的提出，一些研究者认为"学习风格是一种不可改变的人类特征，深深地植根于人类的个性特征里，甚至是一种生物学的特征"⑤，佛蒙特研究团队在 2004 年前后停止使用"学习风格"的研究术语，改用"学习模式"这一动态的概念，表示"学习策略、学习观、学习动机等相关

---

① Jennifer, M. Case, &Delia, Marshall., "Approaches to Learning," in Malcolm, T., ed. *The Routledge International Handbook of Higher Education*, London: Routledge, 2009, pp. 9 – 21.

② Vermunt, J. D., & van Rijswijk, F. A., "Analysis and Development of Students' Skill in Self-Regulated Learning," *Higher Education*, Vol. 17, 1988, pp. 647 – 682.

③ Vermunt, J. D., "Metacognitive, Cognitive and Affective Aspects of Learning Styles and Strategies: A Phenomenographic Analysis," *Higher Education*, Vol. 31, 1996, pp. 25 – 50; Vermunt, J. D., "The Regulation of Constructive Learning Processes," *British Journal of Educational Psychology*, Vol. 68, 1998, pp. 149 – 171.

④ Vermunt, J. D., & Vermetten, Y. J., "Patterns in Student Learning: Relationships between Learning Strategies, Conceptions of Learning, and Learning Orientations," *Educational Psychology Review*, Vol. 16, No. 4, 2004, pp. 359 – 384.

⑤ Coffield, F. et al., *Learning Style and Pedagogy in Post – 16 Learning: A Systematic and Critical Review*, London: Learning and Skills Research Centre, 2004; Evans, C., & Vermunt, J. D., "Styles, Approaches and Patterns in Student Learning," *British Journal of Educational Psychology*, Vol. 83, 2013, pp. 185 – 195.

联的动态过程"①。由于学习模式研究始终扎根于学生在真实情境的学习体验研究,遵循的是 SAL 自下而上的研究路径,笔者将其归为 SAL 的研究范畴。

2. 大学生学习方式与模式研究的主要内容

早期的大学生学习方式研究主要将学习方式分为两种不同质的学习方式,即"浅层学习方式和深层学习方式"②。恩特威斯尔和彼得森对前人的诸多研究发现进行总结与提炼后,从学习策略与学习过程的角度将深层学习方式与浅层学习方式进行对比,即"深层学习方式是指学生会把观念与先前的知识和经验联系起来,试图寻找模式和潜藏的原理,检验证据,并将其与结论联系起来,小心地、批判地检验逻辑和论点,记忆所有对理解非常重要的内容,并在学习过程中监控和理解;而浅层学习方式是指学生只把课程看作是大量不相关知识的集合,只常规性地记忆知识,狭隘地局限在大纲或者考试要求,看不到课程或学习任务的价值与意义,从不反思学习的目的和策略,只知道埋头苦记"③。

---

① Vermunt, J. D., & Vermetten, Y. J., "Patterns in Student Learning: Relationships between Learning Strategies, Conceptions of Learning, and Learning Orientations," *Educational Psychology Review*, Vol. 16, No. 4, 2004, pp. 359 – 384.

② Marton, F., "What Does It Take to Learn? Some Implications of An Alternative View of Learning," in Entwistle, N. (eds), *Strategies for Research and Development in Higher Education*, Amsterdam: Swets & Zeitlinger, 1976, pp. 32 – 43; Marton, F., & Säljö, R., "On Qualitative Differences in Learning Ⅰ: Outcome and Process," *British Journal of Educational Psychology*, Vol. 46, No. 1, 1976a, pp. 4 – 11; Marton, F., & Säljö, R., "On Qualitative Differences in Learning Ⅱ: Outcome and Process," *British Journal of Educational Psychology*, Vol. 46, No. 2, 1976b, pp. 115 – 127; Prosser, M., & Trigwell, K., *Understanding Learning and Teaching: The Experience in Higher Education*, Buckingham: Society for Research into Higher Education, 1999; Biggs, J. B., *Teaching for Quality Learning at University: What the Student Does* (2nd eds.), Buckingham: Society for Research into Higher Education, Open University Press, 2003.

③ Entwistle N., & Peterson E., "Conceptions of Learning and Knowledge in Higher Education: Relationship with Study Behavior and Influences of Learning Environments," *International Journal of Educational Research*, Vol. 41, No. 4, 2004, pp. 407 – 428.

除了上述两种学习方式外,一些研究者也提出了"策略方式"[1]或"成就方式"[2],他们认为学生会根据课程评价方式来组织他们的学习。这反映出了学习方式的另一个特征,即大学生学习方式的情境相关性,"在大学生学习方式中,没有所谓的'深层学习者',只有在一定情境中、运用某一特定方式的学生"[3]。不少研究发现,"如果学生感知到的教学环境是积极的,就更有可能形成深层的学习方式,相反,如果是消极的,则更有可能形成浅层的学习方式"[4]。此外,大学生学习方式还具有结果导向性,即大学生的学习方式会对学习结果产生直接的影响,这一结论已经被许多研究证实。马顿和萨廖经过一项追踪调查发现,"运用深层学习方式的学生在对文本主要观点的记忆方面要持久得多,而运用浅层学习方式的学生在相同的情况下只能回忆出文本中的部分细节"[5]。瑞典学者斯文松也在一项追

---

[1] Entwistle, N., & Ramsden, P. *Understanding Student Learning*, London: Croom Helm, 1983.

[2] Biggs, J. B., *Student Approaches to Learning and Studying*, Melbourne: Australian Council for Educational Research, 1987.

[3] Cassdy S., "Learning Styles: An Overview of Theories, Models and Measures," *Educational Psychology*, Vol. 24, No. 4, 2004, pp. 419 – 444.

[4] Entwistle, N., & Ramsden, P. *Understanding Student Learning*, London: Croom Helm, 1983; Entwistle, N., McCune, V., & Hounsell, J., "Investigating Ways of Enhancing University Teaching-Learning Environment: Measuring Students' Approaches to Studying and Perceptions of Teaching," in De Corte, E., Verschaffel, L. Entwistle, N., & van Merrienboer, J. (eds.), *Powerful Learning Environments: Unravelling Basic Components and Dimensions (1st ed.)*, Amsterdam: Pergamon, 2003; Richardson, J. T. E., "Students' Perceptions of Academic Quality and Approaches to Studying in Distance Education," *British Educational Research Journal*, Vol. 31, No. 1, 2005, pp. 7 – 27; Richardson, J. T. E., "Investigating the Relationship between Variations in Students' Perceptions of Their Academic Environment and Variations in Study Behavior in Distance Education," *British Journal of Educational Psychology*, Vol. 76, No. 4, 2006, pp. 867 – 893; Parpala, A. et al., "Students' Approaches to Learning and Their Experiences of the Teaching-Learning Environment in Different Disciplines," *British Journal of Educational Psychology*, Vol. 80, No. 2, 2010, pp. 269 – 282.

[5] Marton, F., & Säljö, R., "On Qualitative Differences in Learning I: Outcome and Process," *British Journal of Educational Psychology*, Vol. 46, No. 1, 1976a, pp. 4 – 11.

踪调查中发现,"运用深层学习方式的学生普遍比运用浅层学习方式的学生更能获得学业成功"①。范·罗苏姆和申克也发现,"采用深层学习方式的学生,更有可能达到深度的理解和高质量的学习结果,因为他们能把所学材料的各个部分整合起来并加以结构化"②。

总体而言,以马顿、恩特威斯尔和比格斯为代表的大学生学习方式研究主要在于探索大学生学习方式的内涵与类型,并致力于发现学习方式与学习结果的关联性。以佛蒙特为代表的大学生学习模式研究被认为是"大学生学习方式研究的2.0版"③,不仅在于其扩展了学习方式研究的内容,引入了调控策略、学习观和学习方向,形成学习模式研究,而且在于其将侧重点放在了探究深层学习模式在什么情况下可以发挥对学业成就的积极作用。换言之,大学生学习模式研究的核心是探索个人和环境因素对学习模式影响学业成就的调节作用。

佛蒙特和东什总结了学习模式研究的理论框架,指出"大学生学习的四个组成元素分别是认知加工策略、调控策略、学习观和学习动机或方向。其中,认知加工策略是指学生认知学习活动的组合,这些认知学习活动包括了直接的知识、技能学习,也包括了对主题事件的处理;调控策略是一系列元认知学习活动的组合,这些活动包括学生用来计划、监测、调控和评估他们的认知学习过程,并间接指向他们的学习结果;学习观是指学生对学习、教学和学习过程中的其他相关现象的观点和信念;学习动机或学习方向是指学生对学习的目标、动机、焦虑,它们代表了模型的动机—情感成分。这

---

① Svensson, L., "On Qualitative Differences in Learning Ⅲ: Study Skill and Learning," *British Journal of Educational Psychology*, Vol. 47, No. 4, 1977, pp. 233 – 243.

② Van R., & Schenk S., "The Relationship between Learning Conception, Study Strategy and Learning Outcomes," *British Journal of Educational Psychology*, Vol. 54, No. 1, 1984, pp. 73 – 83.

③ Zusho, A., "Toward an Integrated Model of Student Learning in the College Classroom," *Educational Psychology Review*, Vol. 29, 2017, pp. 301 – 324.

四个元素及其相互关系构成了学习模式模型,见图2-4"①。

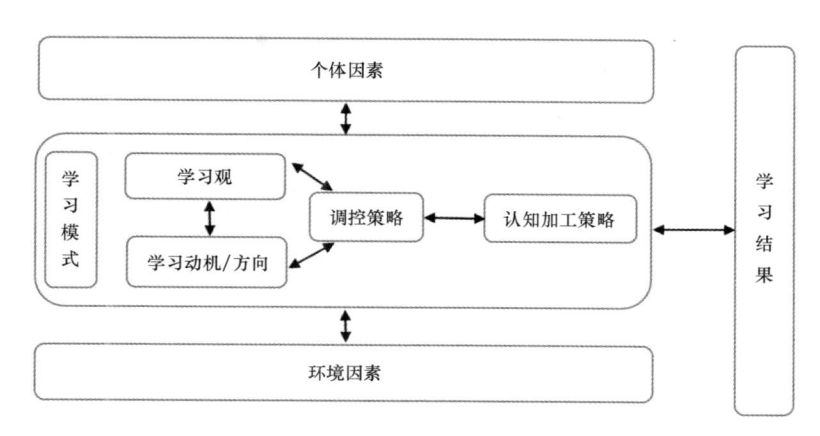

图2-4 大学生学习模式模型

由图2-4可知,在佛蒙特和东什的学习模式模型中,大学生的认知加工策略会受到调控策略的调节,而调控策略又受到学生的学习观和学习动机/方向的影响。学习模式直接影响学习结果,同时又受到个体和环境因素的影响,如布萨托等人发现"无向学习对学业成就存在显著的消极影响,而意义导向学习则存在显著的积极影响"②。林德布卢姆和隆卡也得出了相似的结论,他们发现"在医学专业的学生中,意义导向学习对基础医学和临床医学的学业成就都存在显著的积极影响"③。如果背景发生变化,学习模式也会随着发

---

① Vermunt, J. D., & Donche, V., "A Learning Patterns Perspective on Student Learning in Higher Education: State of the Art and Moving Forward," *Educational Psychology Review*, Vol. 29, 2017, pp. 359 – 384.

② Busato, V. V., et al., "Learning Styles: A Cross-Sectional and Longitudinal Study in Higher Education," *British Journal of Educational Psychology*, Vol. 68, No. 3, 1998, pp. 427 – 441.

③ Lindblom-Ylanne, S., & Lonka, K., "Individual Says of Interacting with the Learning Environment-Are They Relate to Study Success?" *Learning and Instruction*, Vol. 9, 1999, pp. 1 – 18.

生变化，佛蒙特和东什为了强调这个模型是动态的，将模型中的所有的箭头都标为双箭头。

除此之外，研究者们还发现了大学生学习的四种模式，即"再现导向学习、意义导向学习、应用导向学习和无向学习"[1]：（1）再现导向学习模式是指学生会尝试记忆所学内容以便在考试中再现知识。在记忆过程中，他们会一步一步地按顺序浏览学习材料，而不会过多地思考知识间的联系。他们非常在意老师和其他外部规定的监管。他们的学习动力在于通过考试或测试能力，认为学习是将外部的知识放进大脑，要尽可能地保留知识的原貌。（2）意义导向学习模式是指学生在学习过程中采用深层的学习方式。他们会理解所学内容的意义，试图发现不同事实或观点之间的关系，将学习材料构建成更大的整体，并尝试批判性地参与他们学到的东西。他们会自己调节学习方法，并认为学习是自己建构知识的过程。许多研究者发现，"意义导向学习模式对学生的学业成就存在显著的积极影响"[2]。（3）应用导向学习模式是指学生在学习过程中将学习内容与现实世界相联系。他们会试图找出学习中的案例，思考如何将所学知识运用到实践中去。在这种学习模式中，自我调节和外部监管同时存在，区别在于学生们赋予所学知识的价值。职业动机往往是这种模式的基础：学生想为职业做好准备，或想在现有工作中变得更

---

[1] Lonka K, Olkinuora E, Makinen J., "Aspects and Prospects of Measuring Studying and Leaning in Higher Education," *Educational Psychology Review*, Vol. 16, No. 4, 2004, pp. 301 – 331; Richardson, J. T. E., *Researching Student Learning: Approaches to Studying in Campus-Based and Distance Education*, Buckingham: Open University Press and SRHE, 2000; Vermunt, J. D., "The Regulation of Constructive Learning Processes," *British Journal of Educational Psychology*, Vol. 68, 1998, pp. 149 – 171.

[2] Busato, V. V., et al., "Learning Styles: A Cross-Sectional and Longitudinal Study in Higher Education," *British Journal of Educational Psychology*, Vol. 68, No. 3, 1998, pp. 427 – 441; Lindblom-Ylanne, S., & Lonka, K., "Individual Ways of Interacting with the Learning Environment-Are They Relate to Study Success?" *Learning and Instruction*, Vol. 9, 1999, pp. 1 – 18.

好。佛蒙特和维梅滕指出"应用导向学习模式对学生的学习空间有积极影响，对考试参与却有消极影响"①。(4) 无向学习模式是指学生不知道如何组织自己的学习。"这种模式常见于从高中教育升入大学教育或从本科教育升入研究生教育的学生，又或者是从一个国家进入到另一个不同教学实践的国家学习的学生。"② "他们会意识到前一阶段的学习方式已经不再适用于当前的学习环境，却又不知道如何学的更好；他们经常缺乏监管，怀疑自己是否能够达到新环境的要求，会期望同伴和老师为他们提供方向。"③ 布萨托等人调查表明，"无向学习对学生的学业成就存在显著的消极影响"④。

总体而言，学习模式研究是对 SAL 的扩充。万图努等人指出，"学习模式研究将应用导向学习和无向学习作为学生学习的重要维度，澄清了不同加工策略与调节策略的关系，是对 SAL 研究的重要扩充"⑤。

(三) 大学生学习参与研究的发展脉络与主要内容

除了 SRL 和 SAL 之外，大学生学习参与也是近些年越来越受高

---

① Vermunt, J. D., & Vermetten, Y. J., "Patterns in Student Learning: Relationships Between Learning Strategies, Conceptions of Learning, and Learning Orientations," *Educational Psychology Review*, Vol. 16, No. 4, 2004, pp. 359 – 384.

② Biemans, H., & Van Mil, M., "Learning Styles of Chinese and Dutch Students Compared within the Context of Dutch Higher Education in Life Sciences," *Journal of Agricultural Education and Extension*, Vol. 14, 2008, pp. 265 – 278; Vermunt, J. D., "The Regulation of Constructive Learning Processes," *British Journal of Educational Psychology*, Vol. 68, 1998, pp. 149 – 171.

③ Vermunt, J. D., & Vermetten, Y. J., "Patterns in Student Learning: Relationships Between Learning Strategies, Conceptions of Learning, and Learning Orientations," *Educational Psychology Review*, Vol. 16, No. 4, 2004, pp. 359 – 384.

④ Busato, V. V., et al., "Learning Styles: A Cross-Sectional and Longitudinal Study in Higher Education," *British Journal of Educational Psychology*, Vol. 68, No. 3, 1998, pp. 427 – 441.

⑤ Vanthournout, G., et al., "(Dis) similarities in Research on Learning Approaches and Learning Patterns," in Gijbels, D., et al (eds.), *Learning Patterns in Higher Education: Dimensions and Research Perspective*, New York: Routledge, 2014, pp. 11 – 32.

等教育研究者关注的内容之一,尤其是在大学生学习研究领域,"已经成为推进大学教育教学改革实践的重要理论之一"[1]。

1. 大学生学习参与研究的发展脉络

麦考密克等人指出,"学习参与是一个多面体,来自于多个研究领域,包括心理学、社会学、认知发展、学习理论以及大学影响力研究等"[2]。如果对大学生学习参与研究进行追根溯源,著名的教育心理学家拉尔夫·泰勒被认为是"学习参与研究的源头"[3],"他发现了学习时间对学习结果的积极影响"[4]。20世纪70年代,佩斯开发了大学生学习经历问卷,这个问卷是建立在佩斯提出的"努力质量"的基础上。[5] 佩斯论述了"努力质量"的内容,他认为"努力质量是学生为了充分利用学校提供的机会以获得大学成功所付出的时间与努力"[6]。他认为学生努力是指学生有意义的学业参与,具体由学生在学习、与同伴或老师的互动以及把所学知识应用到具体情境中等付出的时间和努力来衡量,他认为学生的付出越多,收获也越大。学习参与理论的另一个学术奠基者是阿斯廷。阿斯廷提出的学习投入概念进一步扩展了佩斯的"努力质量",他认为"学生的学习投入就是指学生投入到学术经历中的身体和心理的精力总和,

---

[1] Fryer, L., & Gijbels, D., "Student Learning in Higher Education: Where We Are and Paths Forward," *Educational Psychology Review*, Vol. 29, 2017, pp. 199–203.

[2] McCormick, A. C., Kinzie, J., & Gonyea, R. M., "Student Engagement: Bridging Research and Practice to Improve the Quality of Undergraduate Education," in Plaulsen, M. B., *Higher education: Handbook of Theory and Research*, Dordrecht: Springer, 2013, pp. 47–92.

[3] Kuh, G. D., "The National Survey of Student Engagement: Conceptual and Empirical Foundations," *New Directions for Institutional Research*, Vol. 141, 2009, pp. 5–20.

[4] Meriwin, J. C., "Historical Review of Changing Concepts of Evaluation," in Tyler, R. L., ed. *Educational Evaluation: New Roles, New Methods: The Sixty-Eighth Yearbook of the National Society for the Study of Educaton*, Part II, Chicago: University of Chicago Press, 1969.

[5] Kuh, G. D., "The National Survey of Student Engagement: Conceptual and Empirical Foundations," *New Directions for Institutional Research*, Vol. 141, 2009, pp. 5–20.

[6] Pace, C. R., *Achievement and the Quality of Student Effort*, National Commission on Excellence in Education, 1982, pp. 1–40.

并指出学生的学习投入不仅仅是学习时间和努力程度,还应包括对学术性活动、社会性活动和课外活动的参与"①。几乎在同一时段,廷托也提出了交互影响模型,他认为"大学是一个系统性的组织,包括了正式与非正式、学术性与社会性的参与,而大学生的辍学或成功,在很大程度上受学术整合与社会整合的影响,其中学术整合包括了学术表现、学习投入、对学术系统规范的认同以及对学术机构政策和要求的遵守等;而社会整合是指学生对课后活动的投入,与同伴、教师以及行政人员互动质量的感知"②。此后,帕斯卡雷拉和特伦兹尼、派克都研究了"学生学习努力和时间投入与不同的学习结果之间的关系"③。在以上研究的影响下,学习参与通常被用来表示诸如努力质量和参与有效学习活动等内容的术语。

除了学术研究之外,"美国全国教育目标提出后引发对过程性指标的重视,以及美国新闻和世界报道每年发布的'全美最佳大学'排名使大学陷入资源卡位战和排名争夺战,而忽视教学与学习质量等现实问题,进一步促使了全国大学生学习参与调查项目的产生与发展"④。随着高等教育未来委员会等机构开始强调与重视学习参与作为衡量高等教育质量的重要指标后,学习参与在高等教育政策讨

---

① Astin, Alexander W., "Student Involvement: A Developmental Theory for Higher Education," *Journal of College Student Personnel*, Vol. 25, 1984, pp. 297 – 308; Astin, A. W., *What Matters in College: Four Critical Years Revisited*, San Francisco: Jossey-Bass, 1993.

② Tinto, V., *Leaving College: Rethinking the Causes and Cures of Student Attrition*, Chicago: University of Chicago Press, 1987; Tinto, V., *Leaving College: Rethinking the Causes and Cures of Student Attrition* (2nd ed.), Chicago, IL: University of Chicago Press, 1993.

③ Pascarella, E. T., & Terenzini, P. T., *How College Affects Student: A Third Decade of Research*, San Francisco: Jossey-Bass Publishers, 2005; Pike, G. R., "The Convergent and Discriminant Validity of NSSE Scalelet Scores," *Journal of College Student Development*, Vol. 47, No. 5, 2006, pp. 551 – 564.

④ McCormick, A. C., Kinzie, J., & Gonyea, R. M., "Student Engagement: Bridging Research and Practice to Improve the Quality of Undergraduate Education," in Plaulsen, M. B., *Higher Education: Handbook of Theory and Research*, Dordrecht: Springer, 2013, pp. 47 – 92; Kuh, G. D., "The National Survey of Student Engagement: Conceptual and Empirical Foundations," *New Directions for Institutional Research*, Vol. 141, 2009, pp. 5 – 20.

论、学术与院校研究和大众媒体中扮演着越来越重要的角色,而"NSSE 调查也逐渐从北美大陆向澳大利亚、中国等地区推广"①。

2. 大学生学习参与研究的主要内容

从大学生学习参与研究的发展历程来看,虽然缘起时间较早,但是大多数的实证研究都是在过去十几年进行的,并且"主要关注 NSSE 及其国际同行的数据,因此,对大学生学习参与的研究可以说仍处于起步阶段"②。鉴于其相对较短的历史,研究者们对学习参与的概念和评估手段也存在相当多的争议。

NSSE 项目的创始人与奠基者之一的乔治·库将学习参与界定为"大学生为参与具有教育性目的的活动所付出的时间与努力"③。自 2000 年以来,NSSE 已经成为衡量大学生学习参与的重要工具之一。早期的 NSSE 主张"从五个方面测量学生的学习参与,主要包括学术挑战水平、主动与协作性学习、生师互动、拓展性教育经历、支持性校园环境等"④。2013 年,NSSE 项目组对调查问卷进行了修订,对原有的五个方面进行了改造与细化,形成了五个主题:"(1)学术挑战,与原有的'学术挑战水平'相对应,包括了高阶思维、反思性与整合性学习、学习策略、量化推理四个指标;(2)同辈学习,

---

① Luo, Y., "Learning Ants: A Portrait of Chinese College Students in Mass Higher Education," in Shin, J. C., Postiglione, G. A., & Huang, F., eds. *Mass Higher Education Development in East Asia: Strategy, Quality, and Challenges*, Cham: Springer International Publishing, 2015, pp. 177 – 188; Coates, H., "Development of the Australasian Survey of Student Engagement (AUSSE)," *Higher Education: The International Journal of Higher Education and Educational Planning*, Vol. 60, No. 1, 2010, pp. 1 – 17.

② Zusho, A., "Toward An Integrated Model of Student Learning in the College Classroom," *Educational Psychology Review*, Vol. 29, 2017, pp. 301 – 324.

③ Kuh, G. D., et al., "Unmasking the Effects of Student Engagement on First-Year College Grades and Persistence," *Journal of Higher Education*, Vol. 79, No. 5, 2008, pp. 540 – 563.

④ Coates, H., "Development of the Australasian Survey of Student Engagement (AUSSE)," *Higher Education: The International Journal of Higher Education and Educational Planning*, Vol. 60, No. 1, 2010, pp. 1 – 17.

与原有的'主动与协作性学习'相对应，包括协作学习、与他人讨论两个指标；（3）对教师的体验，与原有的'生师互动'相对应，包括生师互动、有效教学实践两个指标；（4）校园环境，与原有的'支持性校园环境'相对应，包括互动质量和支持性环境两个指标；（5）参与高影响力的实践，与原有的'拓展性教育经历'相对应，包括学生在社群、服务学习、教授的研究计划、海外学习、实习经验与毕业经历等方面的情况。"[1] 尹弘飚对以 NSSE 为代表的大学生学习参与调查研究路径的特征进行了概括总结，认为其具有四个方面的特征："（1）就学生个体而言，大学生学习参与调查注重学生的参与行为、参与教育性活动的时间与频率，强调学生参与行为的可测量性；（2）从院校层面，考虑院校环境、条件与特征对大学生学习参与的影响与作用，从'学生个体'和'院校环境'两个层面来考虑大学生的学习参与；（3）从数据收集方面，采用大规模的问卷调查来收集数据，重视问卷的测量学素质，以形成同一国家或地区的基准；（4）各个国家或地区在引进 NSSE 调查时，都只是根据国情适当调整测量工具，他们中的多数都在很大程度上保持了概念架构的一致性，以方便国家或地区间的比较。"[2]

除了以 NSSE 为代表的行为视角的研究，卡胡认为"学生参与还有心理学视角、社会文化视角和整体性视角"[3]。其中，心理学视角的研究者认为"学习参与是集行为参与、认知参与和情感参与于一身的综合概念，它不仅仅是学生参与学术性、社会性与课外活动等行为参与，还包括了学生对学术任务的重视和感兴趣程度以及对

---

[1] McCormick, A. C., Gonyea, R. M., Kinzie, J., "Refreshing Engagement: NSSE at 13"，转引自尹弘飚《大学生学习投入的研究路径及其转型》，《高等教育研究》2016 年第 11 期。

[2] 尹弘飚：《大学生学习投入的研究路径及其转型》，《高等教育研究》2016 年第 11 期。

[3] Kahu, E. R., "Framing Student Engagement in Higher Education," *Studies in Higher Education*, Vol. 38, 2013, pp. 758–773.

教师、同学、所在学校在情感上的认同及其程度（情感参与）、学生在认知方面对掌握复杂观念或技能所作的投入及其意愿（认知参与）"[1]。社会文化视角的研究者更侧重于"将学习参与放置在社会文化领域，关注更广泛的社会情境对学生参与的影响"[2]。而整体性视角则将学习参与概念化为一个情境的、动态的过程，这个过程会随着情境的变化而变化，且这个过程需要通过质性研究来挖掘。卡胡从整体性的视角提出了学习参与的概念框架，她认为"学习参与包括了认知参与、情感参与和行为参与，并在模型中明晰了学习参与的先前经历和结果：在先前经历方面，主要包括结构性特征和社会心理因素，其中结构性特征包括了院校层面的政策、课程和个体层面的学生背景等因素，而社会心理因素则包括了与师生关系数量和质量相关的变量；在学习参与的结果方面，主要包括短期的学术性结果、长期的学术性结果和社会性结果，其中短期的学术性结果主要是指学习和学业成就相关的结果，长期的学术性结果主要是指终身学习的观念与技能，而社会性结果则包括公民意识和个人成长。此外，该模型有一个核心的假设，即学生的学习参与过程是置身于文化、政治、经济等宏观社会背景中的，受社会文化的影响"[3]。

尽管大学生学习参与研究在概念和调查尚未达成共识，但越来越多的研究者认识到"整体性视角的价值"[4]。

---

[1] Fredricks, J. A., Blumenfeld, P. C., & Paris, A., "School Engagement: Potential of the Concept, State of the Evidence," *Review of Educational Research*, Vol. 74, 2004, pp. 59 – 119; Parsons, S. A., Nuland, L. R., & Parsons, A. W., "The ABCs of Student Engagement," *Phi Delta Kappan*, Vol. 95, No. 8, 2014, pp. 23 – 27.

[2] Kahu, E. R., "Framing Student Engagement in Higher Education," *Studies in Higher Education*, Vol. 38, 2013, pp. 758 – 773.

[3] Kahu, E. R., "Framing Student Engagement in Higher Education," *Studies in Higher Education*, Vol. 38, 2013, pp. 758 – 773.

[4] Zepke, N., "Student Engagement Research in Higher Education: Questioning an Academic Orthodoxy," *Teaching in Higher Education*, Vol. 19, 2014, pp. 697 – 708; 尹弘飚：《大学生学习投入的研究路径及其转型》，《高等教育研究》2016 年第 11 期。

二 大学生学习研究的发展趋势

有关大学生学习的研究受到了国内外高等教育学界的高度重视，对于高等学校的人才培养和教学改革影响深远。在梳理了大学生学习研究最主要的三个方向的发展脉络与主要内容之后，笔者发现这三个方向的研究内容存在交叉的主题，同时呈现出一些共同的发展趋势。本部分就这三个方向的共同发展趋势作如下批判性综评。

（一）大学生学习研究的交融性

大学生自主调节学习、学习方式/模式和学习参与三个方向的研究在研究主题上呈现出交融性的特征，如对学习本质的假设，对影响学习过程的个人与环境因素的探讨，对学习结果都十分重视等。

首先，关于学习本质的假设，无论是自主调节学习研究、学习方式/模式研究，还是学习参与研究都假设"学习的本质是积极有效的，而学生是学习过程的积极参与者"[1]。在自我调节学习研究中，研究者的最终目的是"促使学生拥有适应能力，是能够自主调节学习的学习者，他们有策略、有目的，能够认真负责地对待学习，并且能够系统且恰当地使用认知、动机和元认知策略，知道在什么时候应当寻求帮助"[2]。在学习方式/模式研究中，研究者认为"有适应能力的学生是具有深层学习方式/模式的学生，这类学生的学习是受以自身能力发展为内在动机驱动的，他们能够适时的运用与意义学习相关的精细化学习策略"[3]。在学习参与研究中，研究者认为

---

[1] Zusho, A., "Toward an Integrated Model of Student Learning in the College Classroom," *Educational Psychology Review*, Vol. 29, 2017, pp. 301–324.

[2] Zusho, A., "Toward an Integrated Model of Student Learning in the College Classroom," *Educational Psychology Review*, Vol. 29, 2017, pp. 301–324.

[3] Biggs, J. B., *Student Approaches to Learning and Studying*, Melbourne: Australian Council for Educational Research, 1987.

"有适应能力的学生是受学术挑战所激励,并能够积极主动的参与学习,充分利用大学所提供的优势"①。

其次,关于大学生学习过程的影响因素,三个方向的大学生学习研究都认可大学生的学习过程受到个体和环境因素的共同影响,只是在影响程度方面存在差异。在学习方式/模式研究中,比格斯的"3P"(Presage-Process-Product,前置—过程—结果)模型就是典型的代表。比格斯认为"学生与学习情境的互动决定了学生所采取的学习方式,并在此基础上提出了'3P'模型,其中前置因素就包括了两方面的内容,分别为个人已有知识、智力、智商、个性以及家庭背景,情境性的学科领域、教学方法、学习时间和课程结构"②。在此后的学习模式研究中,佛蒙特和东什提出的大学生学习模式研究也分析了个体和环境因素对大学生学习模式的影响。在自我调节学习研究中,平崔克和调所提出的动机和自我调节学习模型也主要参考了比格斯的"3P"模型,认为"大学生的学习受到个人和环境因素的影响,其中个人因素包括年龄、性别、性格等特征,而环境因素则包括了教师教学、课堂环境等因素"③。在学习参与研究中,从其发展脉络来看,"早期代表人物之一廷托提出的交互影响模型本质上就是个人—环境适应性的交互模型"④,另一重要人物帕斯卡雷拉提出的"变化评定模型"也认为"学生的认知发展受到学生先前经验、与师生群体的交往以及个体努力程度三方面的影响,而大学结构

---

① Coates, H., "A Model of Online and General Campus-Based Student Engagement," *Assessment & Evaluation in Hihger Education*, Vol. 32, No. 2, 2007, pp. 121 – 141.

② Biggs, J. B., *Student Approaches to Learning and Studying*, Melbourne: Australian Council for Educational Research, 1987.

③ Pintrich, P. R., & Zusho, A., "Motivation and Self-Regulated Learning in the College Classroom," in Perry, R., & Smart, J., eds. *Handbook on Teaching and Learning in Higher Education*. Dordrecht: Springer Publishers, 2007.

④ Zusho, A., "Toward an Integrated Model of Student Learning in the College Classroom," *Educational Psychology Review*, Vol. 29, 2017, pp. 301 – 324.

和组织特征也是影响学生发展的重要环境因素"[1]。还有一些学者分别就学生的"个体特征"[2] 和"院校特征"[3] 对学习的影响展开研究。

最后，关于大学生学习结果的研究，三大研究方向在其研究内容中都无一例外地展示了对学习结果的重视，并且在学习结果所包含的内容上也逐渐达成共识，即学习结果不仅包括学习成绩，还应包括认知、情感、技能、价值观等内容。在自我调节学习研究中，调所等人开始研究"在自我调节过程中，动机结构与能力、价值观、成就目标、兴趣等因素的相互作用"[4]。学习方式的研究者也在探究"学生的学习方式与终身学习的技能、批判性反思能力以及综合能力之间的关系"[5]。学习参与的研究者也在探索"学习参与与学习结果之间的关系，其中学习结果既包括了学生的学术成果，又包括了他

---

[1] Pascarella, E. T. , "College Environmental Influences on Learning and Cognitive Development: A Critical Review and Synthesis," in Smart, J. C. , ed. *Higher Education: Handbook of Theory and Research*, New York: Agathon, 1985, pp. 1 – 62.

[2] Fazey, D. M. A. , & Fazey, J. A. , "The Potential for Autonomy in Learning: Perceptions of Competence, Motivation and Locus of Control in First-Year Undergraduate Student," *Studies in Higher Education*, Vol. 26, 2001, pp. 345 – 361; Poropat, A. , "A Meta-Analysis of the Five-Factor Model of Personality and Academic Performance," *Psychological Bulletin*, Vol. 135, 2009, pp. 322 – 338; Yorke, M. , & Knight, P. , "Self-Theories: Some Implications for Teaching and Learning in Higher Education," *Studies in Higher Education*, Vol. 29, 2004, pp. 25 – 37.

[3] Smith, R. , "An Overview of Research on Student Support: Helping Students to Achieve or Achieving Institutional Targets? Nature or De-Nature?" *Teaching in Higher Education*, Vol. 12, 2007, pp. 683 – 695; Zhao, C. , & Kuh, G. , "Adding Value: Learning Communities and Student Engagement," *Research in Higher Education*, Vol. 45, 2004, pp. 115 – 138.

[4] Zusho, A. , Pintrich, P. R. , & Coppola, B. , "Skill and Will: The Role of Motivation and Cognition in the Learning of College Chemistry," *International Journal of Science Education*, Vol. 25, 2003, pp. 1081 – 1094.

[5] A. AC. & V. College Learning for the New Global Century, Washington DC: Association of American Colleges and Universities, 2007.

们的个人成长"①。

事实上，无论是自我调节学习、学习方式/模式研究，还是学习参与研究，在研究内容上都有许多交叉的主题，如学习动机、策略、结果都是研究者们共同关注的主题，在发展过程中也是彼此借鉴与发展。较为典型的代表是学习模式研究，佛蒙特等人吸收了自我调节学习理论的观点，在学习方式研究路径与内容的基础上，将"认知策略、调节策略、动机、元认知和学习观结合在一起"②，并开发了"学习模式研究"③。此外，一些研究者也注意到学习参与模型在建构时，与自我调节学习研究以及动机研究存在概念重叠的现象。例如，沃尔特斯和泰勒发现，"认知视角下的学习参与在实践层面是很难区分其与自我调节学习认知的不同"④。埃克尔斯和王也指出，"情感参与视角下的学习参与与动机之间的概念关系也显得很模糊"⑤。

（二）大学生学习研究的整合性

从大学生自我调节学习研究、学习方式/模式研究以及学习参与研究的发展趋势来看，呈现出明显的整合性趋势。自我调节学习研究的研究者经常将认知策略区分为深层和浅层加工，也经常将自主调节学习者描述为在认知、动机和行为都积极参与的学习者。而学习模式与学习参与的研究者也将自我调节作为各自模型中的重要组成部分，

---

① Kahu, E. R., "Framing Student Engagement in Higher Education," *Studies in Higher Education*, Vol. 38, 2013, pp. 758 – 773.

② Vermunt, J. D., & van Rijswijk, F. A., "Analysis and Development of Students' Skill in Self-Regulated Learning," *Higher Education*, Vol. 17, 1988, pp. 647 – 682.

③ Vermunt, J. D., & Vermetten, Y. J., "Patterns in Student Learning: Relationships between Learning Strategies, Conceptions of Learning, and Learning Orientations," *Educational Psychology Review*, Vol. 16, No. 4, 2004, pp. 359 – 384.

④ Wolters, C. A., & Taylor, D. J., "A Self-Regulated Learning Perspective on Student Engagement," in Christenson, S., Reschly, A. L., & Wylie, C. (Eds.), *Handbook of Research on Student Engagement*, New York: Springer, 2012.

⑤ Eccles, J., & Wang, M. T., "So What is Student Engagement Anyway: Commentary on Section Ⅰ," in Christenson, S., Reschly, A. L., & Wylie, C. (Eds.), *Handbook of Research on Student Engagement*, New York: Springer, 2012.

包括前文所述对个体和院校因素影响的重视，促使不少研究者提出整合模型。沃尔特斯和泰勒提出"这些大学生学习研究应该在理论和实践层面都联系起来"[①]。卡胡也提出了学习参与的整体性视角，认为"学习参与应该包括认知、情感、行为等方面的参与，是一个综合性的概念，不仅受个体层面的背景因素、院校层面的特征以及人际关系等社会心理因素等'前因'的影响，而且影响着与学业成就相关的结果、终身学习的技能及个体成长等结果，而这一过程应被放置在文化、政治、经济等宏观社会背景中"[②]。调所也提出了"大学生学习的整合模型，该模型包括了前置因素和学习结果，其中学习结果包括了认知、行为、情感等方面，而前置因素包括了个体和环境因素，其中个体因素包括了个体的背景因素和自我调节学习的核心内容，即动机与认知策略，环境因素则融入了学习参与模型中的学术挑战、合作学习等内容，同时还有学习模式研究所重视的学生学习观念对学习过程的影响，包括卡胡的整合模型所提到的师生互动也被纳入该模型中"[③]。

在中国，也有研究者意识到大学生学习研究的整合性趋势，如厦门大学"国家大学生学习情况调查（NCSS）"课题组"自2011年就对大学生的学习情况展开全面调查，对大学生的学习观、学习方式、课堂体验、学习投入、学习收获、学习满意度等全面研究，发现了中国大学生学习的相关规律"[④]。周廷勇等人也指出，"探讨影

---

① Wolters, C. A., & Taylor, D. J., "A Self-Regulated Learning Perspective on Student Engagement," in Christenson, S., Reschly, A. L., & Wylie, C. (Eds.), *Handbook of Research on Student Engagement*, New York: Springer, 2012.

② Kahu, E. R., "Framing Student Engagement in Higher Education," *Studies in Higher Education*, Vol. 38, 2013, pp. 758–773.

③ Zusho, A., "Toward an Integrated Model of Student Learning in the College Classroom," *Educational Psychology Review*, Vol. 29, 2017, pp. 301–324.

④ 史秋衡、郭建鹏：《我国大学生学情状态与影响机制的实证分析》，《教育研究》2012年第2期；史秋衡、汪雅霜：《大学生学习情况调查研究》，教育科学出版社2015年版；史秋衡、王芳：《国家大学生学情调查研究：国家大学生学习质量提升路径研究》，厦门大学出版社2018年版。

响大学生发展的个体因素时需要融合个体行为和心理因素，同时有必要从个体所处的环境考察个体行为和心理如何影响发展，并提出大学生发展影响因素的'场域—互动'论模型，认为大学生发展受到个体、家庭、学校和传媒等场域及其互动的影响"①。清华大学"中国大学生学习性投入调查问卷"也强调了"大学生学习的整合性，并建构起多视角、整体性的研究框架，将'大学生学习与发展'置于核心位置，从认知、情感和行为三方面考察学生的表现，从大众化、国际化、市场化和基础教育改革四个方面探索影响大学生学习与发展的社会结构性因素"②。

此外，大学生学习研究的整合性趋势还表现在研究方法的整合。自我调节学习研究的研究方法"主要以自上而下的方式从认知心理学和教育心理学中的心理结构与理论推导出来，运用定量的方法对学生学习展开调查分析"③，而学习方式/模式研究则是"通过自下而上的方式，运用'现象描述分析'的方法，定性地分析学生在学习过程的真实体验，并在此基础上形成调查问卷展开量化研究"④。学习参与研究最具影响力的 NSSE 研究则是通过大规模调查的量化方法开展研究，但近些年这种方法不断遭到质疑，认为"NSSE 问卷设

---

① 周廷勇等：《大学生发展的影响因素模型：一个理论构想》，《教育学报》2016 年第 5 期。

② 史静寰、王文：《以学为本，提高质量，内涵发展：中国大学生学情研究的学术涵义与政策价值》，《华东师范大学学报》（教育科学版）2018 年第 4 期。

③ Biggs, John, "What Do Inventories of Students' Learning Processes Really Measure? A Theoretical Review and Clarification," *British Journal of Educational Psychology*, Vol. 63, 1993, pp. 3 – 19; Dyne, A., Taylor, P., & Boulton-Lewis, G., "Information Processing and the Learning Context: An Analysis from Recent Perspectives in Cognitive Psychology," *British Journal of Educational Psychology*, Vol. 64, 1994, pp. 359 – 372; Entwistle, N., & Waterston, S., "Approaches to Studying and Levels of Processing in University Students," *British Journal of Educational Psychology*, Vol. 58, 1988, pp. 258 – 265; Pintrich, P. R., "A Conceptual Framework for Assessing Motivation and Self-Regulated Learning in College Students," *Educational Psychology Review*, Vol. 16, No. 4, 2004, pp. 385 – 407.

④ 吕林海、龚放：《大学学习方法研究：缘起、观点及发展趋势》，《高等教育研究》2012 年第 2 期。

计缺乏足够的理论依据,在编制问卷时更多是数据驱动,而不是某个成熟的理论模型"①,卡胡提出"要克服量表设计等技术问题,心理学视角的大学生学习研究大有可为,且纵向和质性的研究方法更有利于社会文化与整体性视角下的学习参与研究"②。尹弘飚也提出"研究方法不能囿于大规模问卷调查,而应采取多元方法收集数据,量化与质化的混合研究设计对未来的大学生学习研究来说十分必要"③。

(三) 大学生学习研究的动态性

除了交融性、整合性以外,不同方向大学生学习研究的发展趋势还表现出动态性的特征。在自我调节学习研究中,一个普遍的假设就是"学习过程是动态的"④,例如本—埃里亚胡和贝尔纳茨基指出"大多数的自我调节学习模型都强调学习过程的迭代性和周期性,这个动态模型是指一个周期内发生的任何活动都可以影响该周期的活动,同时也会影响后续周期的活动,也就是说学生对学习的调控过程会随着时间的推移、学术背景和任务的变化而发生变化"⑤。与自我调节学习研究相似,学习模式研究者们越来越关注"学习模式如何随着时间、环境以及评估手段的变化而变化,对多元数据收集方式的需求也日渐增加"⑥。在学习参与研究中,卡胡认为"参与是

---

① Porter, S. R., "Do College Student Surveys Have Any Validity?" *Review of Higher Education*, Vol. 35, No. 1, 2011, pp. 45 – 76.

② Kahu, E. R., "Framing Student Engagement in Higher Education," *Studies in Higher Education*, Vol. 38, 2013, pp. 758 – 773.

③ 尹弘飚:《大学生学习投入的研究路径及其转型》,《高等教育研究》2016 年第 11 期。

④ Karabenick, S. A., & Zusho, A., "Examining Approaches to Research on Self-Regulated Learning: Conceptual and Methodological Considerations," *Metacognition and Learning*, Vol. 10, 2015, pp. 151 – 163.

⑤ Ben-Eliyahu, A., & Bernacki, M., "Addressing Complexities in Self-Regulated Learning: A Focus on Contextual Factors, Contingencies, and Dynamic Relations," *Metacognition and Learning*, Vol. 10, 2015, pp. 1 – 13.

⑥ Gijbels, D., Donche, V., Richardson, J. T., & Vermunt, J. D., eds. *Learning Patterns in Higher Education: Dimensions and Research Perspectives*, London: Routledge, 2013.

一个动态的过程，会随着环境的变化而变化"[①]。此外，无论是卡胡还是调所提出的整体性模型都无一例外地强调了大学生学习过程的动态性。

三 大学生学习研究文献的评析与启示

综览已有文献研究，大学生学习研究在不同方向上不断充实和完善，各个方向的学者从不同的视角对大学生学习展开了研究。有从心理学理论出发，自上而下研究大学生学习的自我调节学习研究，也有从真实情境入手对大学生学习体验展开分析的学习方式/模式研究，还有运用大规模调查对学生学习行为开展调查的学习参与研究。这些研究经过几十年的发展，相互借鉴，相互补充，并逐渐形成一些共同趋势，如交融性、整合性和动态性。

在这些研究的启示下，本书认为大学生学习研究具有以下特点：学习的过程是学生在个体因素（包括先前经验、性格、年龄、家庭背景以及动机、学习观等）和环境因素（包括院校环境、课堂环境等）的影响下，采用认知策略、自我调节策略等学习策略以影响学生的学习行为，最终形成学习结果（包括知识、认知、情感、价值观等）的过程。这是一个整合了认知、情感、行为等方面的综合模型。在这个模型里，既有自我调节学习的研究内容，也有学习方式/模式与学习参与的研究内容，也可以看到"3P"模型的痕迹。此外，这个模型还是动态的，会随着时间、环境的变化而变化。尹弘飚指出，"建立这样的整合模型在现实中操作起来颇为困难，需要通过不同于主流研究路径的另类视角来审视大学生学习"[②]。

结合学习力的内涵、结构要素及相关研究现状，本书认为建构大学生学习力模型是建立大学生学习整合模型的重要突破口。对大

---

① Kahu, E. R., "Framing Student Engagement in Higher Education," *Studies in Higher Education*, Vol. 38, 2013, pp. 758 - 773.

② 尹弘飚:《大学生学习投入的研究路径及其转型》,《高等教育研究》2016 年第 11 期。

学生学习研究特点的借鉴，也将弥补学习力已有研究存在的不足，如深化大学教育对学习力的影响研究等。本书将具体通过概念框架的建构进一步阐释二者的有效结合。

第三节　理论模型与概念框架

概念框架是"研究者初步理论设想的展示，通常包括：组成研究问题的重要概念以及这些概念之间的关系；研究问题的范围、内容维度和层次；研究者自己目前发展出来的工作假设"[1]。换句话说，"概念框架就是应用相关理论对研究问题的逻辑分析，是构思和具体化研究思路的过程"[2]。因此，本部分将首先运用学习理论和已有学习力与大学生学习研究的梳理与评价，确定大学生学习力的内涵与结构要素，进而以系统动力学为理论基础，构建大学生学习力的理论模型。最后，以院校影响模型和系统动力学为理论基础，提出本书的概念框架。

一　大学生学习力的概念界定

厘清学习的本质是解读学习力内涵的关键。因此，在界定大学生学习力之前，本书将从学习理论的发展历程来梳理学习的本质。

（一）学习的本质

在学习心理学领域，学习理论先后经历了刺激—反应理论、认知学习理论、认知—行为主义理论、人本主义学习理论和建构主义学习理论（见表 2 - 1）。

---

[1] 陈向明：《质的研究方法与社会科学研究》，教育科学出版社 2000 年版，第 91 页。
[2] ［美］凯瑟琳·马歇尔、格雷琴·罗斯曼：《设计质性研究：有效研究计划的全程指导（第 5 版）》，何江穗译，重庆大学出版社 2015 年版，第 97 页。

表 2-1　　　　　　　　　　学习理论的研究与发展①

学习理论	对"学习"的隐喻	代表人物
刺激—反应理论	学习是刺激—反应的强化	桑代克、华生、斯金纳等
认知学习理论	学习是学习者内部心理结构的形成和改组,是信息加工过程,是知识的获得	格式塔学派、加涅
认知—行为主义理论	学习是自我强化、替代强化等多种强化的结果,是 S-O-R 的过程,结果形成"认知地图"	托尔曼、班杜拉
人本主义学习理论	学习是寻求个人潜力的充分发挥,强调自我发展、自我实现	马斯洛、罗杰斯
建构主义学习理论	学习是学习者意义的建构 学习是社会互动与协商	皮亚杰、维果斯基

由表 2-1 可知,不同的学习理论对学习的隐喻大不相同。首先,刺激—反应理论认为学习是刺激—反应的强化。桑代克在《人类的学习》一书中明确指出"学习,部分地,是由 S→R 联结强度的变化所组成的……学习也包含新反应的产生"②。"这种学习观点因其单纯强调刺激与反应之间的联结而忽视了人的主观能动性,无法解释人类复杂的学习过程而被诟病。"③ 随着认知心理学的兴起,早期的格式塔学派强调"学习在于在头脑中构造和组织一种'完形',也就是对事物、情境的各个部分及其相互关系的理解,而不是经验要素或 S-R 的简单集合。"④ 此后,认知心理学家在计算机科学的启发下,用计算机来类比人的认知加工过程,认为"学习是人脑对信息加工的过程,于是有关学习的信息加工理论逐渐取代了行

---

① 参见刘儒德主编《学习心理学》,高等教育出版社 2010 年版,第 1012 页。
② [美]桑代克:《人类的学习》,李月甫译,浙江教育出版社 1999 年版,第 3 页。
③ 王有智:《学习心理学》,中国社会科学出版社 2010 年版,第 122 页。
④ 刘儒德主编:《学习心理学》,第 11 页。

为主义的理论，而'学习是知识的获得'的隐喻也取代了学习是反应的强化的隐喻"①。在认知学习理论的影响下，一些行为主义者开始吸收认知学派的思想，把认知因素引到学习过程，托尔曼将 S-R 发展到 S-O-R，而班杜拉则提出了观察学习理论，强调对学习行为的自我调节与认知过程。几乎在同一时期，心理学出现了人本主义思潮，主张研究整体的人，其代表心理学家马斯洛、罗杰斯主张从自我实现的角度来解释学习，强调学生的自我评价、自我批判和自我激励等。

然而，无论主张学习是知识的获得还是自我实现，学习的隐喻都认为学习完全由自己决定，它们的狭隘性和脱离真实世界遭到越来越多的抨击，研究者开始探索真实场景中的认知，学习的建构本质开始显现，"学习是学习者意义的建构"的隐喻逐渐取代"学习是知识获得"的隐喻。"在认知建构主义的原理上，学习者被认为是知识的建构者，也是意义的建构者，学习的这一隐喻被认为是真正意义上对人的学习研究的开端。"② 随着社会建构主义的兴起，以维果斯基为代表的社会建构主义心理学家们主张"将学习纳入到社会和文化情境之中，学习被认为是知识的社会协商，是社会的微观和宏观背景与自我的内部建构之间的相互作用，并视它们为不可分离的、循环发生的、彼此促进的、统一的社会过程"③。有学者指出，"学习就是固有的镶嵌在特定文化环境中的社会互动"④。此外，学习还是学习者主动参与的过程，因为知识是在个体主动参与互动的情况下建构的。至此，学习已经由"反应—强化"的被动行为转变成一个主动的、社会的、系统的、动态的互动过程。美国学者德里斯克尔在她的《学习心理学》一书中将学习定义为"因经验及与世

---

① 高文：《面向新千年的学习理论创新》，《全球教育展望》2003 年第 4 期。
② 高文：《面向新千年的学习理论创新》，《全球教育展望》2003 年第 4 期。
③ 张湘韵：《我国大学生人际关系对学习力的影响研究》，第 75 页。
④ Powell, K. C., & Kalina, C. J., "Cognitive and Social Constructivism: Developing Tools for an Effective Classroom," *Education*, Vol. 130, No. 2, 2009, pp. 241-250.

界相互作用而导致的行为或行为倾向的持久改变"①,"这里的行为可以是认知、态度、技能等方面的改变,这种变化产生的原因是与世界发生互动,强调了学习者的主动性,通过认识和实践活动,改变自己的知识、技能、情感,从而使自己的本质力量发生变化"②。综上可知,学习的本质是学习者因经验与世界相互作用而导致的知识、认知、技能、情感等发生的持久变化。

(二) 学习力的本质

在 ELLI 项目和其他的国外研究中,学习力通常被翻译为"learning power",而不是"learning ability",也就是说学习力不仅仅是指学习能力。在《牛津高阶英汉双解词典》中,"ability"是指"做体力、脑力或机械工作的能力或力量"③,而"power"的内涵则更为丰富,既有"'(人的)能力','体力、智力','力、力量','权势'等意思,又有'影响力或操纵力'、'很有权力或影响力的人、团体,或国家'的意思,还有'动力,持续的能力'的意思"④。总体而言,power 的内涵比 ability 更具有广泛性和深刻性,更符合大学生学习研究的整体性与动态性趋势,也更能够体现社会建构主义学习理论的教育理念。

因此,学习力的本质是促使学习持续发生的能量。这种能量不同于前文所述的能量内涵,因为它不仅关注学习者自身的成长与发展,还参与学习者与世界的互动过程,并且当互动产生的持久变化沉淀之后又会转化成新的能量来促使下一个学习过程的发生。换言之,学习力就是学习发生过程中所涉及的能力与能量的总和,既有推动学习发生的动力,也有参与学习过程的能力,还有学习发生后所形成的或提高的能力,作

---

① [美] 德里斯科尔:《学习心理学:面向教学的取向》,王小明等译,华东师范大学出版社 2008 年版,第 4 页。
② 陈维维:《技术生存视域中的学习力》,第 113 页。
③ [英] 霍恩比:《牛津高阶英汉双解词典(第四版增补本)》,李北达译,商务印书馆 2002 年版,第 2 页。
④ [英] 霍恩比:《牛津高阶英汉双解词典(第四版增补本)》,第 1151 页。

为一个循环系统，这部分的能力将会成为下一次学习的动力与能力，所以，学习结果的表现形式也是学习力的重要组成部分。

（三）大学生学习力的内涵

结合综合向度的学习力内涵解读与大学生学习研究的主要内容、发展趋势，本书将大学生学习力的内涵解读如下：首先，大学生学习力是学生自身表征学习的心理品质与学习能力，这也是大学生学习研究的重要内容之一，即"学生能自主调节学习，有策略、有目的且认真负责地对待学习，并且能够在适当的时候运用学习策略，包括认知、动机和元认知策略等"[1]。其次，大学生学习力是学习者与外部环境互动的行动力，这是不同方向大学生学习研究所达成的共识，即"学习是学生与情境互动的过程"[2]，促使这个过程发生的行动力，包括学生的行为参与、与师生的互动等都是学习力的重要内容。最后，大学生学习力还是学习所产生的持久变化转换成下一次学习的知识、经验与能力，包括知识、认知、技能、情感等发生的变化。本—埃里亚胡和贝尔纳茨基指出"学习过程具有周期性、迭代性，大学生的学习在持续进行，每一次的学习结果都会形成自身的能力，促使个体更好地进行下一次学习，而学习结果也是大学生学习研究所重视且较为一致的认识"[3]。卡胡从整体性的视角提出

---

[1] Zusho, A., "Toward an Integrated Model of Student Learning in the College Classroom," *Educational Psychology Review*, Vol. 29, 2017, pp. 301 – 324; Biggs, J. B., *Student Approaches to Learning and Studying*, Melbourne: Australian Council for Educational Research, 1987; Coates, Hamish, "A Model of Online and General Campus-based Student Engagement," *Assessment & Evaluation in Hihger Education*, Vol. 32, No. 2, 2007, pp. 121 – 141.

[2] Zusho, A., "Toward an Integrated Model of Student Learning in the College Classroom," *Educational Psychology Review*, Vol. 29, 2017, pp. 301 – 324; Biggs, J. B., *Student Approaches to Learning and Studying*, Melbourne: Australian Council for Educational Research, 1987; Kahu, E. R., "Framing Student Engagement in Higher Education," *Studies in Higher Education*, Vol. 38, 2013, pp. 758 – 773.

[3] Ben-Eliyahu, A., & Bernacki, M., "Addressing Complexities in Self-Regulated Learning: A Focus on Contextual Factors, Contingencies, and Dynamic Relations," *Metacognition and Learning*, Vol. 10, 2015, pp. 1 – 13.

了学习参与的概念框架,将学习参与的结果概括为短期的学术性结果、长期的学术性结果和社会性结果,其中"短期的学术性结果主要是指学习和学业成就相关的结果,长期的学术性结果主要指终身学习的观念与技能,而社会性结果则包括公民意识和个人成长"[1]。在大学影响理论中,众学者也探究了大学影响下,学生以学业成绩、知识技能、情感价值观或辍学决定等方式来呈现学生与大学环境互动的结果。综合以上,本书将学习结果概括为(学科)知识、认知、技能和情感四个方面的内容,其中,(学科)知识对应卡胡提出的短期学术性结果,认知和技能对应长期学术性结果,而情感则与社会性结果相对应。

（四）大学生学习力的要素

基于以上对大学生学习力的内涵解读,参照 ELLI 项目的"七要素"结构,本书将大学生学习力的要素分解如下:学习驱动力,主要是指驱动学生主动学习的内在力量;学习策略力,主要是指辅助学生更有效、更有意义学习以实现学习目标的手段;学习行动力,主要是指学生在内在需要的驱动下,运用学习策略与外部环境发生互动的行为表现;知识力,主要是指学生通过与外部环境的互动而收获的知识方面的能量;认知力,主要是指学生通过与外部环境的互动而收获的认知方面的能量;技能力,主要是指学生通过与外部环境的互动而收获的技能方面的能量;情感力,主要是指学生通过与外部环境的互动而收获的情感方面的能量。

综上所述,本书将大学生学习力的概念界定为大学生自身的品质和能力在与大学环境相互作用而导致(学科)知识、认知、技能、情感等方面发生持久变化过程中发挥作用的能力与能量的总和,具体包括学习驱动力、学习策略力、学习行动力、知识力、认知力、

---

[1] Kahu, E. R., "Framing Student Engagement in Higher Education," *Studies in Higher Education*, Vol. 38, 2013, pp. 758–773.

技能力和情感力等要素。①

二 大学生学习力的理论模型

根据大学生学习的动态性特征以及学习的本质可知，大学生学习力的各要素并不是静止存在的，而是通过相互作用的方式使学习力的大系统运作起来。事实上，学习力的起源理论"系统动力学"也是将其看作一个动态的系统。系统动力学是由美国麻省理工学院福里斯特教授发展而来，主要探讨存在于工程与管理的关系性问题，并将因果回馈观念引入社会科学研究的系统中。系统动力学最大的特色在于"应用因果关系与信息反馈的观念来分析问题，以了解系统内交互影响的动态行为，它对于复杂的动态、反馈且具有时间滞后的问题，能够提供整体、长期且较周延的解决办法，非常适合应用在与时间演进有密切关系的课题研究上"②。

行文至此，本书对大学生学习力理论模型的建构已经完整地体现了系统动力学的特征：把大学生学习力看作一个动态系统，学生在学习驱动力的驱动下，在学习策略力的作用下，通过学习行动力外化学生与外部环境的互动，最后形成知识、认知、技能和情感方面的能力变化，又反馈给学生个体，形成新的力量影响新一轮学习（见图 2-5）。

三 本书的概念框架

概念框架的提出是运用理论具体化研究问题与研究思路的过程。因此，本部分的内容将首先从论述研究的理论基础开始，为概念框架的提出找好支撑点和分析依据，并在此基础上形成本书的概念

---

① 本书主要聚焦于高等教育，目的在于探讨高等学校在学生学习力提升过程中的作用，因此，学生发生互动的对象主要集中在校园环境，宏观的社会环境暂不在本书的考虑范围。

② 杨朝仲等：《系统动力学：思维与应用》，台北五南图书出版公司 2007 年版，第 3—9 页。

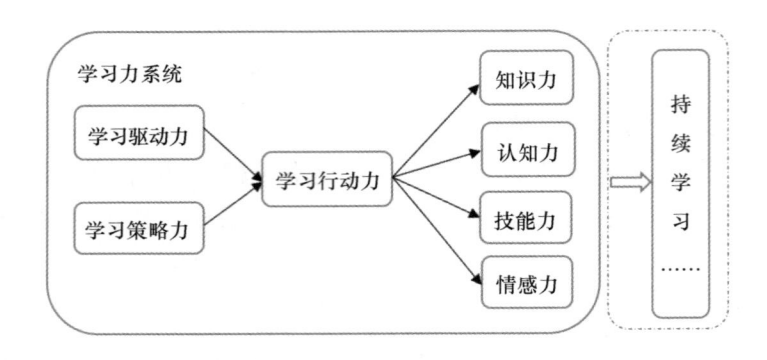

图 2-5　大学生学习力的理论模型

框架。

(一) 系统动力学

系统动力学不仅是大学生学习力理论模型的理论基础，也是整个研究的理论基础。系统动力学是"以系统理论为基础，在确定系统目标之后，确定组成系统的子系统，并建立各子系统的相互关系，确定内部的运行机理，形成系统的结构架构，最后由这个架构产生系统行为"[1]。系统动力学"把一切被研究对象都看成系统，在系统边界以外的部分称为系统的环境，它为系统的生存和发展提供了必要的条件，并对系统产生约束力，而系统有自己的目标，是一个运动着的整体，着眼于系统全局的、宏观的动态行为"[2]。这与本书的研究思路相吻合，将大学生学习力看成系统，在确定了大学生学习力的内在结构和运行机理之后，形成大学生学习力的理论模型，而整个学习力系统会对新一轮学习产生影响。此外，根据系统动力学的基本原理，大学生学习力所处的外界环境是学习力发展的必要条件，会对大学生学习力的发展产生约束力，因此，大学生学习力的研究还需要分析外部环境的影响。

---

[1] 李旭：《社会系统动力学：政策研究的原理、方法和应用》，复旦大学出版社 2009 年版，第 21 页。

[2] 李旭：《社会系统动力学：政策研究的原理、方法和应用》，第 21 页。

（二）大学影响理论

大学影响理论是探究大学环境对大学生学习影响的重要理论。其代表人物之一的美国学者帕斯卡雷拉曾在其著作《大学如何影响学生》中提出了六大问题："如何证明学生个体会在大学期间发生变化？如何证明学生在大学期间发生的变化是由大学造成的？如何证明不同类型高校会对学生大学期间的发展或变化产生不同的影响？如何证明同一高校中的不同经历（如生活环境、主修专业、教师教学等）会对学生大学期间的发展或变化产生不同的影响？如何证明大学经历给学生带来的影响是特殊而不是普遍的？大学会给学生带来怎样的持续或长期的影响？"[1] 这六大问题直接指出了大学影响理论的重要内涵：引发学生变化的大学结构、环境等影响网络的作用，目的在于指导高校的管理与应用。而这恰好符合本书的需要，即学生的学习力在大学期间是否会发生变化？如果会发生变化，这些变化是否都是大学造成的？不同类型高校对学生的学习力变化会否产生不同的影响？不同专业、课堂环境对学生的学习力变化会否产生不同的影响？大学是否能给学生的学习力带来持续的影响？

1. 大学影响理论的主要内容

从大学影响理论的发展来看，大致可以分为两个阶段：早期是由佩斯、费尔德曼、纽科姆等人对大学功效问题的研究，并证实大学教育对学生的发展产生了重要的影响。如佩斯提出"大学在促进学生知识、理解、技能等方面的增长发挥着作用"[2]；费尔德曼和纽科姆则是对1969年前40年美国大学对学生影响的研究成果做了综

---

[1] Pascarella, E. T., Terenzini, P. T., Patrick, T., *How College Affects Students*, 转引自刘海燕《本科教育质量提升研究——基于就读经验的视角》，高等教育出版社2017年版，第40页。

[2] Pace, C. R., *Quality, Content, and Context in the Assessment of Student Learning and Development in College*, Center for Research on Evaluation, Standards, and Student Testing, 1986, pp. 1–83.

述,系统地分析了"家庭背景、学生专业、学校类型、住宿环境、教师和同伴等因素对学生的影响"[①]。在费尔德曼和纽科姆之后,大学影响研究进入了第二阶段,以阿斯廷、廷托、帕斯卡雷拉、特伦兹尼、库等为代表的学者们开始从更综合的角度对大学经历中的多重因素进行深入挖掘,并产生了许多影响深远的大学影响模型。最具代表性的模型有阿斯廷提出的投入—环境—结果(Input-Environment-Output,简称I-E-O)模型、廷托的交互影响模型、帕斯卡雷拉的变化评定模型、韦德曼的社会化模型以及特伦兹尼等人的大学影响模型。从各模型的主要内容来看,廷托等人的模型主要是在阿斯廷的I-E-O模型的基础上发展而来。根据投入—环境—结果,本书将各模型的主要内容整理如下(见表2-2)。

表2-2　　　　　大学影响理论代表模型的主要内容[②]

研究者	模型	投入	环境	结果
阿斯廷	I-E-O模型	入学前的个人特征:个人特质、家庭背景、入学前的学术资质等	大学期间的各种经历:政策、文化、课程、教师、专业、校园生活等	毕业后学生的人格、知识、技能、价值观、信念与行为等

[①] Feldman, K. A., Newcomb, T. M. *The Impact of College on Student*, San Francisco: Jossey-Bass, 1969.

[②] Astin, A. W., *What Matters in College: Four Critical Years Revisited*, San Francisco: Jossey-Bass, 1993; Tinto, V., *Leaving College: Rethinking the Causes and Cures of Student Attrition* (2nd ed.), Chicago, IL: University of Chicago Press, 1993; Pascarella, E. T., "College Environmental Influences on Learning and Cognitive Development: A Critical Review and Synthesis," in Smart, J. C. (ed.), *Higher Education: Handbook of Theory and Research*, New York: Agathon, 1985; Weidman, J., "Undergraduate Socialization: A Conceptual Approach," in Smart, J. (ed.), *Higher Education: Handbook of Theory and Research*, New York: Agathon Press, 1989; Terenzini, P. T., Pascarella, E. T., Biliming, G. S., "Students' Out-of-Class Experiences and Their Influence on Learning and Cognitive Development: A Literature Review," *Journal of College Student Development*, Vol. 37, No. 2, 1996, pp. 149-162.

续表

研究者	模型	投入	环境	结果
廷托	交互影响模型	入学前的特质：家庭背景、技术与能力、入学前经历、初始目标承诺	(1) 学术整合：学业成就、学习投入等；(2) 人际整合：同伴互动、师生互动等	学生对大学及个人教育目标的承诺；辍学选择
帕斯卡雷拉	变化评定模型	(1) 学生背景特征；(2) 学校结构与组织特性	(1) 校园环境；(2) 社会性人际互动：师生、同伴；(3) 学生个体的努力程度	学习和认知能力的发展、社会心理改变
韦德曼	社会化模型	(1) 学生背景特征；(2) 入学前的规范压力（父母、其他群体）	(1) 学术背景：机构、院系使命；隐性课程；(2) 社会背景：机构大小、住宿率、社团及同伴群体	社会化结果：职业选择、生活方式选择、抱负、价值观等
特伦兹尼等人	大学影响模型	学生入学前经历：家庭收入、入学成绩、高中学习经验、性别、学习课程等	(1) 课程经验：选修课程及上课时间；(2) 学术经验：参与学习方案、读书时间、图书馆经验等；(3) 课外经验：师生交流、参加社团活动、同学关系等；(4) 学校特征	学习成果：学业成绩

由表 2-2 可知，虽然各研究者在研究内容上存在差异，但也不难看出其中的一些共同特征与发展趋势。首先，几乎所有的模型都分析了学生入学前的经历，这是分析大学教育对学生成长与发展影响情况的前提。学生在入学之前并不是一张白纸，个体特征、家庭

因素以及入学前的学习经历等都会伴随着学生一起进入大学的学习，并且会持续地影响大学期间的学习。其次，在大学生接受大学教育的过程中，学校环境是影响学生学习的重要因素，而学校环境既包括了学校层面的特征，如院校类型、生师比、在校生比例等，也包括了微观环境，如课堂环境、课外环境。最后，在大学的影响下，学生会以学业成绩、知识、技能、情感价值观或辍学决定等方式来呈现学生与大学环境互动的结果。

有学者指出"院校结构特征等宏观环境是廷托模型的横向拓展，如变化评定模型、社会化模型和大学影响模型都是对大学结构组织特征和校园环境的考虑，奠定了院校影响研究的基础，而阿斯廷的学习投入理论、佩斯的努力程度理论和库提出的学生参与等探究学生与校园环境的互动，包括学术互动、人际互动等则是对汀托模型的纵向深化，该部分研究内容在随后的发展中逐渐形成了大学生的学习参与研究"①。

2. 对大学影响理论的反思

在梳理大学影响理论的过程中，笔者发现已有的大学影响理论对大学生学习与发展研究存在一定的局限。首先，大学影响理论属于社会学分析，它忽视了学生的心理特征，如学生的学习动机、学习策略等因素。这一点从大学影响理论的主要内容可以看出。这就使得大学影响理论难以确定大学环境影响的内在作用机制，尤其是学生对学校环境的本质和影响强度的反应情况。忽视了这一点而只强调学校环境的影响，很难了解影响的作用机制，对于改进高校教学的帮助也十分有限。

其次，大学影响理论在宏观的学校环境层面主要关注学校的结构特征，如学校类型、生师比、在校生比例等，但这些因素都过于宏观和外围。正如美国高质量高等教育研究小组对高等教育质量评

---

① 刘海燕：《本科教育质量提升研究——基于就读经验的视角》，高等教育出版社2017年版。

估的评价一样,"物力、财力、接受的资助与经费、学校课程的广度和深度并没能向我们说明教育成就的任何情况"[①],这些宏观的影响因素并不能说明它们对大学生的学习与发展产生了实质性的影响。在已有研究中,也有学者发现"这种局限于资源丰富程度、财政经费、师资水平、学术声誉等学校特征的分析,在考察教育教学过程中的本科教育质量时失灵了,尤其是在突出学生视角之后,这种院校层次式的分布特征被打破,以资源丰富程度、学术声誉等形成的分布特征被打破,不同类型高校在人才培养上有各自的特点和优势"[②]。因此,仅从学校层面的宏观结构特征来考察学校环境对大学生学习力的影响并不能完全反映学校层面的环境因素对大学生学习力的内在作用机制。

3. 大学影响理论在本书的应用

大学影响理论虽然存在一定的局限性,但依然是本书重要的理论基础之一,只是在借鉴该理论的时候,对原理论进行一些改进与发展。

首先,大学生的学习参与作为大学影响理论的纵向深化内容,在本书中是大学生学习力的重要内容之一。本书认为大学生学习参与是大学生与学校环境互动的个体表现,外化为学习行动力,成为大学生学习力的重要组成部分,属于大学生学习力模型的考察范畴。

其次,学习驱动力和学习策略力是大学生学习力模型的重要组成部分,弥补了大学影响理论中忽视了学生心理特征这一局限性,也是对大学生学习研究整合性趋势的考虑。在建构大学生学习力的影响模型时,考查学生对学校环境影响强度的反应情况,了解影响的作用机制。

最后,在学校环境因素的选取方面,本书借鉴了个体—环境匹

---

① 吕达、周满生:《当代外国教育改革著名文献(美国卷·第一册)》,第30—31 页。

② 赵琳等:《高等教育质量的院校类型及区域差异分析——兼论我国高等教育资源配置格局与质量格局》,《清华大学教育研究》2012 年第 5 期。

配理论在涉及学术匹配时提出的论述,即"学生满意度可以理解为高等教育机构和学生个体互动的函数"[1]。该理论认为"高校教学既可以被理解为高等教育机构向社会提供的一种服务,又可以理解为高等教育机构与学生之间发生互动的过程,在这个过程中,各校利用自身的人力、物力资源,在办学理念和发展定位的指导下,开展教学活动;而学生则作为需求方和消费者,基于个人的就业预期、学习动机和学习能力,开展学习活动"[2]。因此,"学生的学校满意度既是考核高校教学成效的重要指标,也是衡量双方相互作用成效的重要指标"[3]。这一指标反映了高校与学生双方的影响和制约,弥补了大学影响理论只关注外围、宏观的院校特征而忽视院校环境对学生产生实质影响的局限性。换言之,学校创造的宏观环境,如降低生师比、改善学习环境等,衡量其是否发生了作用,最直接的指标即为学生的满意体验,只有学生满意了,这些改进措施才真正发挥了实质作用。鲍威指出"学生满意度是院校影响力研究的焦点之一,也是高等院校判断自身教学功能实现程度的重要评价指标,为优化高等院校教学环境提供了具有实际价值的信息资源和方向性指导"[4]。因此,在分析学校层面环境因素对大学生学习力的影响时,本书将以学生对学校环境的满意度替代原有模型的生师比、在校生比例等外围因素,通过学校环境对学生产生的实质影响来分析学校环境对学习力的影响。

综合大学影响理论的内容和以上分析,本书将在大学生学习力模型的基础上,探讨学生个体层面和学校环境因素对大学生学习力

---

[1] Tinto, V., *Leaving College: Rethinking the Causes and Cures to Student Attrition* (2nd ed.), Chicago: University of Chicago Press, 1993.

[2] 鲍威:《高校学生院校满意度的测量及其影响因素分析》,《教育发展研究》2014年第3期。

[3] 鲍威:《学生严重的高等院校教学质量:高校学生教学评估的分析》,《现代大学教育》2007年第4期。

[4] 鲍威:《高校学生院校满意度的测量及其影响因素分析》,《教育发展研究》2014年第3期。

模型的影响。其中，学生个体层面因素主要是指学生入学前的经历，包括学生的个体特征、家庭背景、高中阶段的学业表现等；学校环境因素既包括了中微观层面的专业、课堂环境，又包括了宏观层面的学校环境，而学校环境将以学生对院校的满意度作为测量指标。

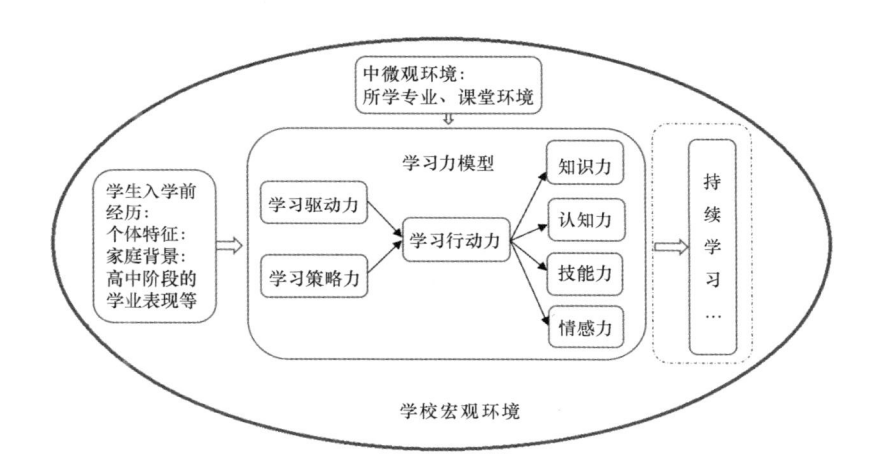

图 2-6 中国大学生学习力模型研究的概念框架

（三）概念框架

基于研究背景、研究问题和理论研究，本书的概念框架如图 2-6 所示。把大学生学习力看作由学习驱动力、学习策略力、学习行动力以及知识力、认知力、技能力和情感力组成的动态模型，是学生在学习驱动力的驱动下，在学习策略的作用下，通过学习行动力外化学生与外部环境的互动，最后形成知识、认知、技能和情感方面的变化，又反馈给学生个体，并在此基础上进行新一轮学习。图中的虚线部分表示学习力对学习的持续性影响。而模型外部的环境包括了学生入学前经历、中微观环境和学校宏观环境：大学生的学习力模型是建立在大学生的个体特征、家庭背景以及高中阶段学业表现等入学前经历的基础上，学生带着这些因素进入大学学习；在专业、年级等中观环境的影响下，内部的驱动力和策略力开始发挥作用，并与课堂教学的微观环境发生互动，表现为参与课堂活动、课外活动，与教师、学生等人际互动，最终获得知识力、认知力、技能力、情感力等方面的变化，这些变化又会反馈给学生，持续地影响着大学期间的学习；而这些都是发生在宏观的学校环境之下，学校提供的宏观环境则转化成学生的满意度对学生的学习产生影响。

第 三 章

研究设计

"研究设计的目的在于帮助研究者更好地厘清研究框架、方法和过程，使各研究议题成为有机的整体"①。通过研究设计，可以将有价值的研究问题、分析框架和据此确定的研究方法、资料收集的方法与过程、数据的分析以及研究的信效度和伦理问题进行统整、分析与反思。因此，本章首先明确研究的主要问题和研究框架，然后提出使用的研究方法及其具体步骤，最后将讨论研究的信效度和伦理问题。

第一节 研究问题与分析框架

研究问题在整个研究过程中并不是一成不变的，随着研究的进展，作者也在循序渐进和意外变化交织的过程中不断反思，因而也是一个"重新修改研究问题、限定研究范畴，以及选择不同分析类别的过程"②。随着对文献资料的深入了解，笔者对学习力和大学生

---

① 张兆芹等：《学习型学校的创建——教师组织学习力新视角》，教育科学出版社2011年版，第112页。
② 徐岚：《中国大陆教师的学术责任建构：两所研究型大学之个案研究》，博士学位论文，香港中文大学，2008年，第129页。

学习研究都有了更全面且深入的了解，并在建构了大学生学习力理论模型和提出本书的概念框架之后对初始研究问题和研究边界有了更明确的认识。本节内容就是对研究问题的重新梳理，在此基础上形成本书的分析框架。

一 研究问题

在最初的研究问题中，"大学生学习力的内涵是什么和结构要素有哪些？"是首要问题，而这一问题已经通过理论分析得以解决，并构建了大学生学习力的理论模型。那么，在接下来的研究中，首先需要明确理论模型与实际数据的拟合情况，形成大学生学习力的实证模型。所以，本书的第一部分问题包括：

1. 中国大学生学习力各要素的现状如何？
2. 中国大学生学习力各要素之间相互关系为何？
3. 中国大学生学习力的实证模型如何？其表现特征如何？

在前文论述的概念框架中，外部环境是影响大学生学习力模型的重要因素。所以，本书的第二部分问题涉及外部环境对大学生学习力模型的影响情况。具体包括大学生入学前的经历，中微观专业、课堂环境，宏观学校环境的影响：

1. 大学生入学前的经历对中国大学生学习力模型的影响如何？
2. 专业、课堂环境等中微观环境对中国大学生学习力模型的影响如何？
3. 宏观学校环境对中国大学生学习力模型的影响如何？

大学生的学习过程具有周期性、迭代性和动态性的特征，每一次的学习结果都会形成自身的能力，促使个体更好地进行下一次学习，这也是大学生学习力动态性的体现。因此，本书的第三部分问题是要探究大学生学习力模型的动态性，即大学生学习是一个持续的、动态的过程，大学生学习力的变化会对新一轮学习产生影响。这就需要对大学生学习力进行动态追踪数据的收集与分析。那么，大学生学习力模型对时间的敏感性如何？学习力各要素和学习力模型是否会随着时间的变化而变化？

除了探究大学生学习力模型的现状、大学教育对学生学习力的影响以及大学生学习力模型的动态性，本书还试图通过对学习卓越大学生学习力模型的"深描"，为大学生探寻学习力发展的有效路径。因此，本书的第四部分问题主要是对学习卓越大学生学习力模型的特殊性、作用机制和背后原因开展深度研究。学习卓越大学生的学习力模型如何作用？有何独到之处？引发这些作用机制的原因是什么？这些问题需要通过质性研究来完成。所以，质性研究的主要问题是：

1. 学习卓越大学生学习力模型的特殊性为何？作用机制如何？
2. 学习卓越大学生学习力模型作用机制背后的原因是什么？

二　分析框架

本书参考了建构主义学习理论对学习的隐喻，在学习力已有研究的基础上，遵循大学生学习研究的发展趋势，提出了本书对大学生学习力的内涵界定，解构了大学生学习力的结构要素，并以系统动力学为理论基础，提出了大学生学习力的理论模型；以学习力模型为核心，批判性地运用大学影响理论和系统动力学原理，从学生入学前经历、专业与课堂环境以及宏观校园环境入手，分析了大学生学习力模型的外部环境，由此形成了本书的概念框架。将概念框架与重新梳理的研究问题相结合，形成本书的分析框架如下：第一，使用描述性统计方法分析中国大学生学习力各要素的现状，运用结构方程模型验证大学生学习力的理论模型，建构中国大学生学习力的实证模型；第二，通过多群组结构方程模型、结构方程模型对中国大学生学习力模型的影响因素展开分析，主要探究学生入学前经历、专业与课堂环境因素以及学校环境等多层次因素对大学生学习力模型的影响；第三，通过收集追踪数据，运用多水平增长模型与多水平结构方程模型分析中国大学生学习力模型的动态发展特征；第四，运用个案研究的质性研究策略，通过深度访谈收集数据，运用分析归纳法探索学习卓越大学生学习力模型的特殊性。如图3－1所示。

```
         研究逻辑                        研究方法&分析方法

  ┌─────────────────────┐          ┌─────────────────────────────┐
  │ 我国大学生学习力的实证模型建构 │◄┈┈┈┈│ 量化研究：现状描述&结构方程模型   │
  └─────────────────────┘          └─────────────────────────────┘
             │
             ▼
  ┌─────────────────────┐          ┌─────────────────────────────┐
  │ 我国大学生学习力模型的影响因素分析 │◄┈┈┈┈│ 量化研究：（多群组）结构方程模型  │
  └─────────────────────┘          └─────────────────────────────┘
             │
             ▼
  ┌─────────────────────┐          ┌─────────────────────────────┐
  │ 我国大学生学习力模型    │◄┈┈┈┈│ 量化研究：现状描述&多水平增长模型 │
  │ 的动态发展特征          │          │ &多水平结构方程模型              │
  └─────────────────────┘          └─────────────────────────────┘
             │
             ▼
  ┌─────────────────────┐          ┌─────────────────────────────┐
  │ 学习卓越的大学生学习力模型 │◄┈┈┈┈│ 质性研究：个案研究&深度访谈       │
  │ 的特殊性探索           │          │ &分析归纳法                     │
  └─────────────────────┘          └─────────────────────────────┘
```

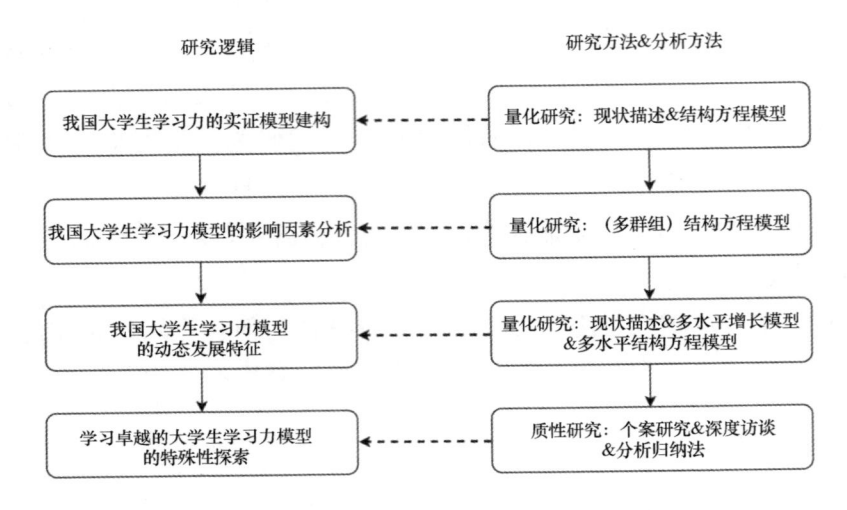

图 3－1　中国大学生学习力模型研究的分析框架

三　相关概念的操作性定义

基于理论研究和相应的研究问题，为了更好地聚焦问题、做好研究，本书将对相关概念进行可操作性的定义。

大学生：本书的大学生特指在大学接受全日制本科学历教育的学生，专科生、研究生不在本书的研究范畴。

学习力：是指大学生自身的品质和能力与大学环境相互作用而导致知识、认知、技能、情感等方面发生持久变化过程中发挥作用的能力与能量的总和，具体包括学习驱动力、学习策略力、学习行动力、知识力、认知力、技能力和情感力等要素，其中前三者是过程变量，后四者是结果变量（详见第二章）。

入学前的经历：是指个体特征、家庭背景、入学前的学业表现等，其中个体特征主要以个体的先赋性因素为主，即与生俱来的特征，如性别、生源地等；家庭背景主要代表家庭的社会经济地位，用父母的受教育程度与家庭经济收入来表示；入学前的学业表现则以学生在高中的学业成绩来表示。

中微观环境：是指专业或院系环境与课堂环境。由于中国的专业种类繁多，在本书中主要指大学生所学专业所属学科大类，而课堂环境主要以学生对课堂教学环境的自评体验来反映课堂教学环境。

学校环境："主要通过学生对学校环境的满意度来考核高等院校与学生个体互动的函数。"① 学生满意度的测度反映的是高等院校利用自身的人力、物力资源，在办学理念和发展定位的指导下，开展的人才培养活动在学生视角下产生的效应，是对宏观学校环境因素的具体化。

第二节　研究方法

基于研究问题和分析框架，本书拟采用混合方法研究来回答上述研究问题。本节内容将重点论述为何及如何采用此种研究方法，同时介绍资料的收集、整理与分析的方法和过程。

一　研究方法的选择

社会科学研究方法领域的顶级大师约翰·W. 克雷斯韦尔曾指出，"量化研究无法充分探索个人的故事和意义，也无法深入探究个人的视角，而质性研究无法让我们把一个源自小众群体的研究结论推广到更广大的群体，也无法精确测量群体的总体感受"②。"当我们单独使用量化研究或者质性研究无法充分理解研究问题的时候，

---

① Tinto, V., *Leaving College: Rethinking the Causes and Cures of Student Attrition* (2nd ed.), Chicago: University of Chicago Press, 1993.

② ［美］约翰·W. 克雷斯威尔：《混合方法研究导论》，李敏谊译，上海格致出版社、上海人民出版社 2015 年版，第 17 页。

那么就需要采用混合方法研究。"① 准确地说，"所有的研究方法都有各自的优缺点，而判断研究方法的使用适切与否，必须考量研究目的和研究问题"②。下面将从研究问题的需要出发，探讨混合方法契合本书需要的原因。

首先，本书通过理论分析提出了大学生学习力的理论模型和概念框架，试图探索中国大学生学习力各要素现状与相互关系、实证模型的特征及其影响因素和动态发展特征，这种"证实有关社会现象的平均情况，从研究者事先设定的假设出发进行验证，从而得出普适性结论的研究正是量化研究所擅长的内容"③。因此，本书试图在全国范围内进行大规模问卷调查，探索中国大学生学习力各要素现状及相互关系、实证模型特征及其影响因素和动态发展特征。其次，本书还试图对学习卓越大学生进行个案研究，通过深度访谈对学习卓越大学生的学习力模型进行深度解读，以探索出学习卓越大学生学习力模型的独特性与启发性。这是一种通过与受访者的亲密接触，获得他们在特定情景脉络中对学习力的理解与解释，这种"知者与被知者之间的关系符合质性研究所强调的通过研究者的体验和解释性理解而获得所谓的'知识'"④。

出于以上两方面的考虑，本书采用量化和质性相结合的混合方法研究来综合考察中国大学生的学习力模型，使用这种方法的好处是："可以对不同方法中得出的研究结果及时进行相关检验和相互补充，研究结果比较丰富，不仅有骨头框架而且有血肉的支持，不仅有面上的分布状态而且有点上的过程和变化。"⑤ 根据量化研究与质

---

① ［美］约翰·W.克雷斯威尔：《混合方法研究导论》，第17页。
② ［美］埃文·塞德曼：《访谈研究法》，李政贤译，台北：五南图书出版股份有限公司2009年版，第18页。
③ 陈向明：《质的研究方法与社会科学研究》，第10—11页。
④ 廖青：《逆流而上：上海精英大学中农村大学生的阶层身份协商》，博士学位论文，香港中文大学，2016，第64页。
⑤ 陈向明：《质的研究方法与社会科学研究》，转引自张兆芹等《学习型学校的创建——教师组织学习力新视角》，教育科学出版社2011年版，第115页。

性研究实施的先后顺序与有限性，混合方法研究有三种结合方式："第一种是并行实施，这种方式是量化与质性研究同时进行；第二种是先质后量，即质性研究具有优先性，主要是进行探索性研究；第三种是先量后质，即量化具有优先性，质性研究用来解释量化结果。"[1] 与三种结合方式相对应的基础设计方案是："第一种方案为聚敛式设计，对应'并行实施'方式，基于比较量化与质性研究的两种结果的目的，对定量数据与质性数据进行聚合分析，也有学者认为可以用两种数据结果进行互相验证；第二种方案为探索性序列设计，对应'先质后量'方式，即先用质性研究探索研究问题，此时研究问题可能不那么明确，研究对象可能鲜被触及或者大家对研究对象知之不多，研究场域难以进入，在初始探索之后，将质性研究发现运用于量化研究，通过各种工具测量变量，设计活动进行干预研究；第三种方案为解释性序列设计，对应'先量后质'方式，即先收集定量数据，然后使用质性研究的数据来更深入解释定量研究的结果。"[2] 本书的研究目的在于探索中国大学生学习力各要素现状及相互关系、实证模型特征及其影响因素和动态发展特征，同时探索学习卓越大学生学习力模型的特殊性，说明"并行实施"的混合方法更适合本书。因此，在混合方法研究设计方案选取"聚敛式设计"，即分别收集和分析量化与质性数据，最后对量化数据与质性数据进行聚合分析，充分发挥混合方法研究取长补短的优势。

二　资料收集的方法与过程

如前文所述，本书采用混合方法研究，体现在具体资料收集方法上分为量化数据收集方法和质性资料收集方法，下文将

---

[1] Creswell, J. W., *Research Design: Qualitative, Quantitative, and Mixed Methods Approaches*, Los Angeles, Calif: Sage publications, 2013.

[2] ［美］约翰·W. 克雷斯威尔：《混合方法研究导论》，第 7 页。

分别介绍量化数据和质性资料的收集方法与过程及其回应的研究问题。

（一）量化数据收集的方法与过程

本书采用的量化数据收集方法主要是问卷法。"问卷是最普遍的调查工具，可提供结构化、数量化的信息。"[1] 由问卷得到的量化数据为本书了解大学生学习力模型特征及其影响因素和动态发展特征提供了数据支撑。

1. 量表编制

本书预设大学生学习力并不是全或无的存在，而是程度的连续体，因而采用量表的形式。量表的选项需穷尽题干回应的可能，学生根据个人的实际情况做出选择。考虑到奇数选项量表，如七点量表或五点量表，可能出现"中间值"现象，即学生多选择最中间表达居中程度的度量值，因此采用偶数选项量表；同时又要注意"边际选项"现象，即"学生倾向规避选择两个极端选项，此时如果偶数选项的量表本身所提供的选项较少，如四个选项，则可能只有中间两个选项可充分发挥作用"[2]。基于以上考虑，本书采用李克特六点量表，以尽量规避"中间值"和"边际选项"现象。在每一道题目后，有1—6的数值选项，代表程度依次递增，分别为"完全不同意""不同意""比较不同意""比较同意""同意""完全同意"（具体用语依题目而定），由学生在每一道题后选择符合实际情况的数值。在量表投入使用之前进行了严格的量表发展与验证程序，下文重点介绍大学生学习力量表的编订过程（见图3-2）。

---

[1] Wilson, N., & McClean, S. I., *Questionnaire Design: A Practical Introduction*, Coleraine: University of Ulster Press, 1994.

[2] 张文霄：《课堂评估对学生自主学习的影响》，博士学位论文，香港中文大学，2015年，第85—86页。

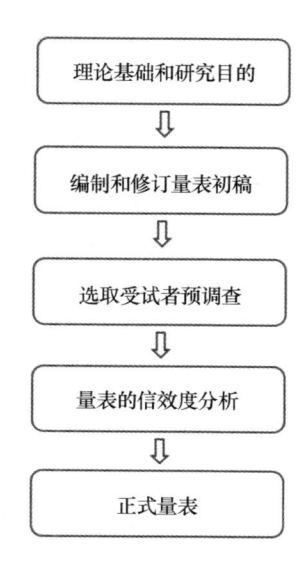

```
┌──────────────────┐
│ 理论基础和研究目的 │
└──────────────────┘
          ⇩
┌──────────────────┐
│ 编制和修订量表初稿 │
└──────────────────┘
          ⇩
┌──────────────────┐
│  选取受试者预调查  │
└──────────────────┘
          ⇩
┌──────────────────┐
│  量表的信效度分析  │
└──────────────────┘
          ⇩
┌──────────────────┐
│      正式量表      │
└──────────────────┘
```

图 3-2 量表的编制过程

在已有学习力的研究中，ELLI 项目的学习力量表是相对成熟的调查工具，然而，根据理论分析，本书赋予了大学生学习力新的内涵和结构。因此，笔者借助"国家大学生学习情况调查（NCSS）"平台，重新设计了适用于中国国情的《大学生学习力量表》。该量表根植于先前学者的研究，以学习心理理论为基础，结合中国高校大学生学习的实际特点，并通过对大学生访谈和咨询领域内专家后，不断修正和发展相关题项，最后形成了中国大学生学习力量表，具体包括七个子量表：学习驱动力（意义驱动力、应用驱动力）、学习策略力（认知策略力、调控策略力）、学习行动力（课堂参与、课后参与、同伴互动）、知识力、认知力、技能力和情感力。具体内涵解读如下。

学习驱动力：是指驱动学生主动学习的内在力量。研究者们发现了大学生学习的四种模式，即"无向学习、再现导向学习、意义导向学习和应用导向学习"[1]，其中无向学习模式属于缺乏驱动力和监管的学习，学习者常常对学习无所适从，而再现导向学习模式属于只要通过考试或测试，认为学习只是将外部知识放进大脑，注重知识的再现，缺乏驱动力。因此，学习驱动力主要是指意义导向的驱动力和应用导向的驱动力。其中，意义导向驱动力主要是指学习的兴趣、好奇心、问题意识驱动，而应用导向驱动力则是指学生赋予学习的应用价值，认为学习能够给自己带来实际效用，如应对实际需要、解决实际问题、实现自我发展、提升综合能力以及更加全面地看待问题等。

学习策略力：是指辅助学生更有效、更有意义学习以实现学习目标的手段。恩特威斯尔和彼得森从学习策略和学习过程来解读大学生的深层学习方式，他们认为"学生会把观念与先前的知识和经验联系起来，试图寻找模式和潜藏的原理，检验证据并将其与结论联系起来，小心地、批判地检验逻辑和论点，并在学习过程中监控和理解"[2]。佛蒙特和东什则进一步将学习策略概括为认知加工策略与调控策略。由此，本书认为学习策略力主要包括了认知策略力和调控策略力。具体而言，认知策略力是指学生在学习时能够与先前经验联系起来，试图理解学习内容，并建构起自己的认识，同时也会对所学的知识提出自己的质疑；调控策略力是指学生能够合理规划、调控自己的认知学习过程。

学习行动力：是指学生在内在需要的驱动下，运用学习策略与

---

[1] Lonka K, Olkinuora E, Makinen J., "Aspects and Prospects of Measuring Studying and Leaning in Higher Education," *Educational Psychology Review*, Vol. 16, No. 4, 2004, pp. 301 – 331; Richardson, J. T. E., *Researching Student Learning: Approaches to Studying in Campus-Based and Distance Education*, Buckingham: Open University Press and SRHE, 2000; Vermunt, J. D., "The Regulation of Constructive Learning Processes," *British Journal of Educational Psychology*, Vol. 68, 1998, pp. 149 – 171.

[2] Entwistle N., & Peterson E., "Conceptions of Learning and Knowledge in Higher Education: Relationship with Study Behavior and Influences of Learning Environments," *International Journal of Educational Research*, Vol. 41, No. 4, 2004, pp. 407 – 428.

外部环境发生互动的行为表现。佩斯认为"学生有意义的学业参与是由在学习、与同伴或老师的互动以及把所学知识应用到具体情境等付出的时间和努力来衡量"[①]。因此，本书认为，学生的学习行动力主要包括学生对课堂内外学习活动的参与以及师生互动和同伴互动。然而，在与大学生访谈的过程中发现，中国大学课堂以教师讲授为主，师生的课堂互动较少，而课后的互动频率则更低，很多学生表示有问题首先请同学帮忙而非教师，只有少数情况会请教老师，有限的交流也主要表现在学术问题上，因此在师生互动的维度设计上，本书将其与参加课堂内外学习活动合并为学术性参与，与同伴互动一起成为衡量学生学习行动力的两个维度。其中，学术性参与主要包括参与课堂讨论、与老师讨论学习计划、阅读相关文献资料、参加学术沙龙或工作坊或实验室活动、课外请教老师等；同伴互动则包括与同学进行交流、参加小组讨论、分享学习经验、一起完成作业等。

涉及学习结果的知识力、认知力、技能力和情感力：卡胡从整体性的视角提出了学习参与的概念框架，并将学习参与的结果概括为"短期的学术性结果、长期的学术性结果和社会性结果，其中短期的学术性结果主要是指学习和学业成就相关的结果，长期的学术性结果主要指终身学习的观念与技能，而社会性结果则包括公民意识和个人成长"[②]。在大学影响理论中，众学者也探究了大学影响下，学生以学业成绩、知识技能、情感价值观或辍学决定等方式来呈现学生与大学环境互动的结果。综合以上，本书将学习结果概括为知识、认知、技能和情感四个方面的内容，因为它们又是影响下一次学习的重要力量，因此，又称知识力、认知力、技能力和情感力。具体而言，知识力是指学生通过与外部环境的互动而获得的与

[①] Pace, C. R., *Achievement and the Quality of Student Effort*, National Commission on Excellence in Education, 1982, pp. 1 – 40.

[②] Kahu, E. R., "Framing Student Engagement in Higher Education," *Studies in Higher Education*, Vol. 38, 2013, pp. 758 – 773.

学科知识相关的收获，包括本专业的基本理论、前沿知识、实际操作知识、与工作相关的知识等；认知力是指学生通过与外部环境的互动而获得认知、观念方面的收获，包括对自我的认识、批判性思维、自我反思能力、形成自己的价值观念等；技能力是指学生通过与外部环境的互动而获得的技能收获，包括沟通、表达、团队合作、信息搜索与处理等技能；情感力是指学生通过与外部环境的互动而获得的情感收获，包括理解、尊重他人以及社会责任感等方面。其中，知识力与卡胡提出的短期学术性结果相对应，认知力和技能力与长期学术性结果相对应，而情感力则与社会性结果相对应。

除此之外，在本书的概念框架中还涉及微观的课堂环境和宏观层面的学校环境。其中，有关课堂环境的测量，以往的许多研究都是"通过学生自评的方式来反映其对课堂环境的看法"①。所以本书也会以学生的体验来呈现大学的课堂教学环境情况，包括教学方法、评价标准等内容，下文也将详细论述《课堂教学环境体验量表》的信效度分析。

有关宏观层面的学校环境，在前文中已经阐明将通过测量学生对学校的满意度来考察。关于学生满意度的调查，国内外已有十分丰富的测量工具：美国加州大学洛杉矶分校的合作机构研究项目实施长期的年度新生满意度调查，"从师生关系、课程与教学方法、学生生活、学生支持体系、教学设备以及对于总体学习经历的评价六个方面，系统考察学生的院校满意度"②；英国政府主导的大学生调查涉及"课程教学质量、学习机会、评价与

---

① 史秋衡、郭建鹏：《我国大学生学情状态与影响机制的实证分析》，《教育研究》2012年第2期；杨院：《大学生学习观对学习方式影响的实证研究——基于不同课堂学习环境的分析》，《国家教育行政学院学报》2013年第9期；陆根书：《大学生感知的课堂学习环境对齐学习方式的影响》，《复旦教育论坛》2010年第4期；陆根书：《课堂学习环境、学习方式与大学生发展》，《复旦教育论坛》2012年第4期。

② Astin, A. W., *What Matters in College? Four Critical Years Revisited*, 转引自鲍威《高校学生院校满意度的测量及其影响因素分析》，《教育发展研究》2014年第3期。

反馈、学术支持、组织与管理、学习资源、学生社团和整体满意度等题项"[①];鲍威则聚焦于"学生对教学课程、学生与专业课程老师的课外互动、辅导员的支持、学生支持体系的社团活动和院校总体满意度等维度"[②];文静从"教师教学、学习支持条件、学校支持制度与设施、人际关系等四个方面考察了学生对学校的满意度"[③];汪雅霜、杨晓江从"教师教学、校园支持和人际关系三方面考察学生的学校满意度"[④]。从诸多学生满意度调查可知,目前学界对学生满意度的调查涉及学生在大学期间的方方面面,与大学生学习、微观的课堂环境等内容也有诸多重叠之处。因此,根据本书的需要,仅从学校环境出发,[⑤] 从学校为学生学习提供的校园支持与人际关系两个方面考查学生对学校环境的满意度,其中校园支持包括图书馆学习环境、自习室、心理咨询中心、学习风气、奖学金制度、校园活动、选课制度等,而人际环境则包括与其他同学、任课老师、专业指导老师、学校职能部门工作人员等的人际关系。通过了解学生对这些方面的满意度可以反映出学校层面的校园支持、人际关系因素在学生学习所产生的效果,而这些效果是如何影响学生学习力模型则是本书的重要内容。有关学生对学校环境满意度的测量工具也将在后文进行详细分析。

2. 量表的信效度分析

根据上述具体内涵,本书形成了《大学生学习力量表》的七个子量表以及《课堂教学环境体验量表》《学校环境满意度量表》。

[①] 详见英国大学生调查官网 http://www.the student survey.com。

[②] 鲍威:《高校学生院校满意度的测量及其影响因素分析》,《教育发展研究》2014年第3期。

[③] 文静:《大学生学习满意度的模型修订与动向检测》,《教育研究》2018年第5期。

[④] 汪雅霜、杨晓江:《高水平大学学生满意度的实证研究——基于"国家大学生学习情况调查"数据分析》,《国家教育行政学院学报》2015年第2期。

[⑤] 由于教师教学已经被考虑在课堂教学环境中,宏观的学校环境因素则不再考虑。

首先，对所有题项进行项目分析，"以检验量表每个题项的适切或可靠程度"①。七个子量表及《课堂教学环境量表》《学校环境满意度量表》的项目分析是以独立样本 T 检验来检验高分组（题项得分加总的前 27%）和低分组（题项得分加总的后 27%）在每个题项上的差异，即"项目分析判别指标最常用的方法——临界比值法"②；如果差异显著，则预测量表的题项具有鉴别度，能鉴别出不同受试者的反应程度；如果差异不显著则将该题项删除。从各题项的 T 检验结果来看，七个子量表的各题项均达到显著水平，具有鉴别度。

下面将分别论述每个子量表的信效度检验（n = 3620③）。对信效度的检验，常用的方法包括了内部一致性的 Cronbach's α 来检验内部信度，运用探索性因子分析和验证性因子分析检验结构效度。通过考察探索性因子分析（Exploratory Factor Analysis，EFA）和验证性因子分析（Confirmatory Factor Analysis，CFA）的差异："外显变量与潜在因子之间的关系是事先确定的还是事后推定的，即 EFA 一般在分析之前并不明确各量表条目与因子之间的具体隶属关系，其关系是在分析之后确定的，所以 EFA 分析具有数据导向的特点，为数据驱动型分析，而 CFA 在分析之前就已经确定了量表条目与潜在因子之间的隶属关系，所以 CFA 具有假设检验的特点，为理论驱动型分析。"④ 本书认为 CFA 更适合本书的实际情况，因而运用 CFA 来检验量表的结构效度。

---

① 吴明隆：《问卷统计分析实务——SPSS 操作与应用》，重庆大学出版社 2010 年版，第 158 页。
② 吴明隆：《问卷统计分析实务——SPSS 操作与应用》，第 159 页。
③ 有效样本 3620 是从"国家大学生学情调查数据库（NCSS）"2017 年本科数据库中随机抽取 5%，用以验证问卷结构。数据和问卷经过多年检测，信效度稳定。
④ 王孟成：《潜变量建模与 Mplus 应用·基础篇》，重庆大学出版社 2014 年版，第 91 页。

（1）学习驱动力的测量模型

根据学习驱动力的验证性因子分析结果，模型的整体拟合指标："拟合优度指标 GFI（Goodness Fit Index）= 0.963 > 0.9、标准均方根残差 SRMR（Standardized Root Mean Square Residual）= 0.044 < 0.08、比较拟合程度指标 CFI（Comparative Fit Index）= 0.974 > 0.9、近似均方根误差 RMSEA（Root Mean Square Error of Approximation）= 0.078 < 0.08。"[①] "由于卡方分布与样本数有关，当样本量较大时，SEM 使用者会舍卡方就其他拟合指标。"[②] 结合所有指标进行综合判断可知，学习驱动力量表的测量模型具有良好的拟合度。进一步考察信效度的四个表征指标可以发现：因素载荷量（Std. Factor Loading）在 0.707—0.907，所有的载荷量都大于 0.7，且全部都达到显著，说明因素载荷量达到标准；SMC（Square Multiple Correlations）为标准化因素载荷量的平方，也都在理想范围内。意义驱动力和应用驱动力的组成信度 CR（Composite Reliability）都在 0.8 以上，满足组成信度标准。平均方差萃取量（Average Variance Extracted）是考察潜在变量收敛效度的重要指标，意义驱动力和应用驱动力的 AVE 也都在标准范围内，因此具有适当的收敛效度。此外，意义驱动力和应用驱动力的内部一致性的 Cronbach's α 分别为 0.866、0.919，而学习驱动力的 Cronbach's α 为 0.913，都在 0.80 以上，根据吴明隆提出的"在应用性与验证性的研究中，信度系数值最好在 0.80 以上，以 0.90 以上更佳"[③] 的标准，学习驱动力及其二维度的内部一致性符合标准。

[①] 相关拟合指标评价标准见荣泰生《AMOS 与研究方法》，重庆大学出版社 2010 年版，第 131—132 页。

[②] 邱皓政、林碧芳：《结构方程模型的原理与应用》，中国轻工业出版社 2009 年版，第 76 页。

[③] 吴明隆：《问卷统计分析实务——SPSS 操作与应用》，第 244 页。

表 3 – 1   学习驱动力二维度的信度与收敛效度分析

潜在变量	题项	参数显著性估计				题目信度		组成信度	收敛效度	样题
		Unstd.	S. E.	Z-Value	P	Std.	SMC	CR	AVE	
意义驱动力	MM1	1.000				0.732	0.536	0.870	0.629	我努力学习是因为我对学习有兴趣
	MM2	1.124	0.023	49.223	***	0.870	0.757			
	MM3	1.193	0.025	48.474	***	0.850	0.723			
	MM4	0.972	0.024	40.650	***	0.707	0.500			
应用驱动力	AM1	1.000				0.836	0.699	0.921	0.700	学习是为了在需要的时候能够用到所学的知识
	AM2	1.027	0.018	57.043	***	0.797	0.635			
	AM3	1.070	0.015	69.778	***	0.907	0.823			
	AM4	1.025	0.016	66.013	***	0.875	0.766			
	AM5	0.953	0.018	53.086	***	0.759	0.576			

注:"非标准化估计提供估计是否显著, $p<0.05$;标准化因素负荷量(Std.) >0.7 理想, >0.6 可接受;标准化因素负荷量平方(SMC) >0.5 理想, >0.36 可接受;组成信度(CR) >0.8 理想, >0.7 可接受;聚敛效度(AVE) >0.5 理想, >0.36 可接受"[1]。

区别效度是考察问卷科学性的另一重要指标,主要是指"潜在变量所代表的潜在特质与其他潜在变量所代表的潜在特质之间只有低度相关或有显著的差异存在"[2]。本书采用"Bootstrap 的置信区间估计法"[3] 来检验学习驱动力的区别效度。根据"Bootstrap 置信区间估计法",需要计算意义驱动力和应用驱动力之间相关系数的置信区间,如果置信区间不包含"1",则说明二者之间具有区别效度。

---

[1] Fornell, C. G., & Larcker, D. F., "Evaluating Structural Equation Model with Unobservable Variables and Measurement Erro," *Journal of Marketing Research*, Vol. 18, No. 1, 1981, pp. 39 – 50.

[2] 吴明隆:《结构方程模型——AMOS 实务进阶》,重庆大学出版社 2013 年版,第 80 页。

[3] Torkzadeh, G., Koufteros, X., & Pflughoeft, K., "Confirmatory Analysis of Computer Self-Efficacy," *Structural Equation Modeling*, Vol. 10, 2003, pp. 2, 263 – 275.

本书采用 SEM 中的 Bootstrap 的估计方式，执行 1000 次重复抽样，最后得到95%的置信区间。AMOS Bootstrap 提供了两种置信区间估计方式，一种是 Bias-corrected Percentile Method；另一种是 Percentile Method，这两种估计方法得到的结果见表 3-2。由表 3-2 的结果可知，这两种估计方式所得到的相关系数置信区间都不包含"1"，说明学习驱动力二维度之间具备区别效度。

表 3-2　　　　　　　学习驱动力二维度的区别效度分析

相关变量	相关系数	Bootstrap 1000 95% 置信区间			
^	^	Bias-corrected Percentile		Percentile	
^	^	Lower	Upper	Lower	Upper
意义驱动力↔应用驱动力	0.665	0.633	0.693	0.634	0.695

（2）学习策略力的测量模型

如表 3-3 所示，根据学习策略力测量模型的检验，模型的整体拟合指标：GFI = 0.974 > 0.9、SRMR = 0.026 < 0.08、CFI = 0.980 > 0.9、RMSEA = 0.066 < 0.08。结合所有指标进行综合判断可知，学习策略力的测量模型具有良好的拟合度。进一步考察信效度的四个表征指标发现：因素载荷量在 0.733—0.907，所有因素的载荷量都大于 0.6，且全部达到显著，说明因素载荷量达到标准；SMC 也都在标准范围内；所有潜在变量的组成信度 CR 都在 0.8 以上，满足组成信度标准；AVE 都在 0.6 以上，满足收敛效度的标准。此外，认知策略力和调控策略力的 Cronbach's α 分别为 0.877、0.905，而学习策略力的 Cronbach's α 为 0.914，都在 0.80 以上，符合标准。综合表 3-3 的考察结果，学习策略力的测量模型从适配标准到收敛效度等各方面都通过了测量模型的检验要求，可以进行后续研究。

表 3-3　　　　　　学习策略力二维度的信度与收敛效度分析

潜在变量	题项	参数显著性估计				题目信度		组成信度	收敛效度	样题
		Unstd.	S. E.	Z-Value	P	Std.	SMC	CR	AVE	
认知策略力	CS1	1.000				0.795	0.632	0.879	0.646	学习时，我会试图得出自己的看法
	CS2	1.012	0.020	50.597	***	0.803	0.645			
	CS3	0.982	0.018	53.881	***	0.855	0.731			
	CS4	0.936	0.020	47.420	***	0.759	0.576			
调控策略力	RS1	1.000				0.785	0.616	0.907	0.662	我平时会坚持学习，并不是考前再突击
	RS2	0.987	0.021	46.884	***	0.733	0.537			
	RS3	1.064	0.018	57.764	***	0.867	0.752			
	RS4	1.095	0.018	60.840	***	0.907	0.823			
	RS5	0.946	0.019	49.317	***	0.764	0.584			

如表 3-4 所示，"Bootstrap"置信区间估计法的两种估计方式所得到的相关系数置信区间都不包含"1"，说明学习策略力测量模型的二维度之间具备区别效度。

表 3-4　　　　　　学习策略力二维度的区别效度分析

相关变量	相关系数	Bootstrap 1000 95% 置信区间			
		Bias-corrected Percentile		Percentile	
		Lower	Upper	Lower	Upper
认知策略力↔调控策略力	0.687	0.656	0.716	0.653	0.713

（3）学习行动力的测量模型

如表 3-5 所示，根据学习行动力测量模型的检验，模型的整体拟合指标：GFI = 0.966 > 0.9、SRMR = 0.043 < 0.08、CFI = 0.971 > 0.9、RMSEA = 0.074 < 0.08。结合所有指标进行综合判断可知，学习行动力的测量模型具有良好的拟合度。进一步考察信效度的四

个表征指标发现：因素载荷量在 0.623—0.909，所有因素的载荷量都大于 0.6，且全部达到显著，说明因素载荷量达到标准；SMC 也都在标准范围内；所有潜在变量的组成信度 CR 都在 0.8 以上，满足组成信度标准；AVE 都在 0.5 以上，满足收敛效度的标准。此外，学术性参与和同伴互动的 Cronbach's α 分别为 0.863、0.880，而学习行动力的 Cronbach's α 为 0.892，都在 0.80 以上，符合标准。综合表 3-5 的考察结果，学习策略力的测量模型从适配标准到收敛效度等各方面都通过了测量模型的检验要求，可以进行后续研究。

表 3-5　　　　　　学习行动力二维度的信度与收敛效度分析

潜在变量	题项	参数显著性估计				题目信度		组成信度	收敛效度	样题
		Unstd.	S.E.	Z-Value	P	Std.	SMC	CR	AVE	
学术性参与	SE1	1.000				0.623	0.388	0.865	0.564	我积极参与课堂讨论
	SE2	1.658	0.043	38.279	***	0.829	0.687			
	SE3	1.278	0.035	36.237	***	0.760	0.578			
	SE4	1.475	0.041	36.061	***	0.755	0.570			
	SE5	1.309	0.036	36.676	***	0.773	0.598			
同伴互动	PI1	1.000				0.751	0.564	0.883	0.655	我和同学有很多学习方面的交流
	PI2	1.085	0.021	50.808	***	0.837	0.701			
	PI3	1.206	0.022	54.080	***	0.909	0.826			
	PI4	0.995	0.023	43.713	***	0.728	0.530			

如表 3-6 所示，"Bootstrap" 置信区间估计法的两种估计方式所得到的相关系数置信区间都不包含 "1"，说明学习行动力测量模型的二维度之间具备区别效度。

表 3-6　　　　　　　　学习行动力二维度的区别效度分析

相关变量	相关系数	Bootstrap 1000 95% 置信区间			
^	^	Bias-corrected Percentile		Percentile	
^	^	Lower	Upper	Lower	Upper
学术性参与↔同伴互动	0.653	0.621	0.680	0.621	0.681

（4）知识力的测量模型

如表 3-7 所示，根据知识力测量模型的检验，模型的整体拟合指标：GFI = 0.981 > 0.9、SRMR = 0.019 < 0.08、CFI = 0.966 > 0.9、RMSEA = 0.076 < 0.08。结合所有指标进行综合判断可知，知识力的测量模型具有良好的拟合度。进一步考察信效度的四个表征指标发现：因素载荷量在 0.877—0.917，所有因素的载荷量都大于 0.7，且全部达到显著，说明因素载荷量达到标准；SMC 也在标准范围内；组成信度 CR 为 0.943，满足组成信度标准；AVE 为 0.804，满足收敛效度的标准。此外，知识力的 Cronbach's α 为 0.938，大于 0.80，符合标准。综合表 3-7 的考察结果，知识力的测量模型从适配标准到收敛效度等各方面都通过了测量模型的检验要求，[①] 可以进行后续研究。

（5）认知力的测量模型

如表 3-8 所示，根据认知力测量模型的检验，模型的整体拟合指标：GFI = 0.999 > 0.9、SRMR = 0.003 < 0.08、CFI = 1.000 > 0.9、RMSEA = 0.018 < 0.08。结合所有指标进行综合判断可知，认知力的测量模型具有良好的拟合度。进一步考察信效度的四个表征指标发现：因素载荷量在 0.781—0.895，所有因素的载荷量都大于 0.7，且全部达到显著，说明因素载荷量达到标准；SMC 也在标准范围内；

[①] 由于区别效度是考察潜在变量之间的低度相关或有显著的差异存在，而知识力只有一个潜变量，因此不做区别效度检验。认知力、技能力、情感力和课堂教学环境体验同知识力。

组成信度 CR 为 0.915，满足组成信度标准；AVE 为 0.729，满足收敛效度的标准。此外，认知力的 Cronbach's α 为 0.914，大于 0.80，符合标准。综合表 3 – 8 的考察结果，认知力的测量模型从适配标准到收敛效度等各方面都通过了测量模型的检验要求，可以进行后续研究。

表 3 – 7　　　　　　　　知识力的信度与收敛效度分析

潜在变量	题项	参数显著性估计				题目信度		组成信度	收敛效度	样题
		Unstd.	S. E.	Z-Value	P	Std.	SMC	CR	AVE	
知识力	KP1	1.000				0.884	0.781	0.943	0.804	我系统地掌握了本专业的基本理论
	KP2	1.099	0.015	75.502	***	0.909	0.826			
	KP3	1.083	0.015	70.090	***	0.917	0.841			
	KP4	1.058	0.016	65.091	***	0.877	0.769			

表 3 – 8　　　　　　　　认知力的信度与收敛效度分析

潜在变量	题项	参数显著性估计				题目信度		组成信度	收敛效度	样题
		Unstd.	S. E.	Z-Value	P	Std.	SMC	CR	AVE	
认知力	CP1	1.000				0.859	0.738	0.915	0.729	我的自我反思能力增强了
	CP2	0.995	0.014	70.638	***	0.895	0.801			
	CP3	0.991	0.014	68.459	***	0.877	0.769			
	CP4	0.841	0.015	56.675	***	0.781	0.610			

（6）技能力的测量模型

如表 3 – 9 所示，根据技能力测量模型的检验，模型的整体拟合指标：GFI = 0.993 > 0.9、SRMR = 0.008 < 0.08、CFI = 0.997 > 0.9、RMSEA = 0.081 > 0.08。结合所有指标进行综合判断可知，技能力的测量模型具有良好的拟合度。进一步考察信效度的四个表征指标发现：因素载荷量在 0.840—0.931，所有因素的载荷量都大于 0.7，且全部达到显著，说明因素载荷量达到标准；SMC 也在标准范围内；组成信度 CR 为 0.944，满足组成信度标准；AVE 为 0.807，满足收敛效度的标准。此外，技能力的 Cronbach's α 为 0.943，大于 0.80，符合标准。综合表 3－9 的考察结果，技能力的测量模型从适配标准到收敛效度等各方面都通过了测量模型的检验要求，可以进行后续研究。

表 3－9　　　　　　　技能力的信度与收敛效度分析

潜在变量	题项	参数显著性估计				题目信度		组成信度	收敛效度	样题
		Unstd.	S. E.	Z-Value	P	Std.	SMC	CR	AVE	
技能力	SP1	1.000				0.914	0.835	0.944	0.807	我能更清楚和有效地表达我的想法
	SP2	0.999	0.011	94.861	***	0.931	0.867			
	SP3	0.999	0.011	88.545	***	0.906	0.821			
	SP4	0.890	0.012	73.532	***	0.840	0.706			

（7）情感力的测量模型

如表 3－10 所示，根据情感力测量模型的检验，模型的整体拟合指标：GFI = 0.984 > 0.9、SRMR = 0.017 < 0.08、CFI = 0.965 > 0.9、RMSEA = 0.062 < 0.08。结合所有指标进行综合判断可知，情感力的测量模型具有良好的拟合度。进一步考察信效度的四个表征指标发现：因素载荷量在 0.781—0.885，所有因素的载荷量都大于 0.7，且全部达到显著，说明因素载荷量达到标准；SMC 也在标准范围内；组成信度 CR 为 0.910，满足组成信度标准；AVE 为 0.718，满足收敛效度的标准。此外，情感力的 Cronbach's α 为 0.904，大于 0.80，符合标准。综合表 3－10 的考察结果，情感力的测量模型从适配标准到收敛效度等各方面都通过了测量模型的检验要求，可以进行后续研究。

表 3 – 10　　　　　　　　　情感力的信度与收敛效度分析

潜在变量	题项	参数显著性估计				题目信度		组成信度	收敛效度	样题
		Unstd.	S. E.	Z-Value	P	Std.	SMC	CR	AVE	
情感力	EP1	1.000				0.885	0.783	0.910	0.718	我能更好地理解不同背景的人
	EP2	0.987	0.018	55.912	***	0.863	0.745			
	EP3	0.955	0.016	59.157	***	0.856	0.733			
	EP4	0.973	0.016	59.252	***	0.781	0.610			

（8）课堂教学环境体验的测量模型

如表 3 – 11 所示，根据课堂教学环境体验的测量模型的检验，模型的整体拟合指标：GFI = 0.976 > 0.9、SRMR = 0.025 < 0.08、CFI = 0.944 > 0.9、RMSEA = 0.057 < 0.08。结合所有指标进行综合判断可知，课堂教学环境体验的测量模型具有良好的拟合度。进一步考察信效度的四个表征指标发现：因素载荷量在 0.779—0.870，所有因素的载荷量都大于 0.7，且全部达到显著，说明因素载荷量达到标准；SMC 也在标准范围内；组成信度 CR 为 0.917，满足组成信度标准；AVE 为 0.689，满足收敛效度的标准。此外，课堂教学环境体验的 Cronbach's α 为 0.908，大于 0.80，符合标准。综合表 3 – 11 的考察结果，课堂教学环境体验的测量模型从适配标准到收敛效度等各方面都通过了测量模型的检验要求，可以进行后续研究。

（9）学校环境满意度的测量模型

本书主要从学校为学生学习提供的校园支持和人际环境两个方面来考察学生对学校环境的满意度。如表 3 – 12 所示，根据学校环境满意度的测量模型的检验，模型的整体拟合指标：GFI = 0.953 > 0.9、SRMR = 0.036 < 0.08、CFI = 0.967 > 0.9、RMSEA = 0.073 < 0.08。结合所有指标进行综合判断可知，学校环境满意度的测量模型具有良好的拟合度。进一步考察信效度的四个表征指标发现：因

表 3-11　　　　　　课堂教学环境体验的信度与收敛效度分析

潜在变量	题项	参数显著性估计				题目信度		组成信度	收敛效度	样题
		Unstd.	S. E.	Z-Value	P	Std.	SMC	CR	AVE	
课堂教学环境体验	TE1	1.000				0.801	0.642	0.917	0.689	老师的教学能够理论联系实际
	TE2	1.062	0.021	50.196	***	0.867	0.752			
	TE3	1.124	0.024	46.515	***	0.779	0.607			
	TE4	1.031	0.024	43.095	***	0.828	0.686			
	TE5	1.099	0.023	46.859	***	0.870	0.757			

表 3-12　　　　　　学校环境满意度二维度的信度与收敛效度分析

潜在变量	题项	参数显著性估计				题目信度		组成信度	收敛效度	样题
		Unstd.	S. E.	Z-Value	P	Std.	SMC	CR	AVE	
校园支持	IS1	1.000				0.703	0.494	0.906	0.581	对学校图书馆的学习环境的满意程度
	IS2	1.241	0.030	41.161	***	0.729	0.531			
	IS3	1.150	0.028	41.050	***	0.727	0.529			
	IS4	1.187	0.025	47.465	***	0.848	0.719			
	IS5	1.051	0.023	45.328	***	0.807	0.651			
	IS6	1.230	0.030	41.586	***	0.737	0.543			
	IS7	1.090	0.025	43.608	***	0.774	0.599			
人际环境	RR1	1.000				0.804	0.646	0.916	0.687	与室友关系的满意程度
	RR2	1.100	0.016	69.865	***	0.880	0.774			
	RR3	1.112	0.021	52.461	***	0.801	0.642			
	RR4	1.099	0.019	57.826	***	0.869	0.755			
	RR5	1.134	0.022	51.264	***	0.786	0.618			

素载荷量在 0.703—0.880，所有因素的载荷量都大于 0.7，且全部达到显著，说明因素载荷量达到标准；SMC 也都在标准范围内；所有潜在变量的组成信度 CR 都在 0.9 以上，满足组成信

度标准；AVE 都在 0.5 以上，满足收敛效度的标准。此外，学校环境满意度二维度的 Cronbach's α 分别为 0.903、0.916，而学校环境满意度的 Cronbach's α 为 0.936，都在 0.90 以上，符合标准。综合表 3-12 的考察结果，学校环境满意度的测量模型从适配标准到收敛效度等各方面都通过了测量模型的检验要求，可以进行后续研究。

如表 3-13 所示，"Bootstrap"置信区间估计法的两种估计方式所得到的相关系数置信区间都不包含"1"，说明学校环境满意度测量模型的二维度之间具备区别效度。

表 3-13　　　　　　学校环境维度二维度的区别效度分析

相关变量	相关系数	Bootstrap 1000 95% 置信区间			
^	^	Bias-corrected Percentile		Percentile	
^	^	Lower	Upper	Lower	Upper
校园支持↔人际环境	0.831	0.811	0.851	0.811	850

3. 数据来源

数据来源于"国家大学生学习情况调查数据库"的本科院校数据库。[①]"调查采用网上问卷调查的方式收集数据，全部问卷由若干个网页组成，学生需要完整回答每个页面的所有题目之后方可进入下一页作答。如果学生忘记回答某些问题，系统会自动提示，直至学生回答全部问题并最终提交全部问卷。因此，最终提交上来的问卷没有出

---

① "国家大学生学习情况调查研究"是国家社科基金（教育学科）国家重点课题"大学生学习情况调查研究"（NCSS）的主体。2011 年 6 月 1 日至 8 月 30 日进行了第一轮调查，共 92122 名大学生参与（其中本科生 74687 名）；2012 年进行了第二轮调查，共有 59372 名本科生参与；2013 年共有 69776 名本科生参与调查；2014 年共有 48742 名本科生参与调查；2015 年共有 120370 名本科生参与调查；2016 年共有 77528 名本科生参与调查；2017 年共有 72456 名本科生参与调查。详见史秋衡、王芳《国家大学生学习质量提升路径研究》，第 108 页。

现缺失值的情况，全部为有效问卷。"[1] 根据本书的分析框架，在量化分析部分将选取"2017年本科生数据库"和"2015—2017年本科生追踪数据库"。其中，"2017年本科生数据库"主要用于分析中国大学生学习力的现状、实证模型特征和影响因素分析，而"2015—2017年本科生追踪数据库"则用于分析中国大学生学习力的动态发展特征。

基于国情的考虑，军事学的学生所接受的教学与管理与其他学科相比有其特殊性，因此本书在运用"NCSS-2017年本科生数据库"时，将该部分样本剔除，最后保留72241个有效样本。这些样本来自全国42所高校，其中"一流大学"建设高校6所，"一流学科"建设高校7所，一般本科高校29所。样本的结构：男生占42.5%，女生占57.5%；城市生源占39.3%，农村生源占60.7%；大一学生占35.1%，大二学生占28.4%，大三学生占24.5%，大四及以上学生占11.9%。具体人数与百分比见表3-12。

表3-14　　NCSS-2017年本科生数据库样本结构

结构		人数	百分比（%）
性别	男	30700	42.5
	女	41541	57.5
生源地	城市	28414	39.3
	农村	43827	60.7
年级	大一	25339	35.1
	大二	20537	28.4
	大三	17735	24.5
	大四及以上	8630	11.9
高校	"一流大学"建设高校（6所）	3183	4.4
	"一流学科"建设高校（7所）	9253	12.8
	一般本科高校（29所）	59805	82.8

---

[1] 史秋衡、王芳：《国家大学生学习质量提升路径研究》，第108页。

续表

结构		人数	百分比（%）
学科	哲学	155	0.2
	经济学	8365	11.6
	法学	1552	2.1
	教育学	3097	4.3
	文学	7339	10.2
	历史学	142	0.2
	理学	5010	6.9
	工学	26234	36.3
	农学	2738	3.8
	医学	2999	4.2
	管理学	10416	14.4
	艺术学	4194	5.8

在 2015—2017 年的本科生追踪数据库中，共有 1021 名本科生参与了 NCSS 2015—2017 年的追踪调查。其中，男生占 51.3%，女生占 48.7%；城市生源占 32.8%，农村生源占 67.2%，各学科的人数和百分比见表 3-15。

表 3-15 NCSS"2015—2017 年本科生追踪调查数据库"样本结构

结构		人数	百分比（%）
性别	男	524	51.3
	女	497	48.7
生源地	城市	335	32.8
	农村	686	67.2
学科	经济学	38	3.7
	法学	7	0.7
	教育学	8	0.8
	文学	82	8.0

续表

结构		人数	百分比（%）
学科	理学	53	5.2
	工学	467	45.7
	农学	70	6.9
	医学	69	6.8
	管理学	215	21.1
	艺术学	12	1.2

（二）质性资料收集的方法与过程

在质性资料收集之前，首先明确质性研究的策略，然后根据策略，在研究问题与研究目的的指引下选择适切的资料收集方法，最后进入现场收集资料。

1. 质性研究的策略

与量化研究相比，质性研究具有"探究、描述和解释等目标，往往是对独特事件的背景、脉络和相互影响进行有深度和详尽的理解，用以反映真相，可以说质性研究具有独特性、描述性、启发性和归纳性的特点，其重点是探讨问题在脉络中的复杂性，从研究对象本身的架构来了解行为"[1]。"个案研究是质性研究实施的策略之一，通过对典型个案的分析，可以获得关于研究问题的深入、细致的认识。"[2] 在本书中，大学生学习力模型的普遍性特征已经通过量化研究的问卷调查来实现，而质性研究的目的在于对学习卓越大学生，即前文所述的典型个案进行分析，以获得对大学生学习力模型

---

[1] Merriam, S. B., *Case Study Research in Education: A Qualitative Approach*, Merriam, S. B., *Qualitative Research and Case Study Application in Education: Revised and Expanded from Case Study Research in Rducation*, 欧用生：《质的研究》，转引自张兆芹等《学习型学校的创建——教师组织学习力新视角》，第138页。

[2] ［美］凯瑟琳·马歇尔、格雷琴·罗斯曼：《设计质性研究：有效研究计划的全程指导（第5版）》，第113页。

更加深入、细致的认识。罗伯特·K. 殷也指出"如果研究问题是寻求对一些既有现象的解释（例如一些社会现象如何形成，如何运行"或"如果你的研究问题需要对某一社会现象作纵深描述）"①，个案研究都是很贴切的。因此，本书的质性研究策略选择个案研究。个案研究十分适合发掘受访者"所经历情境的丰富意义"②，本书就是要通过发掘学习卓越大学生的学习经历来解释他们学习力的作用机制及其背后的原因，充分挖掘每一个受访者在学习力上的独特性、启发性。正因为如此，本书的个案分析单位为每一个受访者，而受访者所在的大学、专业等信息将作为个案的一部分来呈现。

2. 研究取样

个案法在本书中的具体实施还需要回答以下三个问题："在哪些大学寻找调查对象；寻找什么样的调查对象；要搜集什么样的资料。"③

首先，本书的质性研究目的在于通过发掘学习卓越大学生的学习经历来解释他们的学习力模型的特殊性及其作用机制和背后原因，调查对象为学习卓越大学生。事实上，每一所高校都有表现突出的学生，那么学习卓越大学生又该在什么样的大学里寻找呢？2015 年 10 月国务院下发《统筹推进世界一流大学和一流学科建设总体方案》（以下简称《方案》），《方案》指出"双一流建设的任务之一是培养拔尖创新人才"④，2017 年 9 月，教育部、财政部、国家发展改革委公布了《世界一流大学和一流学科建设高校及建设

---

① ［美］罗伯特·K. 殷：《案例研究：设计与方法》，周海涛等译，重庆大学出版社 2004 年版。

② Wentworth, P. A., & Peterson, B. E., "Crossing the Line: Case Studies of Identity Development in First-Generation College Women," *Journal of Adult Development*, Vol. 8, 2001, pp. 9 – 21.

③ 廖青：《逆流而上：上海精英大学中农村大学生的阶层身份协商》，第 66 页。

④ 国务院：《国务院关于引发统筹推进世界一流大学和一流学科建设总体方案的通知》，2015 年 10 月 24 日，http://www.gov.cn/zhengce/content/2015 – 11/05/content_10269.htm，2018 年 12 月 30 日。

学科名单》,① 这些名单是由专家委员会遴选认定,在一定程度上代表了中国高等教育的发展水平。因此,这些学校的大学生在一定程度上也能反映中国一流大学的人才培养水平,选择这些学校的学习卓越大学生无疑是与本书的研究目的相适切。

在前文的论述中,本书已经确定使用混合方法研究中的聚敛式设计。根据聚敛式设计的取样原则,"定量研究的样本来自随机抽样,而质性研究的样本可以通过目的性抽样获取,但二者必须来自同一个总体"②。所以,本书锁定了"国家大学生学习情况调查(NCSS)"——"2017年本科生数据库"中的6所一流大学建设高校和7所一流学科建设高校。此外,在调查对象的选择上,还需要考虑的一个重要因素就是"研究者在这样一个田野中,能否取得调查对象的信任,因此,所选择的高校还应该考虑研究者的社会关系网络"③。综合以上因素,本书确定了2017年参加NCSS调查的5所"双一流"建设高校:厦门大学、天津大学、同济大学、华南理工大学和华南师范大学,从这5所学校中抽取调查对象。此外,在针对学习卓越大学生的学习力研究中,笔者遵循最大目的抽样的原则,即"按照研究目的抽取能够为研究问题提供最大信息量的研究对象"④。在这一原则的指导下,笔者认为大四学生充分地参与了大学场域的各种活动,拥有最丰富的学习经历与经验,能够为本书提供最大信息量。在具体实施过程中,笔者主要通过在上述学校工作的熟人推荐师生眼中学习卓越的大四学生。

基于以上考虑,笔者最终确定按照质性研究的个案法,选取厦

---

① 教育部、财政部、国家发展改革委:《教育部 财政部 国家发展改革委关于公布世界一流大学和一流学科建设及建设学科名单的通知》,2017年9月21日,http://www.moe.gov.cn/srcsite/A22/moe_843/201709/t20170921_314942.html,2018年12月30日。

② [美]约翰·W.克雷斯威尔:《混合方法研究导论》,第17页。

③ 廖青:《逆流而上:上海精英大学中农村大学生的阶层身份协商》,第67页。

④ 陈向明:《质的研究法方法与社会科学研究》,第103页。

门大学、天津大学、同济大学、华南理工大学和华南师范大学这5所"双一流"建设高校中的学习卓越的大四学生作为样本选择的总体。由于质性研究过程的特征是资料收集和分析的结合:"先收集资料,然后分析和发展理论,再一次收集资料,然后再做分析等等,直到研究完成为止,而资料分析的方法不同又影响着具体的抽样策略、理论修正与建构的不同。"① 因此,本书的具体抽样策略与过程将在资料的分析部分做重点介绍。

3. 资料收集的方法与过程

"质性研究收集资料的方法十分丰富,如访谈、观察、实务分析、口述史、叙事分析、历史法等,而选择收集资料的方法在很大程度上取决于研究问题、目的、情境和有可能获得的资源,即在特定的时空环境下使用这些方法是否可以收集到回答研究问题所需的资料"②。在本书中,质性研究的目的在于通过发掘学习卓越大学生的学习经历来解释他们的学习力模型的特殊性及其作用机制和背后原因,而"访谈法的功能在于了解受访者的所思所想,包括他们的价值观念、情感感受和行为规范,了解受访者的生后经历以及他们对所经历事件的意义解释"③,这与本书的目的与问题十分适切,因此选择访谈法作为本书的资料收集方法最为合适。

"社会科学研究中的访谈按结构分类主要分为封闭型、开放型和半开放型,而质性研究中的访谈法主要会在研究初期使用开放型访谈的形式,了解被访者关心的问题和思考的方式,并随着研究的深入逐步转向半开放型访谈"④。本书的访谈大体是按照这种方式进行。尽管在访谈之前,笔者针对研究问题设计了粗略的访谈提纲,但是在访谈实地中并没有严格按照提纲进行提问,而是针对被访者

---

① 林小英:《分析归纳法和连续比较法:质性研究的路径探析》,《北京大学教育评论》2015年第1期。
② 陈向明:《质的研究方法与社会科学研究》,第95页。
③ 陈向明:《质的研究方法与社会科学研究》,第169—170页。
④ 陈向明:《质的研究方法与社会科学研究》,第171页。

的不同情况对访谈的程序和内容进行灵活的调整。提问的方式以开放性问题为主，比如"与别的同学相比，你觉得你能在学习上表现突出的优势体现在哪些地方？"在鼓励受访人自由表达的同时注重追问的技巧以获得更具深度的资料，这样做既能够在一定程度上避免受访者顺着笔者的需要而提供素材的可能，又能够提供一些笔者意料之外的信息。在聆听的过程中，笔者也十分注意与受访者的眼神交流，并通过语气词的发声对受访者的回答表示肯定；当发生沉默的时候，笔者会安静地留给受访者思考的时间；受访人在分享自己的经历感受时，笔者也会适时地分享与他们相似的经历或者有内心共鸣的体验，给予他们继续说下去的动力……除此之外，笔者在与每一位受访者进行访谈之前，都会先进行详细的自我介绍，并且通过与他们在社交软件上互动等方式来拉近距离。这些技巧的使用是为了让访谈变成一次深度的对话，是"你愿意倾诉，我愿意聆听，并产生共鸣的过程"[1]。

　　在访谈之前，笔者会提前与受访者预约好时间，以保证访谈的时候对方可以集中精力，使得每次访谈的时长都保持在1—1.5小时。因为时间过短则无法深入访谈，时间过长则容易造成双方的疲惫而影响访谈质量。访谈地点的选取也是事先征询受访者意见，以校内或学校周边的咖啡厅为主，且尽量选择在有一定私密性的空间，譬如人少的角落。在访谈正式开始之前，笔者会先征得受访者的同意，再对访谈过程录音，同时笔者会对访谈内容做好记录。在访谈结束后，笔者会对当次访谈进行反思，并做好"接触摘要单"[2]，包括依照每一个研究问题，整理访谈所收集到的资料；反思当次访谈做的不足之处；下一次访谈需要继续收集的资料或需要补充的新问题等。

---

　　[1]　廖青：《逆流而上：上海精英大学中农村大学生的阶层身份协商》，第74页。
　　[2]　Miles & Huberman：《质性研究资料分析》，张芬芬译，台北：双叶书廊2006年版，第115页。

所有的访谈都是一对一的形式，在访谈过程中，受访人能够获得笔者所有的关注，同时没有他人的干扰。笔者虽然已经在访谈之前通过社交软件或手机短信与受访者做了初步的了解和沟通，但是依然会在访谈开始之初做一次自我介绍，包括基本信息、研究目的、内容以及隐私的保护等，同时请他们阅读研究的招募书，并签署知情同意书。所有的受访者都同意笔者的录音请求。

三　资料的整理与分析

本书收集到的资料包括量化和质性两种类型，因此资料的整理与分析也包括了这两部分资料的整理与分析。

（一）量化数据的整理与分析

量化数据的整理主要采用 SPSS 统计软件，对数据进行清洗：首先，剔除军事学等特殊专业的学生样本。其次，根据本书的需要，对部分变量进行归类，如：为了方便分析，通常会将学生的所属学科大类归为文史哲、社会科学、理学、工农医学四类。

量化数据的分析主要采用 SPSS 统计软件对中国大学生学习力各要素现状进行描述性分析和聚类分析；采用 MPLUS 统计软件，对中国大学生学习力的实证模型、影响因素分析及动态发展特征进行结构方程模型、多群组结构方程模型、多水平增长模型和多水平结构方程模型的分析。

（二）质性资料的整理与分析

本书的质性资料主要来自访谈和接触摘要单，访谈录音转录是通过"讯飞听见"语音转录平台转录。由于经费有限，笔者选取的是机器转录，形成文字后再由笔者本人根据录音对所转录文字进行逐字逐句的校对、修补与整理，最终形成访谈的文字稿。为了便于查找与分析，笔者在录音整理完毕后，根据资料提供者的学校、学科、性别、访谈日期等对转录文件进行编号，编号系统包括如下信息：1. 高校名称简写，如厦门大学的简写"XMU"；2. 受访者的学科，哲学类为 Phi，经济学类为 Eco，法学类为 Law，教育学类为

Edu，文学类为 Lit，历史学类为 His，理学类为 NS，工学类为 En，农学类为 Agri，医学类为 Med，管理学为 MS，艺术学为 Art；3. 受访者的性别，男性为 M，女性为 F；4. 如果同一个学校存在同一性别的多位受访者，则对受访者进行编号，例如"XMU‐F‐2"表示厦门大学第二位受访的女生；5. 访谈日期，如"190108"表示访谈时间为 2019 年 1 月 8 日。以上为研究资料的初步整理和编号。接下来进入资料的分析阶段。

"资料分析的基本思路是按照一定的标准将原始资料进行浓缩，通过各种不同的分析手段，将资料整理为一个有一定结构、条理和内在联系的意义系统"[1]。"修正的分析归纳法（Revised Analytic Induction，下文简称'分析归纳法'）是收集和分析资料的理论，也是发展和检测理论的方法。"[2] 林小英将分析归纳法的过程总结如下："研究初期发展出一个特定现象的大略定义和解释；将上述定义与解释带进资料收集的过程中；一旦遇到不符合原先定义与解释的新个案时，修正原有的定义与解释；主动寻找不适用于原先定义与解释的个案；再次定义并重新形成解释，直至普遍关系建立为止，而且使用每个反例以符合再次定义或重新形成意义。"[3] 在本书中，研究初期已经通过理论分析形成了大学生学习力的理论模型，对学习力的内涵和要素也有了初步定义，而质性研究的目的是通过资料的收集来挖掘学习卓越大学生的学习力作用机制和背后的原因，因此符合分析归纳法的前两个过程特征，选择运用分析归纳法作为质性资料的分析方法与本书适切。

根据前文对调查对象和样本总体的确定，即在厦门大学、天津大学、同济大学、华南理工大学和华南师范大学这五所"双一流"

---

[1] 陈向明：《质的研究方法与社会科学研究》，第 273 页。
[2] Bogdan, R. & Biklen, S.：《质性教育研究：理论与方法》，李奉儒等译，嘉义：涛石文化 2001 年版，第 92 页。
[3] 林小英：《分析归纳法和连续比较法：质性研究的路径探析》，《北京大学教育评论》2015 年第 1 期。

建设高校中进行具体抽样，而"分析归纳法强调第一个个案的信息丰富性和典型性"①，笔者首先想到了所在学校厦门大学的经济学院，该院的统计学被列入了一流学科建设名单，人才培养水平在全校位于前列，该院的学习卓越大学生应该能够为本书提供较为丰富的信息。于是，笔者联系到在该院担任党委副书记的熟人，请她推荐了该院师生眼中学习卓越的大四学生。通过这样的目的性抽样，笔者顺利找到了第一个个案学生 A。对学生 A 提供的信息做初步的开放编码，并与初始概念进行匹配，形成初步而粗糙的理论模式。根据分析归纳法的分析步骤，在分析了第一个个案之后，需要纳入辅助性个案来比较分析，而辅助性个案需要与第一个个案的信息相似。于是，笔者选择了同一个学院不同专业的另一个学习卓越的大四学生 A'，他们具有相同的学院环境，都是在学业上表现突出的学生，都获得了推荐免试攻读硕士研究生的资格，通过比较分析学生 A 与学生 A' 提供的信息，再结合已有理论的分析，发展出适合学生 A 和学生 A' 的松散的描述性理论。此后，通过目的性抽样，寻找同类现象中的各种"反例"②，不断修正理论模型。如，本书的前两个个案都是经济学院的学生，专业属于社会科学类，笔者在发展了初步的描述性理论之后，提出工科学生可能会有不同的学习模式，而学习力的作用机制也可能不一样，于是笔者开始在天津大学的一流学科"化学工程与技术"寻找学习卓越的大四学生来检测原有的理论。此后的个案 C、D、E…都是以这种方式进行研究，选定新的个案，扩大自己的理论，直到达到理论饱和为止。

在具体的分析中，本书将采用格拉斯和施特劳斯提出的"类属—属性—维度"的三级编码作为理论模型的基本要素，"属性是指一

---

① 林小英：《分析归纳法和连续比较法：质性研究的路径探析》，《北京大学教育评论》2015 年第 1 期。

② 所谓反例，在《质性教育研究：理论与方法》一书中，将其界定为研究者认为不符合其正在发展的理论模式的个案。

个对象、事件、或行动的特征或成分，特征赋予对象、事件和/或行动以特殊性并对其进行定义，维度则是指属性在一个范围的不同变化形式，而类属则是指更高层次的概念，是将低层次的概念根据共同属性组织在一起置于其下，有时也被称为主题"①。"分析归纳法所强调的理论模型与个案的匹配着重于每一个个案的所有属性上的有无。"②

由于本书采用混合方法研究，质性研究的样本总库受到量化研究数据库的限制，且样本总库的数量过大，如果要发展出一个符合所有个案的理论，工作量太浩大，也很难在预定时间内完成。而"分析归纳法在研究过程中修正过的理论不仅适合所有出现的新事物，还可以对研究问题再定义（窄化），以排除那些不符合解释的个案，藉由选择那些属性包含进来或排除在外，研究者可以借着限制理论的范围来控制研究工作的广度"③。同时，"通过与理论模型是否符合的个案的纳入与排除，也可以控制理论的范围和研究的进程"④。因此，笔者会通过上述方法来控制理论范围，最后有意识地通过寻找"非同类现象"/其他情境中的个案，确认类属所表征的理论边界和范围，解决理论性饱和的问题，并形成一个"可修正的"理论模式。整个资料的分析过程可以借用林小英对"修正的分析归纳法的研究路径图"来展示⑤（见图3-3）。

---

① ［美］朱丽叶·M. 科宾、安塞儿姆·L. 施特劳斯：《质性研究的基础：形成扎根理论的程序与方法》，重庆大学出版社2015年版，第48、169页。
② 林小英：《分析归纳法和连续比较法：质性研究的路径探析》，《北京大学教育评论》2015年第1期。
③ Bogdan, R. & Biklen, S.：《质性教育研究：理论与方法》，第94页。
④ 林小英：《分析归纳法和连续比较法：质性研究的路径探析》，《北京大学教育评论》2015年第1期。
⑤ 林小英：《分析归纳法和连续比较法：质性研究的路径探析》，《北京大学教育评论》2015年第1期。

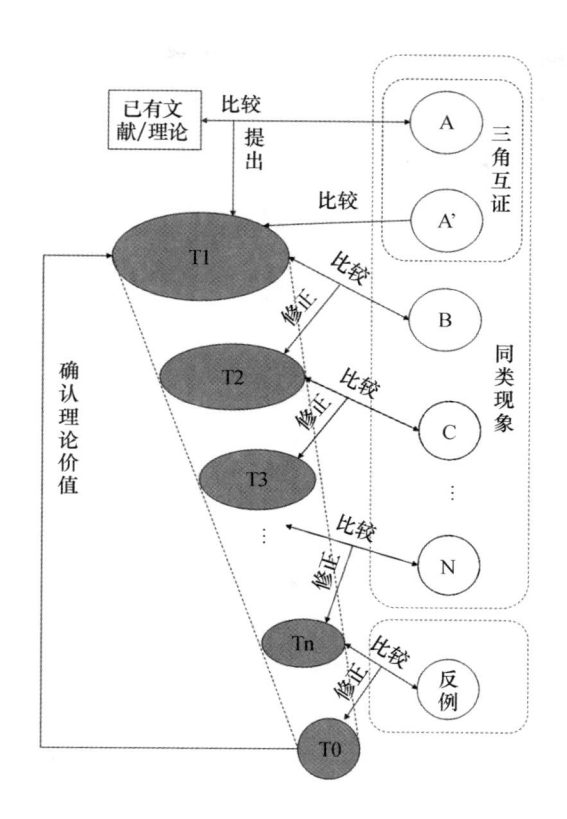

图 3-3 修正的分析归纳法的研究路径

第三节 研究的信效度与伦理

本书的信效度涉及量化研究的信效度和质性研究的信效度。其中，量化研究的信效度在"量化数据收集的方法与过程"部分已经重点论述了量化工具的信效度分析，此处不再赘述。而质性研究的信效度与量化研究有所不同。事实上，信效度是量化研究质量评价的标准，是为了了解研究的结果是否准确地再现了我们认为可以被认识的"真实"，而质性研究更关注的是"社会事实的建构过程和特定情境下的理解和解释"①。因此,"判断一个质性研究是否合格,应该更关注研究的可信赖程度和真实性"②。除了可靠性之外,质性研究结果的"代表性"也是备受争议的内容。因此,本节内容将重点讨论质性研究的可靠性及其研究结果的推论性,并在最后论述研究所涉及的伦理问题。

一 研究的可靠性

"由于质性研究的目的是意义建构,'真实'实际上是被建构出来的,被研究者看待事物的角度和方式、研究者的个人因素以及研究关系等都会对理解这一'真实'发挥作用,因此研究者关注的不是客观事实的'真实性'本身,而是对'真实'的理解和解释"③。所以,在质性研究中,当我们说某一研究结果是否"真实可靠"的时候,是指"对这个结果的'表述'是否'真实'地反映出,研究人员在特定条件下为了达到特定目的而使用某一研究问题以及与其相适应的方法对某一事物进行研究"④。

在本书中,要对学习卓越大学生学习力作用机制及其背后原因进行解释,需要有充分的证据表明研究结果的表述合理且恰切地表现了现存条件下的结果,这样的表述才是有效的。在研究的进展过程中,笔者使用了以下策略来尽可能地排除"效度威胁",以增强研究的可靠性。

第一,访谈数据为一手资料。赫伯特·鲁宾和艾琳·鲁宾提出"选择受访者,即当你的谈话伙伴是有经验的人并且拥有关于研究问题的第一手资料时,你的访谈就获得了信度"⑤。笔者将访谈对象确

---

① 陈向明:《质的研究方法与社会科学研究》,第379—392页。
② Lincoln, Y. S., & Guba, E. G., "Judging the Quality of Case Study Reports," *International Journal of Qualitative Studies in Education*, Vol. 3, 1990, pp. 53–59.
③ 徐岚:《中国大陆教师的学术责任建构:两所研究型大学之个案研究》,第142页。
④ 陈向明:《质的研究方法与社会科学研究》,第390页。
⑤ [美] 赫伯特·鲁宾、艾琳·鲁宾:《质性访谈方法:聆听与提问的艺术》,卢晖临等译,重庆大学出版社2010年版,第55页。

定为学习卓越的大四学生，就是因为大四学生拥有最丰富的学习经验，已经体验了大学场域的大部分活动，对学习力有充分的话语权，能够为本书提供最充分的资料。

第二，重视研究者与被研究者的关系。首先，在开始访谈之前，笔者会通过社交软件或手机短信直接与受访者联系。虽然会通过熟人介绍，但是不会直接通过熟人告知访谈时间与地点。这么做的目的是尽可能降低熟人的影响，也是表达笔者诚意的重要方式。在联系中会介绍研究的情况和笔者的学术目的，并强调笔者的保密原则，以取得受访者的信任。其次，在访谈过程中，尽量为受访者提供一个舒适且开放的情境让他们反思自己的学习经历，保证充分的访谈时间和深度。最后，在分析过程中，使"基于受访者提供的细节、证据和案例来形成相关的解释和理论"[1] 成为研究的主旨。

第三，对受访者所建构的意义做尽可能准确的理解。首先，笔者在访谈之前会了解受访者所在的学校和院系等背景环境，为全面且准确地把握研究情境做好准备；其次，在访谈过程中，尽可能理解受访者所使用的语言的含义，如遇到语境不同下的语言理解，笔者会通过追问的方式确保笔者理解的含义是受访者所表达的含义，并使用受访者的词语作为分析原始资料的码号；最后，在一次访谈结束之后做好田野反思笔记，以辅助笔者在资料分析中保持对资料的敏感性，及时地发现问题并在过程中不断修正。

第四，将笔者自身持续的警惕与反思贯穿于研究工作的始终。"质性研究是以研究者本人作为研究工具，这就意味着研究者自身的经历无时无刻不在影响着研究的资料收集与分析。"[2] 鉴于此，笔者在整个田野调查的过程和随后的论文撰写中时刻保持对自我的反思，

---

[1] Rubin, H. J., & Rubin, I. S., *Qualitative Interviewing: The Art of Hearing Data*, 转引自廖青《逆流而上：上海精英大学中农村大学生的阶层身份协商》，第79页。

[2] Creswell, J. W., *Research Design: Qualitative, Quantitative, and Mixed Methods Approaches*, Los Angeles, Calif: Sage Publications, 2013.

"对自身如何卷入到研究结果的呈现中保持清醒的认知"①。例如，受访人在谈到某些相似经历与感受时，笔者虽然会产生强烈的共鸣，但是会提醒自己尽量不要用自己的经历干扰受访者的表达，而是通过眼神或点头的方式表示认同。在研究过程中，笔者都会时刻提醒自己在适度卷入这个问题上保持清醒的态度。

二 研究的推论性

量化研究的结果具有推广性是量化研究方法的优势之一，已经在学界达成了共识，而质性研究的结果是否具有推论性还存在争议。

研究者承认质性研究的结果只适用于特定的情境和条件。"由于质性研究是对独特事件的背景、脉络和相互影响进行有深度和详尽的理解以反映真相，重点是探讨问题在脉络中的复杂性"②，"研究者应当尽可能提供足够丰富的描述来使研究脉络化，让读者可以通过判断背景的相似性来推论研究结果是否在其他环境中也具有代表性"③。

"质性研究的可推论性一般通过两种途径完成，一种是靠读者对研究结果的认同来达到，另一种是通过建立有关理论来达到"④。在本书中，笔者试图对学习卓越大学生的学习力作用机制及其背后的原因做出探讨，使读者尤其是大学生在阅读研究报告时产生共鸣，并能在学习过程中产生一些启示。这是通过"共情"来达到一定的推论作用。此外，在运用分析归纳法分析学习卓越大学生学习力模

---

① 廖青：《逆流而上：上海精英大学中农村大学生的阶层身份协商》，第80页。
② Merriam, S. B., *Case Study Research in Education: A Qualitative Approach*, Merriam, S. B., *Qualitative Research and Case Study Application in Education: Revised and Expanded from Case Study Research in Education*, 欧用生：《质的研究》，转引自张兆芹等《学习型学校的创建——教师组织学习力新视角》，第138页。
③ Merriam, S. B., *Qualitative Research in Practice: Examples for Discussion and Analysis*, 转引自徐岚《中国大陆教师的学术责任建构：两所研究型大学之个案研究》，第144页。
④ Yin, R. K., *Case Study Research: Design and Methods* (3rd ed.), 转引自徐岚《中国大陆教师的学术责任建构：两所研究型大学之个案研究》，第144页。

型特殊性的同时，试图构建有限度，即有理论边界的学习卓越大学生学习力作用机制的理论模型，是通过建立有关理论来达到一定的推论作用。

三 研究的伦理

在质性研究中，"作为和谈话伙伴所发展的关系的一部分，研究者承担着很深的伦理责任"[①]。因此，笔者十分谨慎地处理研究所涉及的伦理问题。主要表现在以下三方面：首先，在约访的信息中，笔者会向受访者表明身份，并详细说明研究的目的、访谈资料的使用等事项，并在正式访谈之前，出示笔者签过名字的招募书，对方如果愿意继续参加则签署知情同意书，以确保受访者的知情权，奉行自愿原则。在受访者愿意参加后，征询其是否愿意被录音，并充分尊重他们的选择。其次，访谈者充分尊重受访者的时间和地点安排，不给受访者增添额外的负担，并通过自己真诚的语言向对方表达感谢，也准备了一些小礼品在访谈开始之前赠送给对方，研究过程中所产生的费用由笔者全权负责。最后，在研究资料的处理上，笔者遵循匿名的原则，对受访者的身份信息进行匿名处理，对可能暴露受访者身份的线索进行技术性修改、匿名或删去不用。

---

① ［美］赫伯特·鲁宾、艾琳·鲁宾：《质性访谈方法：聆听与提问的一书》，第31页。

第 四 章

中国大学生学习力的实证模型建构

本章主要回应研究的第一部分问题,即中国大学生学习力各要素现状如何?中国大学生学习力各要素之间的相互关系为何?中国大学生学习力的实证模型如何?其表现特征如何?主要通过对中国大学生学习力各个要素变量进行描述统计分析、聚类分析、平均数差异检验、相关分析以及结构方程模型分析来探索以上问题,并对分析结果进行讨论和总结。

第一节 中国大学生学习力要素的特征描述

本节内容主要是对中国大学生学习力的各个要素进行描述性统计,并对研究结果进行讨论和总结。

一 中国大学生学习力要素的总体特征描述

在本部分内容中,首先分析中国大学生学习力要素的总体情况,其次分别分析各要素的具体情况。

（一）中国大学生学习力要素的总体情况

将每一要素的得分——复合变量的均值及标准差——作为判断大学生学习力现状的依据（见表4-1）。统计学习力各要素均值可以发现，中国大学生学习力七个要素的均值都在4.00及以上。结合六点量表的数值含义，说明中国大学生学习力各要素的平均水平都处于比较高的水平。

表4-1　　　　　　　　中国大学生学习力的总体情况

学习力要素	人数	最小值	最大值	平均值	标准差
学习驱动力	72241	1	6	4.66	0.78
学习策略力	72241	1	6	4.23	0.80
学习行动力	72241	1	6	4.00	0.88
知识力	72241	1	6	4.43	0.93
认知力	72241	1	6	4.74	0.81
技能力	72241	1	6	4.79	0.82
情感力	72241	1	6	4.74	0.82

比较学习力各要素的均值可知，学生在技能力的均值最高（M=4.79，SD=0.82），其次是认知力（M=4.74，SD=0.81）和情感力（M=4.74，SD=0.82）。学习驱动力的均值也较高（M=4.66，SD=0.78），紧随其后的是知识力（M=4.43，SD=0.93）和学习策略力（M=4.23，SD=0.80），均值最低的是学习行动力（M=4.00，SD=0.88）。将学习力七个要素的均值形成雷达图（见图4-1），形象地展现了中国大学生在学习力各要素上的均值情况。

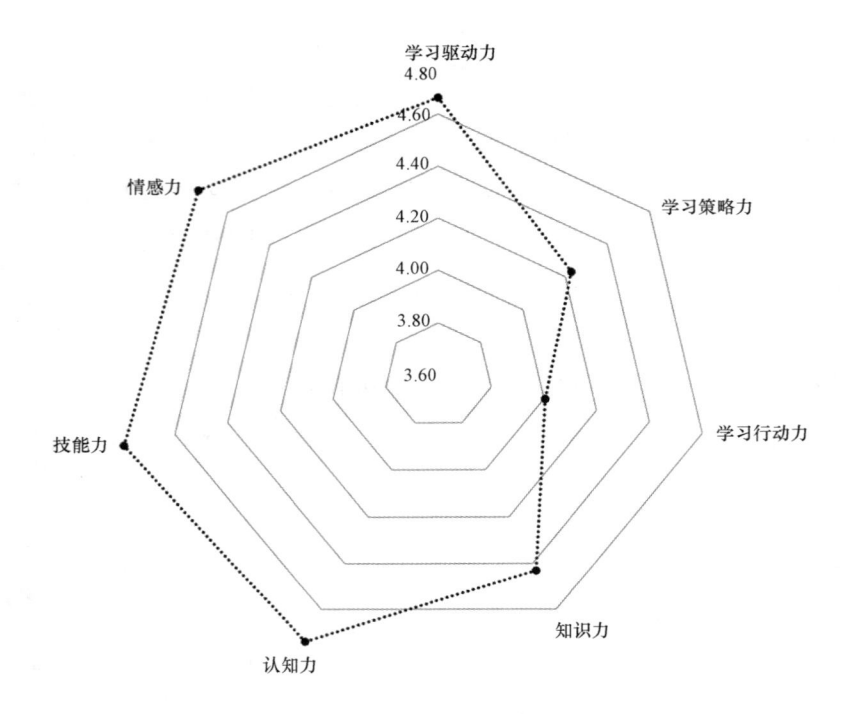

图4-1 中国大学生学习力各要素的总体情况

（二）中国大学生学习力要素的具体情况

在对中国大学生学习力各要素有了全貌的认识之后，本书还将分别对学习力的七个要素进行具体分析，主要包括现状的描述与聚类分析。通过对各要素的各维度的现状分析，有助于更全面、深入地了解大学生在学习力各要素上的具体表现。

1. 中国大学生学习驱动力的特征分析

中国大学生学习驱动力分为意义驱动力和应用驱动力二维度。表4-2的描述性结果显示，意义驱动力的均值为4.31，同意度百分比[①]

[①] 计算公式为：百分比=（均值-1）/（量表点数-1），计算结果采取四舍五入法，保留小数点后两位。同意度百分比是以中位数为分界点，在6点量表中，中位数为3.5，换成同意度百分比为（3.5-1）/（6-1）=50%，高于50%说明整体同意度偏高，低于50%则偏低。具体介绍见：吴明隆《问卷统计分析实务——SPSS操作与应用》，第313页。

为66.16%；应用驱动力的均值为5.02，同意度百分比为80.35%。

表4-2　　　　　　　中国大学生学习驱动力的特征分析

学习驱动力	人数	最小值	最大值	平均值	标准差	同意度百分比（%）
意义驱动力	72241	1	6	4.31	0.92	66.16
应用驱动力	72241	1	6	5.02	0.82	80.35

描述性分析的结果表明，在中国大学生中，六成的学生认同学习是有趣、有意义的，自己是在兴趣、好奇心的驱动下学习的；八成的学生认为学习对实际问题的解决、自我提升等方面是有帮助的，是在应用价值的驱动下展开学习的。总体而言，中国大学生的意义驱动力和应用驱动力的平均水平都处于比较高的水平，且应用驱动力的均值要远高于意义驱动力的均值。

为了了解学习驱动力二维度的具体情况，本书还分别对意义驱动力和应用驱动力进行快速聚类分析。"聚类分析的基本目的是根据分类客体所拥有的特征进行归类的统计方法，以使分类后属于同一集群内的客体，在分类的变量上具有高度的齐性。"[1] "在聚类分析中，非阶层聚类法通常被认为可以得到最佳的分类结果，而非阶层聚类法中又以K组平均聚类法使用的最为普遍。"[2] 因此，本书运用K组平均聚类法分别将意义驱动力和应用驱动力的均值作为分析变量进行快速聚类分析。

将意义驱动力的均值作为分析变量进行快速聚类分析，其分析结果如表4-3所示。根据大学生意义驱动力均值的聚类结果可将意义驱动力均值分为三个组别：第一组为均值较高组，聚类边界为

---

[1]　王保进：《多变量分析：统计软件与数据分析》，北京大学出版社2007年版，第155页。

[2]　王保进：《多变量分析：统计软件与数据分析》，第155—161页。

4.75—6.00，聚类中心[①]为5.24，共有26253名学生，占调查样本的36.34%；第二组为均值中间组，聚类边界为3.25—4.50，聚类中心为3.98，共有39734名学生，占调查样本的55.00%；第三组为均值较低组，聚类边界为1.00—3.00，聚类中心为2.48，共有6254名学生，占调查样本的8.66%。

表4-3　　　　中国大学生意义驱动力均值的聚类分析结果

组别	聚类边界	聚类中心	人数	百分比（%）
均值较高组	[4.75，6.00]	5.24	26253	36.34
均值中间组	[3.25，4.50]	3.98	39734	55.00
均值较低组	[1.00，3.00]	2.48	6254	8.66

将应用驱动力的均值作为分析变量进行快速聚类分析，其分析结果如表4-4所示。根据大学生应用驱动力均值的聚类结果可将应用驱动力均值分为三个组别：均值较高组的聚类边界为4.80—6.00，聚类中心为5.40，共有52682名学生，占调查样本的72.93%；均值中间组的聚类边界为3.00—4.60，聚类中心为4.15，共有18351名学生，占调查样本的25.40%；均值较低组的聚类边界为1.00—2.80，聚类中心为1.68，共有1208名学生，占调查样本的1.67%。

表4-4　　　　中国大学生应用驱动力均值的聚类分析结果

组别	聚类边界	聚类中心	人数	百分比（%）
均值较高组	[4.80，6.00]	5.40	52682	72.93
均值中间组	[3.00，4.60]	4.15	18351	25.40
均值较低组	[1.00，2.80]	1.68	1208	1.67

[①] 聚类中心为隶属于该组别的所有样本的平均值。由于K组平均聚类法对初始聚类中心较为敏感，最终的聚类结果会因初始聚类中心的不同而不同，因此，本书在进行K-means聚类分析时，初始聚类中心均为（1.00，3.50/3.60，6.00）。

从聚类分析的结果可知，在意义驱动力维度上，有超过 1/3 的学生的学习是受到兴趣、好奇心等意义学习的强烈驱动，超过一半的学生介于中间，还有近一成的学生在这方面的驱动力较低；在应用驱动力维度上，超过 2/3 的学生是应用导向的学习，他们重视学习的应用价值，1/3 的学生有应用导向但并没有那么强烈，只有少部分的学生对学习的应用价值不那么重视。结合总体均值和同意度百分比来看，虽然学生在意义驱动力和应用驱动力的均值都较高，但二者存在差异。学生在意义驱动力的同意度百分比为 66.16%，其中 36.34% 的学生处于较强水平，均值在 4.75—6.00，还有 29.82% 的学生略高于中等水平；在应用驱动力的同意度百分比 80.35% 中，有 72.93% 的学生处于较强水平，还有 7.42% 的学生略高于中等水平。

2. 中国大学生学习策略力的特征分析

中国大学生学习策略力分为认知策略力和调控策略力二维度。表 4-5 的描述性结果显示，认知策略力的均值为 4.45，同意度百分比为 69.03%；调控策略力的均值为 4.01，同意度百分比为 60.15%。

表 4-5　　　　　　　中国大学生学习策略力的特征分析

学习驱动力	人数	最小值	最大值	平均值	标准差	同意度百分比（%）
认知策略力	72241	1	6	4.45	0.81	69.03
调控策略力	72241	1	6	4.01	0.96	60.15

描述性分析的结果表明，在中国大学生中，近七成的学生在学习过程中能够有效运用认知策略，六成的学生能够有效运用调控策略。总的来说，中国大学生的认知策略力和调控策略力的平均水平都比较高，且认知策略力的表现要优于调控策略力，但都有进步的空间。

进一步将认知策略力的均值作为分析变量进行快速聚类分析，其分析结果如表 4-6 所示。根据大学生认知策略力均值的聚类结果可将认知策略力均值分为三个组别：均值较高组的聚类边界为4.75—6.00，聚类中心为5.21，共有30351名学生，占调查样本的42.01%；均值中间组的聚类边界为3.50—4.50，聚类中心为4.05，共有37134名学生，占调查样本的51.40%；均值较低组的聚类边界为1.00—3.25，聚类中心为2.76，共有4756名学生，占调查样本的6.58%。

表4-6　　　　　中国大学生认知策略力均值的聚类分析结果

组别	聚类边界	聚类中心	人数	百分比（%）
均值较高组	[4.75, 6.00]	5.21	30351	42.01
均值中间组	[3.50, 4.50]	4.05	37134	51.40
均值较低组	[1.00, 3.25]	2.76	4756	6.58

将调控策略力的均值作为分析变量进行快速聚类分析，其分析结果如表4-7所示。根据大学生调控策略力均值的聚类结果可将调控策略力均值分为三个组别：均值较高组的聚类边界为4.60—6.00，聚类中心为5.16，共有20764名学生，占调查样本的28.74%；均值中间组的聚类边界为3.20—4.40，聚类中心为3.83，共有39994名学生，占调查样本的55.36%；均值较低组的聚类边界为1.00—3.00，聚类中心为2.54，共有11483名学生，占调查样本的15.90%。

表4-7　　　　　中国大学生调控策略力均值的聚类分析结果

组别	聚类边界	聚类中心	人数	百分比（%）
均值较高组	[4.60, 6.00]	5.16	20764	28.74
均值中间组	[3.20, 4.40]	3.83	39994	55.36
均值较低组	[1.00, 3.00]	2.54	11483	15.90

从聚类分析的结果可知，在认知策略力维度上，超过四成的学生在学习过程中能够将所学知识与先前经验联系起来，在理解所学

知识的基础上提出自己的质疑,并建构起自己的认识,而一半左右的学生处于中间地带,不到一成的学生在这方面的表现较弱。与认知策略力相比,调控策略运用较好的学生只有不到三成,有超过一半的学生处在中间地带,还有近16%的学生在调控策略的运用上表现不佳。结合总体均值和同意度百分比来看,虽然学生在认知策略力和调控策略力的均值都较高,但二者存在差异。学生在认知策略力的同意度百分比为69.03%,其中超过四成的认知策略力处于较高水平,均值在4.75—6.00,27.02%的学生的均值略高于中等水平;在调控策略力的同意度百分比60.15%中,只有不到三成的学生是较高水平,31.41%的学生均值略高于中等水平。说明中国大学生在调控策略的运用方面不如认知策略。

3. 中国大学生学习行动力的特征分析

中国大学生学习行动力分为学术性参与和同伴互动二维度。表4-8的描述性结果显示,学术性参与的均值为3.63,同意度百分比为52.59%;同伴互动的均值为4.38,同意度百分比为67.58%。

表4-8　　　　中国大学生学习行动力的特征分析

学习行动力	人数	最小值	最大值	平均值	标准差	同意度百分比(%)
学术性参与	72241	1	6	3.63	1.09	52.59
同伴互动	72241	1	6	4.38	0.88	67.58

描述性分析的结果表明,在中国大学生中,只有一半左右的学生能积极参与学术性活动,包括与教师的互动等;有近七成的学生积极与同伴互动。总的来说,中国大学生的学术性参与均值只略高于中等水平,而同伴互动的均值则处于较高水平。

将学术性参与的均值作为分析变量进行快速聚类分析,其分析结果如表4-9所示。根据大学生学术性参与均值的聚类结果可将学术性参与均值分为三个组别:均值较高组的聚类边界为4.60—6.00,聚类中心为5.20,共有14322名学生,占调查样本的

19.83%；均值中间组的聚类边界为3.00—4.40，聚类中心为3.70，共有39558名学生，占调查样本的54.76%；均值较低组的聚类边界为1.00—2.80，聚类中心为2.25，共有18361名学生，占调查样本的25.42%。

表4-9　中国大学生学术性参与均值的聚类分析结果

组别	聚类边界	聚类中心	人数	百分比（%）
均值较高组	[4.60, 6.00]	5.20	14322	19.83
均值中间组	[3.00, 4.40]	3.70	39558	54.76
均值较低组	[1.00, 2.80]	2.25	18361	25.42

将同伴互动的均值作为分析变量进行快速聚类分析，其分析结果如表4-10所示。根据大学生同伴互动均值的聚类结果可将同伴互动均值分为三个组别：均值较高组的聚类边界为4.75—6.00，聚类中心为5.24，共有28607名学生，占调查样本的39.60%；均值中间组的聚类边界为3.50—4.50，聚类中心为4.04，共有35873名学生，占调查样本的49.66%；均值较低组的聚类边界为1.00—3.25，聚类中心为2.79，共有7761名学生，占调查样本的10.74%。

表4-10　中国大学生同伴互动均值的聚类分析结果

组别	聚类边界	聚类中心	人数	百分比（%）
均值较高组	[4.75, 6.00]	5.24	28607	39.60
均值中间组	[3.50, 4.50]	4.04	35873	49.66
均值较低组	[1.00, 3.25]	2.79	7761	10.74

从聚类分析的结果可知，在学术性参与维度上，只有不到1/5的学生能够积极地参与到学术性活动中，如参与课堂讨论、与教师的互动、参加学术活动等，超过一半的学生处在中间地带，超过1/4的学生在学术性参与方面表现不积极。与学术性参与相比，学生在

同伴互动方面的参与显得要积极许多,有近四成的学生能够积极地展开同伴互动,近五成的学生处在中间地带,只有一成的学生对同伴互动不太热衷。结合总体均值和同意度百分比来看,学生在学术性参与和同伴互动方面存在明显的差异。学生在学术性参与的同意度百分比为 52.59%,其中只有不到两成的学生处于较高水平,32.76%的学生处在中等偏上水平,而在同伴互动的同意度百分比 67.58%中,有近四成的学生是处在较高水平,27.98%学生处在中等偏上水平。说明中国大学生在同伴互动方面的积极性要高于学术性参与。

4. 中国大学生知识力的特征分析

表 4-11 的描述性结果显示,中国大学生知识力的均值为 4.43,同意度百分比为 68.60%。描述性分析的结果表明,在中国大学生中,有近七成的学生认同自己在知识方面收获很大。

表 4-11　　　　　　　中国大学生知识力的特征分析

	人数	最小值	最大值	平均值	标准差	同意度百分比（%）
知识力	72241	1	6	4.43	0.93	68.60

将知识力的均值作为分析变量进行快速聚类分析,其分析结果如表 4-12 所示。根据大学生知识力均值的聚类结果可将知识力均值分为三个组别:均值较高组的聚类边界为 4.75—6.00,聚类中心为 5.29,共有 30706 名学生,占调查样本的 42.50%;均值中间组的聚类边界为 3.00—4.50,聚类中心为 3.92,共有 38823 名学生,占调查样本的 53.74%;均值较低组的聚类边界为 1.00—2.75,聚类中心为 2.05,共有 2712 名学生,占调查样本的 3.75%。结合均值和同意度百分比的结果来看,学生在知识力的同意度百分比 68.60%中,有超过四成的学生是处在较高水平,均值范围为 4.75—6.00,剩下的 26.10%的学生略高于中等水平。

表 4-12　　　　中国大学生知识力均值的聚类分析结果

组别	聚类边界	聚类中心	人数	百分比（%）
均值较高组	[4.75, 6.00]	5.29	30706	42.50
均值中间组	[3.00, 4.50]	3.92	38823	53.74
均值较低组	[1.00, 2.75]	2.05	2712	3.75

5. 中国大学生认知力的特征分析

表 4-13 的描述性结果显示，中国大学生认知力的均值为 4.74，同意度百分比为 74.76%，处在较高水平。描述性分析的结果表明，在中国大学生中，有超过七成的学生认同自己在认知方面收获很大。

表 4-13　　　　中国大学生认知力的特征分析

	人数	最小值	最大值	平均值	标准差	同意度百分比（%）
认知力	72241	1	6	4.74	0.81	74.76

将认知力的均值作为分析变量进行快速聚类分析，其分析结果如表 4-14 所示。根据大学生认知力均值的聚类结果可将认知力均值分为三个组别：均值较高组的聚类边界为 4.75—6.00，聚类中心为 5.29，共有 41807 名学生，占调查样本的 57.87%；均值中间组的聚类边界为 3.00—4.50，聚类中心为 4.05，共有 29405 名学生，占调查样本的 40.70%；均值较低组的聚类边界为 1.00—2.75，聚类中心为 1.91，共有 1029 名学生，占调查样本的 1.42%。与知识力相比，中国大学生在认知方面的收获的自我评价要更好一些。结合均值和同意度百分比的结果来看，大学生认知力的同意度百分比 74.76% 中，有近六成的学生是处在较高水平，均值范围为 4.75—6.00，剩下的 16.89% 的学生略高于中等水平。

表 4-14　　　　　中国大学生认知力均值的聚类分析结果

组别	聚类边界	聚类中心	人数	百分比（%）
均值较高组	[4.75, 6.00]	5.29	41807	57.87
均值中间组	[3.00, 4.50]	4.05	29405	40.70
均值较低组	[1.00, 2.75]	1.91	1029	1.42

6. 中国大学生技能力的特征分析

表 4-15 的描述性结果显示，中国大学生技能力的均值为 4.79，同意度百分比为 75.89%。描述性分析的结果表明，在中国大学生中，有超过七成的学生认同自己在技能方面收获很大。

表 4-15　　　　　中国大学生技能力的特征分析

	人数	最小值	最大值	平均值	标准差	同意度百分比（%）
技能力	72241	1	6	4.79	0.82	75.89

将技能力的均值作为分析变量进行快速聚类分析，其分析结果如表 4-16 所示。根据大学生技能力均值的聚类结果可将技能力均值分为三个组别：均值较高组的聚类边界为 4.75—6.00，聚类中心为 5.31，共有 44773 名学生，占调查样本的 61.98%；均值中间组的聚类边界为 3.00—4.50，聚类中心为 4.03，共有 26453 名学生，占调查样本的 36.62%；均值较低组的聚类边界为 1.00—2.75，聚类中心为 1.84，共有 1015 名学生，占调查样本的 1.41%。与知识力和认知力相比，中国大学生在技能收获的自我评价要更好一些。结合均值和同意度百分比的结果来看，学生在技能力的同意度百分比 75.89% 中，有超过六成的学生是处在较高水平，均值范围为 4.75—6.00，剩下的 13.91% 的学生略高于中等水平。

表 4-16　　　　　中国大学生技能力均值的聚类分析结果

组别	聚类边界	聚类中心	人数	百分比（%）
均值较高组	[4.75, 6.00]	5.31	44773	61.98
均值中间组	[3.00, 4.50]	4.03	26453	36.62
均值较低组	[1.00, 2.75]	1.84	1015	1.41

7. 中国大学生情感力的特征分析

表 4-17 的描述性结果显示，中国大学生情感力的均值为 4.74，同意度百分比为 74.73%。描述性分析的结果表明，在中国大学生中，有超过七成的学生认同自己在情感方面收获很大。

表 4-17　　　　　中国大学生情感力的特征分析

	人数	最小值	最大值	平均值	标准差	同意度百分比（%）
情感力	72241	1	6	4.74	0.82	74.73

将情感力的均值作为分析变量进行快速聚类分析，其分析结果如表 4-18 所示。根据大学生情感力均值的聚类结果可将情感力的均值分为三个组别：均值较高组的聚类边界为 4.75—6.00，聚类中心为 5.30，共有 42068 名学生，占调查样本的 58.23%；均值中间组的聚类边界为 3.00—4.50，聚类中心为 4.03，共有 29019 名学生，占调查样本的 40.17%；均值较低组的聚类边界为 1.00—2.75，聚类中心为 1.91，共有 1154 名学生，占调查样本的 1.60%。聚类分析结果表明，中国大学生对情感方面收获的自我评价与在认知方面收获的自我评价相当。结合均值和同意度百分比的结果来看，学生在情感力的同意度百分比 74.73% 中，有近六成的学生是处在较高水平，均值范围为 4.75—6.00，剩下的 16.50% 的学生略高于中等水平。

表4-18　　　　　　中国大学生情感力均值的聚类分析结果

组别	聚类边界	聚类中心	人数	百分比（%）
均值较高组	[4.75, 6.00]	5.30	42068	58.23
均值中间组	[3.00, 4.50]	4.03	29019	40.17
均值较低组	[1.00, 2.75]	1.91	1154	1.60

（三）小结

总体而言，中国大学生学习力的各要素具有以下几个特征：首先，整体面貌呈现积极的态势。从计算结果来看，学习力的七个要素的均值都在4.00及以上，大于中位数3.50，说明中国大学生学习力呈现积极态势。其次，七个要素的发展不均衡。技能力、认知力、情感力和学习驱动力的均值都相对较高，均大于4.50，而知识力、学习策略力则介于4.20—4.50，学习行动力的均值在七个要素中最低。具体而言，学生在技能力、认知力、情感力和学习驱动力的应用驱动力维度上的同意度百分比都超过了70%，特别是应用驱动力，其同意度百分比已经超过了80%，而意义驱动力、认知策略力、调控策略力、同伴互动和知识力都超过了60%，只有学习行动力的学术性参与的同意度百分比不到60%。

二　中国不同类别大学生学习力要素的特征描述

为了更全面地了解中国大学生学习力的各要素特征，结合大学生学习力的各影响因素设计和以往的研究经验，本部分将呈现不同类别大学生学习力各要素的特征，具体包括不同性别、生源地、家庭背景、年级、学科、高校类型等学生学习力各要素的特征，主要采用描述性分析和平均数差异检验。

（一）不同性别大学生学习力要素的特征

表4-19反映了不同性别大学生学习力各要素的特征。从中可以看出，在学习驱动力上，男生的均值（M=4.65）低于女生的均

值（M=4.67），且差异显著（T=-4.12，p<0.01）；在学习策略力上，男生的均值（M=4.29）高于女生的均值（M=4.19），且差异显著（T=16.25，p<0.01）；在学习行动力上，男生的均值（M=4.06）高于女生的均值（M=3.96），且差异显著（T=14.86，p<0.01）；在知识力上，男生的均值（M=4.47）高于女生的均值（M=4.40），且差异显著（T=9.12，p<0.01）；在认知力上，男生的均值（M=4.75）高于女生的均值（M=4.73），且差异显著（T=2.67，p<0.01）；在技能力上，男生的均值（M=4.79）低于女生的均值（M=4.80），但差异不显著（T=-1.32，p>0.05）；在情感力上，男生的均值（M=4.73），低于女生的均值（M=4.74），且差异显著（T=-2.69，p<0.01）。

表4-19   不同性别大学生学习力各要素的特征

学习力	性别	人数	均值	标准差	T值
学习驱动力	男	30700	4.65	0.85	-4.12**
	女	41541	4.67	0.73	
学习策略力	男	30700	4.29	0.84	16.25**
	女	41541	4.19	0.76	
学习行动力	男	30700	4.06	0.93	14.86**
	女	41541	3.96	0.84	
知识力	男	30700	4.47	0.96	9.12**
	女	41541	4.40	0.90	
认知力	男	30700	4.75	0.85	2.67**
	女	41541	4.73	0.78	
技能力	男	30700	4.79	0.86	-1.32
	女	41541	4.80	0.79	
情感力	男	30700	4.73	0.87	-2.69**
	女	41541	4.74	0.79	

注：* p<0.05；** p<0.01。

结合表 4-19 和图 4-2 可知，男生在学习策略力、学习行动力、知识力和认知力上的均值高于女生，而女生则在学习驱动力和情感力上的均值显著高于男生。此外，男生在学习力七个要素上的标准差都大于女生，说明男生间的个体差异要比女生间的个体差异大。

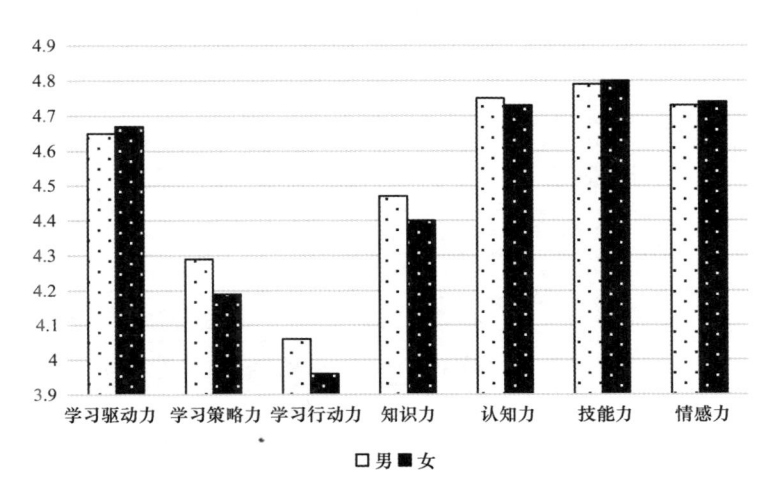

图 4-2 不同性别大学生学习力各要素的特征

(二) 不同生源地大学生学习力要素的特征

表 4-20 反映了不同生源地的大学生学习力的各要素特征。从中可以看出，在学习驱动力上，城市学生的均值（M=4.70）高于农村学生的均值（M=4.64），且差异显著（T=9.46，$p<0.01$）；在学习策略力上，城市学生的均值（M=4.25）高于农村学生的均值（M=4.21），且差异显著（T=6.68，$p<0.01$）；在学习行动力上，城市学生的均值（M=4.02）高于农村学生的均值（M=3.99），且差异显著（T=5.08，$p<0.01$）；在知识力上，城市学生的均值（M=4.48）高于农村学生的均值（M=4.40），且差异显著（T=10.36，$p<0.01$）；在认知力上，城市学生的均值（M=4.77）高于农村学生的均值（M=4.72），且差异显著（T=8.86，p<

0.01）；在技能力上，城市学生的均值（M=4.83）高于农村学生的均值（M=4.77），且差异显著（T=8.75，p<0.01）；在情感力上，城市学生的均值（M=4.76）高于农村学生的均值（M=4.72），且差异显著（T=6.07，p<0.01）。

表4-20　　　　不同生源地大学生学习力各要素的特征

学习力	生源地	人数	均值	标准差	T值
学习驱动力	城市	28414	4.70	0.81	9.46**
	农村	43827	4.64	0.76	
学习策略力	城市	28414	4.25	0.83	6.68**
	农村	43827	4.21	0.78	
学习行动力	城市	28414	4.02	0.90	5.08**
	农村	43827	3.99	0.86	
知识力	城市	28414	4.48	0.95	10.36**
	农村	43827	4.40	0.91	
认知力	城市	28414	4.77*	0.84	8.86**
	农村	43827	4.72	0.78	
技能力	城市	28414	4.83	0.85	8.75**
	农村	43827	4.77	0.80	
情感力	城市	28414	4.76	0.86	6.07**
	农村	43827	4.72	0.80	

注：* p<0.05；** p<0.01。

结合表4-20和图4-3可知，城市学生学习力的七个要素的均值都要高于农村学生的均值，且城市学生在这七个要素上的标准差都大于农村学生，说明城市学生间的个体差异要比农村学生间的个体差异大。

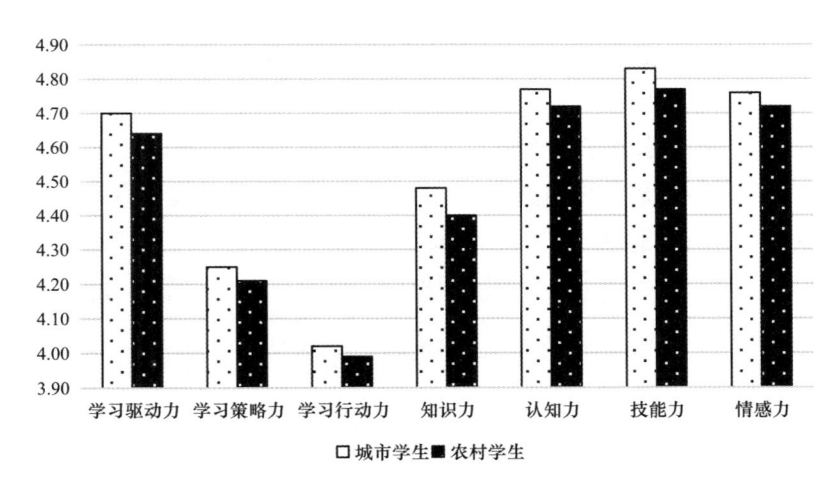

图 4-3 不同生源地大学生学习力各要素的特征

(三) 不同家庭背景大学生学习力要素的特征

从以往的研究经验来看,家庭背景主要从父母的受教育程度和家庭经济收入两个方面来呈现。因此,本部分对不同家庭背景大学生学习力各要素的特征探讨也主要从父亲受教育程度、母亲受教育程度和家庭经济收入不同的大学生入手。

1. 不同父亲受教育程度大学生学习力各要素的特征

表 4-21 反映了不同父亲受教育程度大学生学习力各要素的特征。从中可以看出,在学习驱动力上,父亲未接受高等教育学生的均值 (M=4.65) 低于父亲接受过高等教育学生的均值 (M=4.73),且差异显著 (T=-10.26, $p<0.01$);在学习策略力上,父亲未接受高等教育学生的均值 (M=4.21) 低于父亲接受过高等教育学生的均值 (M=4.31),且差异显著 (T=-12.22, $p<0.01$);在学习行动力上,父亲未接受高等教育学生的均值 (M=3.99) 低于父亲接受过高等教育学生的均值 (M=4.08),且差异显著 (T=-10.67, $p<0.01$);在知识力上,父亲未接受高等教育学生的均值 (M=4.41) 低于父亲接受过高等教育学生的均值 (M=4.51),且差异显著 (T=-10.73, $p<0.01$);在认知力上,父亲

未接受高等教育学生的均值（M=4.72）低于父亲接受过高等教育学生的均值（M=4.80），且差异显著（T=-9.77，p<0.01）；在技能力上，父亲未接受高等教育学生的均值（M=4.78）低于父亲接受过高等教育学生的均值（M=4.85），且差异显著（T=-9.22，p<0.01）；在情感力上，父亲未接受高等教育学生的均值（M=4.72）低于父亲接受过高等教育学生的均值（M=4.79），且差异显著（T=-7.61，p<0.01）。

表4-21　　不同父亲受教育程度大学生学习力各要素的特征

学习力	父亲受教育程度	人数	均值	标准差	T值
学习驱动力	未接受高等教育	58570	4.65	0.77	-10.26**
	接受过高等教育	13671	4.73	0.81	
学习策略力	未接受高等教育	58570	4.21	0.79	-12.22**
	接受过高等教育	13671	4.31	0.83	
学习行动力	未接受高等教育	58570	3.99	0.87	-10.67**
	接受过高等教育	13671	4.08	0.91	
知识力	未接受高等教育	58570	4.41	0.92	-10.73**
	接受过高等教育	13671	4.51	0.96	
认知力	未接受高等教育	58570	4.72	0.80	-9.77**
	接受过高等教育	13671	4.80	0.84	
技能力	未接受高等教育	58570	4.78	0.81	-9.22**
	接受过高等教育	13671	4.85	0.86	
情感力	未接受高等教育	58570	4.72	0.81	-7.61**
	接受过高等教育	13671	4.79	0.86	

注：* $p<0.05$；** $p<0.01$。

结合表4-21和图4-4可知，父亲未接受高等教育大学生在学习力七个要素上的均值都要低于父亲接受过高等教育大学生的均值，但父亲接受过高等教育的大学生在这七个要素上的标准差都大于父亲未接受高等教育的大学生，说明父亲接受过高等教育的大学生间的个体差异要比父亲未接受高等教育的大学生间的个体差异大。

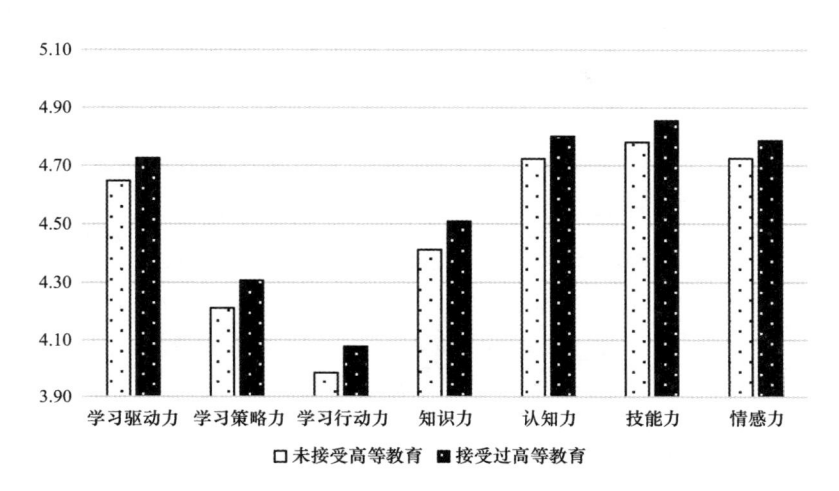

图 4-4 不同父亲受教育程度大学生学习力各要素的特征

2. 不同母亲受教育程度大学生学习力各要素的特征

表 4-22 反映了不同母亲受教育程度大学生学习力各要素的特征。从中可以看出，在学习驱动力上，母亲未接受高等教育学生的均值（M = 4.65）低于母亲接受过高等教育学生的均值（M = 4.74），且差异显著（T = -9.99，p < 0.01）；在学习策略力上，母亲未接受高等教育学生的均值（M = 4.21）低于母亲接受过高等教育学生的均值（M = 4.33），且差异显著（T = -13.21，p < 0.01）；在学习行动力上，母亲未接受高等教育学生的均值（M = 3.99）低于母亲接受过高等教育学生的均值（M = 4.10），且差异显著（T = -11.97，p < 0.01）；在知识力上，母亲未接受高等教育学生的均值（M = 4.41）低于母亲接受过高等教育学生的均值（M = 4.54），且差异显著（T = -12.14，p < 0.01）；在认知力上，母亲未接受高等教育学生的均值（M = 4.72）低于母亲接受过高等教育学生的均值（M = 4.82），且差异显著（T = -10.22，p < 0.01）；在技能力上，母亲未接受高等教育学生的均值（M = 4.78）低于母亲

接受过高等教育学生的均值（M=4.87），且差异显著（T=-9.13，p<0.01）；在情感力上，母亲未接受高等教育学生的均值（M=4.73）低于母亲接受过高等教育学生的均值（M=4.80），且差异显著（T=-7.78，p<0.01）。

表4-22　　不同母亲受教育程度大学生学习力各要素的特征

学习力	母亲受教育程度	人数	均值	标准差	T值
学习驱动力	未接受高等教育	61804	4.65	0.77	-9.99**
	接受过高等教育	10437	4.74	0.82	
学习策略力	未接受高等教育	61804	4.21	0.79	-13.21**
	接受过高等教育	10437	4.33	0.85	
学习行动力	未接受高等教育	61804	3.99	0.87	-11.97**
	接受过高等教育	10437	4.10	0.92	
知识力	未接受高等教育	61804	4.41	0.92	-12.14**
	接受过高等教育	10437	4.54	0.97	
认知力	未接受高等教育	61804	4.72	0.80	-10.22**
	接受过高等教育	10437	4.82	0.85	
技能力	未接受高等教育	61804	4.78	0.81	-9.13**
	接受过高等教育	10437	4.87	0.87	
情感力	未接受高等教育	61804	4.73	0.81	-7.78**
	接受过高等教育	10437	4.80	0.88	

注：* $p<0.05$；** $p<0.01$。

结合表4-22和图4-5可知，母亲未接受高等教育大学生在学习力七个要素上的均值都要低于母亲接受过高等教育大学生的均值，但母亲接受过高等教育的大学生在这七个要素上的标准差都大于母亲未接受高等教育的大学生，说明母亲接受过高等教育的大学生间的个体差异要比母亲未接受高等教育的大学生间的个体差异大。

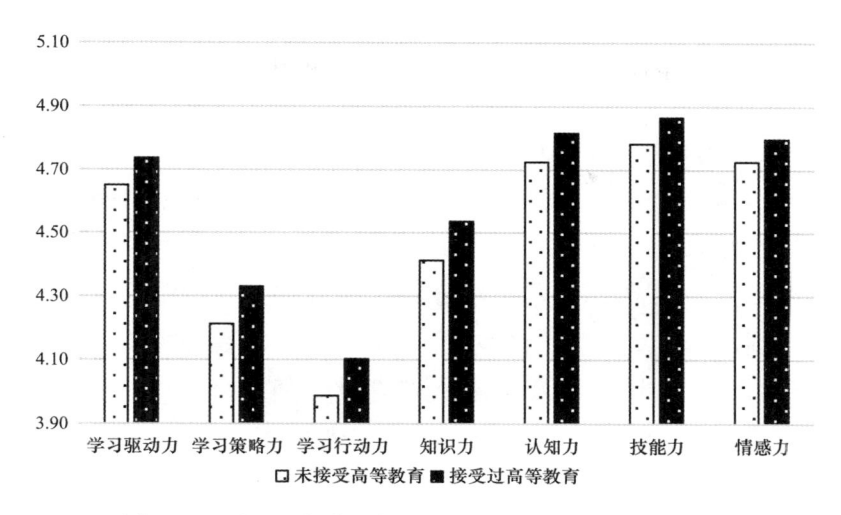

图 4-5　不同母亲受教育程度大学生学习力各要素的特征

3. 不同家庭经济收入大学生学习力各要素的特征

表 4-23 反映了不同家庭经济收入大学生学习力各要素的特征。从中可以看出，在学习驱动力上，低收入家庭的大学生均值（M=4.62）在三类家庭大学生的均值中最低，中等收入家庭大学生的均值（M=4.66）次之，而高收入家庭大学生的均值（M=4.70）则最高，且差异显著（F=24.19，$p<0.01$）；在学习策略力上，中等收入家庭的大学生均值（M=4.22）在三类家庭大学生的均值中最低，低收入家庭大学生的均值（M=4.24）次之，而高收入家庭大学生的均值（M=4.29）则最高，且差异显著（F=34.96，$p<0.01$）；在学习行动力上，中等收入家庭大学生的均值（M=3.99）在三类家庭大学生的均值中最低，低收入家庭大学生的均值（M=4.02）次之，而高收入家庭大学生的均值（M=4.07）则最高，且差异显著（F=35.64，$p<0.01$）；在知识力上，低收入家庭大学生的均值（M=4.40）在三类家庭大学生的均值中最低，中等收入家庭大学生的均值（M=4.43）次之，而高收入家庭大学生的均值（M=4.48）则最高，且差异显著（F=19.62，$p<0.01$）；在认知力上，低收入家庭大学生的均值（M=4.69）在三类家庭

大学生的均值中最低，中等收入家庭大学生的均值（M = 4.74）次之，而高收入家庭大学生的均值（M = 4.79）则最高，且差异显著（F = 42.84，p < 0.01）；在技能力上，低收入家庭大学生的均值（M = 4.74）在三类家庭大学生的均值中最低，中等收入家庭大学生的均值（M = 4.80）次之，高收入家庭大学生的均值（M = 4.85）则最高，且差异显著（F = 47.94，p < 0.01）；在情感力上，低收入家庭大学生的均值（M = 4.70）在三类家庭大学生的均值中最低，中等收入家庭大学生的均值（M = 4.74）次之，高收入家庭大学生的均值（M = 4.77）则最高，且差异显著（F = 18.49，p < 0.01）。

表4-23　　　　不同家庭经济收入大学生学习力各要素的特征

学习力	高校类型	人数	均值	标准差	F值	事后检验
学习驱动力	1. 低收入家庭	10575	4.62	0.88	24.19**	1<2<3
	2. 中等收入家庭	51462	4.66	0.75		
	3. 高收入家庭	10204	4.70	0.82		
学习策略力	1. 低收入家庭	10575	4.24	0.87	34.96**	2<1<3
	2. 中等收入家庭	51462	4.22	0.78		
	3. 高收入家庭	10204	4.29	0.83		
学习行动力	1. 低收入家庭	10575	4.02	0.94	35.64**	2<1<3
	2. 中等收入家庭	51462	3.99	0.86		
	3. 高收入家庭	10204	4.07	0.90		
知识力	1. 低收入家庭	10575	4.40	1.01	19.62**	1<2<3
	2. 中等收入家庭	51462	4.43	0.90		
	3. 高收入家庭	10204	4.48	0.95		
认知力	1. 低收入家庭	10575	4.69	0.90	42.84**	1<2<3
	2. 中等收入家庭	51462	4.74	0.78		
	3. 高收入家庭	10204	4.79	0.83		

续表

学习力	高校类型	人数	均值	标准差	F值	事后检验
技能力	1. 低收入家庭	10575	4.74	0.92	47.94**	1<2<3
	2. 中等收入家庭	51462	4.80	0.79		
	3. 高收入家庭	10204	4.85	0.85		
情感力	1. 低收入家庭	10575	4.70	0.91	18.49**	1<2<3
	2. 中等收入家庭	51462	4.74	0.80		
	3. 高收入家庭	10204	4.77	0.86		

注：* $p<0.05$；** $p<0.01$。

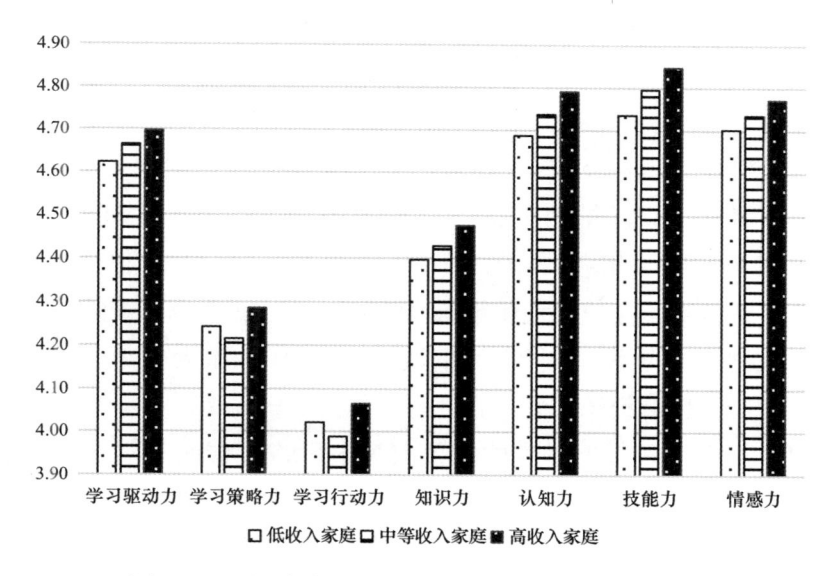

图 4-6 不同家庭经济收入大学生学习力各要素的特征

结合表 4-23 和图 4-6 可知，高收入家庭的大学生在学习力七要素上的均值都是三类家庭大学生中均值最高的；中等收入家庭的大学生除了在学习策略力和学习行动力上的均值显著低于低收入家庭的大学生以外，在其他要素的均值都显著高于低收入家庭大学生的均值，且中等收入家庭大学生在学习力七要素的标准差都是三类家庭大学生中最低的，说明中等收入家庭大学生间的差异是三类家庭大学生间的差异最小的,而高收入家庭大学生间的差异次之,低收入家庭大学生间的差异最大。

(四) 不同年级大学生学习力要素的特征

表4-24反映了不同年级大学生的学习力各要素特征。从中可以看出,在学习驱动力上,大四及以上学生的均值(M=4.78)在所有年级中最高,大三学生的均值(M=4.68)次之,大一学生的均值(M=4.63)和大二学生的均值(M=4.64)都显著低于大三和大四及以上学生的均值($F=87.56, p<0.01$);在学习策略力上,大四及以上学生的均值(M=4.38)在所有年级中最高,大三学生的均值(M=4.22)和大一学生的均值(M=4.21)次之,而大二学生的均值(M=4.20)又显著低于大三学生的均值($F=118.33, p<0.01$);在学习行动力上,大四及以上学生的均值(M=4.22)在所有年级中最高,大三学生的均值(M=4.03)次之,大二学生的均值(M=3.97)排第三,大一学生的均值(M=3.93)在所有年级中最低($F=240.61, p<0.01$);在知识力上,大四及以上学生的均值(M=4.56)在所有年级中最高,大一学生的均值(M=4.46)次之,且大三学生的均值(M=4.39)和大二学生的均值(M=4.38)又显著低于大一学生的均值($F=96.20, p<0.01$);在认知力上,大四及以上学生的均值(M=4.85)在所有年级中最高,大三学生的均值(M=4.74)和大一学生的均值(M=4.73)次之,而大二学生的均值(M=4.70)显著低于大三和大一学生的均值($F=73.52, p<0.01$);在技能力上,大四及以上学生的均值(M=4.91)在所有年级中最高,大三学生的均值(M=4.80)和大一学生的均值(M=4.79)次之,而大二学生的均值(M=4.75)显著低于大三和大一学生的均值($F=73.92, p<0.01$);在情感力上,大四及以上学生的均值(M=4.86)在所有年级中最高,大三学生的均值(M=4.74)和大一学生的均值(M=4.72)次之,而大二学生的均值(M=4.70)显著低于大三和大一学生的均值($F=81.88, p<0.01$)。

表 4-24　　　　　不同年级大学生学习力各要素的特征

学习力	年级	人数	均值	标准差	F 值	事后检验
学习驱动力	1. 大一	25339	4.63	0.75	87.56**	1<3<4 2<3<4
	2. 大二	20537	4.64	0.80		
	3. 大三	17735	4.68	0.79		
	4. 大四及以上	8630	4.78	0.78		
学习策略力	1. 大一	25339	4.21	0.78	118.33**	1<4 2<3<4
	2. 大二	20537	4.20	0.81		
	3. 大三	17735	4.22	0.81		
	4. 大四及以上	8630	4.38	0.80		
学习行动力	1. 大一	25339	3.93	0.88	240.61**	1<2<3<4
	2. 大二	20537	3.97	0.88		
	3. 大三	17735	4.03	0.87		
	4. 大四及以上	8630	4.22	0.85		
知识力	1. 大一	25339	4.46	0.90	96.20**	2<1<4 3<1<4
	2. 大二	20537	4.38	0.94		
	3. 大三	17735	4.39	0.94		
	4. 大四及以上	8630	4.56	0.92		
认知力	1. 大一	25339	4.73	0.79	73.52**	2<1<4 2<3<4
	2. 大二	20537	4.70	0.82		
	3. 大三	17735	4.74	0.81		
	4. 大四及以上	8630	4.85	0.80		
技能力	1. 大一	25339	4.79	0.81	73.92**	2<1<4 2<3<4
	2. 大二	20537	4.75	0.84		
	3. 大三	17735	4.80	0.83		
	4. 大四及以上	8630	4.91	0.80		
情感力	1. 大一	25339	4.72	0.81	81.88**	2<1<4 2<3<4
	2. 大二	20537	4.70	0.84		
	3. 大三	17735	4.74	0.83		
	4. 大四及以上	8630	4.86	0.81		

注：* $p<0.05$；** $p<0.01$。

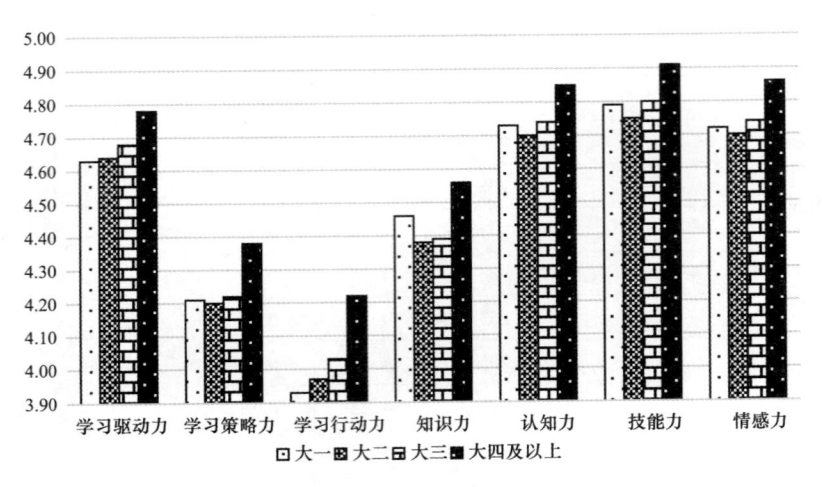

图 4-7 不同年级大学生学习力各要素的特征

结合表 4-24 和图 4-7 可知，大四及以上学生在学习力七要素的均值都是所有年级中最高的，且方差检验显示差异显著；各年级只有在学习驱动力和学习行动力上呈现出显著的年级趋势，即随着年级的升高，学生的均值也逐渐升高，而在其他要素中，都显示出明显的"大二现象"，即"大二阶段是学生进入大学后的转折期，也是整个大学阶段学生发展研究的薄弱环节"[1]，在以往的多个研究中均有相关发现。

（五）不同学科大学生学习力要素的特征

表 4-25 反映了不同学科大学生学习力各要素的特征。从中可以看出，在学习驱动力上，各学科大学生的均值并没有显著差异（F=1.52，p>0.05）；在学习策略力上，文史哲类学生的均值（M=4.27）在所有学科中最高，工农医学类学生的均值（M=4.24）和理学类学生的均值（M=4.22）次之，而社会科学类学生的均值（M=4.19）显著低于工农医学类学生（F=27.07，p<0.01）；在学

---

[1] 杨钋等：《"转折"：二年级学生发展的主题词——基于北京高校学生发展调查数据的实证分析》，《清华大学教育研究》2013 年第 3 期。

习行动力上，文史哲类学生的均值（M = 4.10）在所有学科中最高，社会科学类学生的均值（M = 3.99）和工农医学类学生的均值（M = 3.99）次之，理学类学生的均值（M = 3.95）在所有学科中最低（F = 65.15，p < 0.01）；在知识力上，文史哲类学生的均值（M = 4.45）显著高于社会科学类学生的均值（M = 4.42），其他学科的均值之间不存在显著差异（F = 4.17，p < 0.01）；在认知力上，工农医学类学生的均值（M = 4.75）和理学类学生的均值（M = 4.75）显著高于社会科学类学生的均值（M = 4.72），而其他学科的均值之间不存在显著差异（F = 8.58，p < 0.01）；在技能力和情感力上，不同学科学生的均值均不存在显著差异，其中技能力的学科差异虽然显著（F = 2.44，p < 0.05），但在事后检验中并没有发现差异。

表 4 - 25　　　　　不同学科大学生学习力各要素的特征

学习力	学科	人数	均值	标准差	F 值	事后检验
学习驱动力	1. 文史哲类	11830	4.67	0.77	1.52	无
	2. 社会科学类	23430	4.66	0.77		
	3. 理学类	5010	4.64	0.77		
	4. 工农医学类	31971	4.66	0.79		
学习策略力	1. 文史哲类	11830	4.27	0.79	27.07**	2 < 4 < 1
	2. 社会科学类	23430	4.19	0.79		3 < 1
	3. 理学类	5010	4.22	0.78		
	4. 工农医学类	31971	4.24	0.81		
学习行动力	1. 文史哲类	11830	4.10	0.84	65.15**	3 < 4 < 1
	2. 社会科学类	23430	3.99	0.86		3 < 2 < 1
	3. 理学类	5010	3.95	0.88		
	4. 工农医学类	31971	3.99	0.90		
知识力	1. 文史哲类	11830	4.45	0.92	4.17**	2 < 1
	2. 社会科学类	23430	4.42	0.92		
	3. 理学类	5010	4.41	0.91		
	4. 工农医学类	31971	4.44	0.94		

续表

学习力	学科	人数	均值	标准差	F值	事后检验
认知力	1. 文史哲类	11830	4.74	0.81	8.58**	2<3 2<4
	2. 社会科学类	23430	4.72	0.81		
	3. 理学类	5010	4.75	0.78		
	4. 工农医学类	31971	4.75	0.81		
技能力	1. 文史哲类	11830	4.79	0.83	2.44*	无
	2. 社会科学类	23430	4.79	0.82		
	3. 理学类	5010	4.81	0.79		
	4. 工农医学类	31971	4.80	0.82		
情感力	1. 文史哲类	11830	4.75	0.83	2.42	无
	2. 社会科学类	23430	4.73	0.82		
	3. 理学类	5010	4.73	0.79		
	4. 工农医学类	31971	4.74	0.83		

注：* $p<0.05$；** $p<0.01$。

结合表 4-25 和图 4-8 可知，不同学科大学生学习策略力和学习行动力上存在较显著的差异，且均表现为文史哲类学生的均值在所有学科中最高，而学习力的其他各要素学科的差异不大。

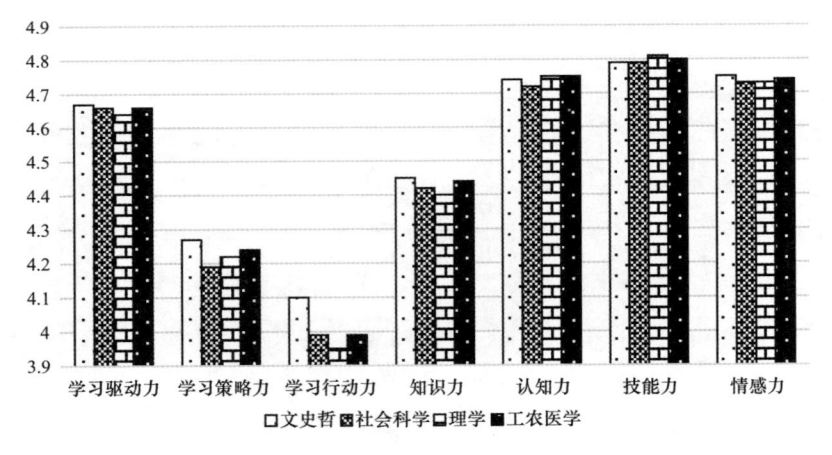

图 4-8　不同学科大学生学习力各要素的特征

（六）不同高校类型大学生学习力要素的特征

表4-26反映了不同类型高校大学生学习力各要素现状。从中可以看出，在学习驱动力上，"一流大学"建设高校的大学生均值（M=4.73）高于"一流学科"建设高校大学生的均值（M=4.67）和一般本科高校大学生的均值（M=4.66），且差异显著（F=14.80，p<0.01）；在学习策略力上，"一流大学"建设高校的大学生均值（M=4.23）和一般本科高校大学生的均值（M=4.24）分别高于"一流学科"建设高校大学生的均值（M=4.15），且差异显著（F=58.77，p<0.01）；在学习行动力上，一般本科高校大学生的均值（M=4.02）分别高于"一流大学"建设高校大学生的均值（M=3.94）和"一流学科"建设高校大学生的均值（M=3.91），且差异显著（F=77.10，p<0.01）；在知识力上，"一流大学"建设高校大学生的均值（M=4.51）在所有类型高校大学生的均值中最高，一般本科高校大学生的均值（M=4.43）次之，而"一流学科"建设高校大学生的均值（M=4.40）则最低，且差异显著（F=14.79，p<0.01）；在认知力上，"一流大学"建设高校大学生的均值（M=4.85）在所有类型高校大学生的均值中最高，"一流学科"建设高校大学生的均值（M=4.76）次之，而一般本科高校大学生的均值（M=4.73）则最低，且差异显著（F=38.25，p<0.01）；在技能力上，"一流大学"建设高校大学生的均值（M=4.87）在所有类型高校大学生的均值中最高，"一流学科"建设高校大学生的均值（M=4.81）次之，一般本科高校大学生的均值（M=4.79）则最低，且差异显著（F=16.15，p<0.01）；在情感力上，"一流大学"建设高校大学生的均值（M=4.82）在所有类型高校大学生的均值中最高，"一流学科"建设高校大学生的均值（M=4.75）次之，一般本科高校大学生的均值（M=4.73）则最低，且差异显著（F=18.63，p<0.01）。

表4-26　　　　　　不同类型高校大学生学习力各要素的特征

学习力	高校类型	人数	均值	标准差	F值	事后检验
学习驱动力	1. "一流大学"建设高校	3183	4.73	0.77	14.80**	2<1 3<1
	2. "一流学科"建设高校	9253	4.67	0.72		
	3. 一般本科高校	59805	4.66	0.79		
学习策略力	1. "一流大学"建设高校	3183	4.23	0.80	58.77**	2<1 2<3
	2. "一流学科"建设高校	9253	4.15	0.75		
	3. 一般本科高校	59805	4.24	0.81		
学习行动力	1. "一流大学"建设高校	3183	3.94	0.86	77.10**	1<3 2<3
	2. "一流学科"建设高校	9253	3.91	0.84		
	3. 一般本科高校	59805	4.02	0.88		
知识力	1. "一流大学"建设高校	3183	4.51	0.94	14.79**	2<3<1
	2. "一流学科"建设高校	9253	4.40	0.88		
	3. 一般本科高校	59805	4.43	0.93		
认知力	1. "一流大学"建设高校	3183	4.85	0.82	38.25**	3<2<1
	2. "一流学科"建设高校	9253	4.76	0.77		
	3. 一般本科高校	59805	4.73	0.81		
技能力	1. "一流大学"建设高校	3183	4.87	0.84	16.15**	2<1 3<1
	2. "一流学科"建设高校	9253	4.81	0.77		
	3. 一般本科高校	59805	4.79	0.83		
情感力	1. "一流大学"建设高校	3183	4.82	0.84	18.63**	2<1 3<1
	2. "一流学科"建设高校	9253	4.75	0.78		
	3. 一般本科高校	59805	4.73	0.83		

注：* $p<0.05$；** $p<0.01$。

结合表4-26和图4-9可知，"一流大学"建设高校的大学生除了在学习行动力的均值显著低于一般本科高校大学生的均值之外，在其他要素上的均值都是三类高校均值中最高的；在学习策略力、学习行动力和知识力上，一般本科高校大学生的均值显著高于"一流学科"建设高校大学生的均值；在认知力上，"一流学科"建设高校大学生的均值反超了一般本科高校大学生的均值,在学习驱动力、技能力和情感力上,二者没有显著差异。

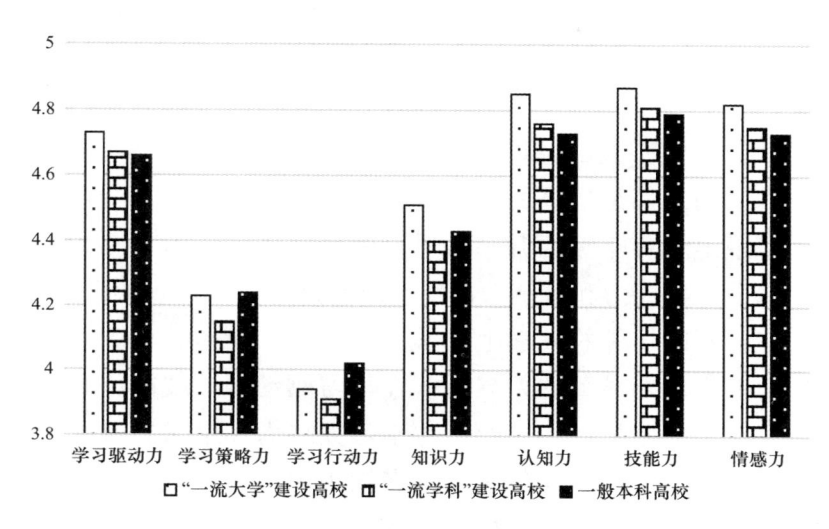

图 4-9 不同类型高校大学生学习力各要素的特征

（七）小结

不同群体的大学生在学习力各要素的均值上表现出不同的特征。

第一,不同性别的大学生在学习驱动力、学习策略力、学习行动力、知识力、认知力和情感力上都表现出显著的差异性。其中,男生在学习策略力、学习行动力、知识力和认知力上的均值显著高于女生,而女生则在学习驱动力和情感力上的均值显著高于男生,并且男生的个体差异普遍大于女生的个体差异。

第二,来自不同生源地的大学生在学习力七个要素上的均值都表现出显著的差异性,并且均表现出城市学生的均值显著高于农村学生的均值,个体差异也普遍大于农村学生的个体差异。

第三,不同家庭背景的大学生在学习力七个要素上的均值都表现出显著的差异性。其中,父母接受过高等教育大学生的均值显著高于父母未接受高等教育大学生的均值,且父母接受过高等教育大学生间的个体差异也要大于父母未接受高等教育的大学生;不同家庭经济收入大学生间的差异表现为高收入家庭大学生在学习力七个要素的均值在三类家庭中最高，而中等收入家庭大学生只有在学习策略力和学习行动力上显著低于低收入家庭大学生的均值，在其他五个要素上的均值则显著高于低收入家庭大学生的均值。

第四，不同年级的大学生在学习力七要素上也都表现出了显著的差异性。其中，大四及以上学生在所有年级的学生中表现最佳，在七要素的均值都是最高的。此外，除了学习驱动力和学习行动力的均值呈现出随着年级的升高而升高的趋势外，学习策略力、知识力、认知力、技能力和情感力都呈现出明显的"大二现象"。

第五，不同学科的大学生在学习策略力、学习行动力、知识力和认知力上表现出显著的差异性，在学习驱动力、技能力和情感力上则没有显著的差异性。其中，在学习策略力和学习行动力上，均表现出文史哲类学生的均值最高；在知识力上，表现出社科类学生的均值显著低于文史哲类学生的均值；在认知力上则表现出社会科学类学生的均值显著低于理学和工农医学类学生的均值。

第六，不同类型高校大学生在学习力的七要素上也表现出了显著的差异性。其中，"一流大学"建设高校的大学生除了在学习行动力上的均值显著低于一般本科高校大学生的均值以外，在其他要素的均值都是三类高校大学生的均值中最高的。"一流学科"建设高校大学生在认知力上的均值显著高于一般本科高校大学生的均值，而一般本科高校大学生的均值则在学习策略力、学习行动力和知识力上的均值显著高于"一流学科"建设高校大学生的均值。

三 结果与讨论

通过对中国大学生学习力各要素的总体情况、具体情况以及对不同类别大学生学习力各要素的特征进行分析后发现，中国大学生学习力各要素的现状呈现出以下几个特点。

首先，中国大学生学习力的整体面貌呈现积极的态势，但各要素的发展不均衡。在总体情况分析中，学习力各要素的均值分析都呈现出较高的水平，显示了中国大学生学习力的总体水平是较好的。但是，在具体分析七个要素及其维度时，发现各要素的均值存在一些差异。将大学生学习力七要素的各维度按同意度百分比的情况分成三个层次，那么，在第一层次的是学习驱动力中的应用驱动力维度、技能力、认知力和情感力。尤其是应用驱动力的同意度百分比已经超过了80%，说明中国大学生对学习的应用价值有着较为普遍的共识，并且对大学的学习能够带来认知、技能和情感等方面能力的变化也获得普遍的认可；在第二层次的是意义驱动力、认知策略力、调控策略力、同伴互动和知识力方面，同意度百分比集中在60%—70%，2/3左右的学生认为自己的学习是意义导向的学习，由兴趣、好奇心驱动，并且能够在学习过程中运用认知策略和调控策略，积极地与同伴互动，并获得知识的积累；在第三层次的是学习行动力的学术性参与维度，同意度百分比不到60%，是学习力所有要素中均值最低的维度，说明中国大学生在积极参与课堂讨论、课外的学术活动以及与教师的互动方面有待进一步提升。

其次，不同群体的大学生在学习力各要素的均值上表现出显著的差异性。具体表现为：在性别差异方面，男生在学习策略力、学习行动力方面的表现优于女生，在知识方面的积累也要多于女生，但在学习驱动力方面的表现和情感力的提升方面却又不如女生，这与已有研究发现"女大学生的成就动机高于男大学生"[1] 以及"女性更愿意表达自己的情感，而男性则不大愿意暴露情感"[2] 一致。

在生源地差异方面，城市学生在学习力七个要素的均值上都显著优于农村学生。这与以往的研究有所不同，权小娟、边燕杰发现，

---

[1] 张会平、李虹：《大学生动机缺失状况的调查研究》，《清华大学教育研究》2006年第S1期。

[2] Burke, R., & Weir, T., "Sex Differences in Adolescent Life Stress, Social Support, and Well-Being," *The Journal of Psychology*, Vol. 98, 1978, pp. 277–288.

"相对于城市学生，农村学生的学习成绩更好，学习能力更强"①。这可能与调查内容的侧重点不同有关，本书提出的学习力不仅仅是学生的学习能力，更突出的是系统的概念，是学习过程的能力、能量的综合体。事实上，权小娟和边燕杰也指出，"城市学生的父辈文化优势和资源优势正在转化成为其子女成为未来精英的发展优势"②。当然，生源地是否对大学生学习力存在显著影响还有待后续研究的进一步考察。

在家庭背景差异方面，家庭经济收入越好、父母接受过高等教育的学生在学习力七个要素上的均值会更高。杰汗吉尔对美国一所大学的第一代大学生进行了访谈研究，"发现这些学生多来自低收入家庭，对于他们来说融入大学生活需要一个改变自己以适应学术氛围的过程，学校和家庭中的被区隔感也使他们要不断地在各种身份认同之间进行斗争和调整"③。"这种身份之间的挣扎与调整会给大学生带来文化资本重建的不安，且之前的家庭教育也使得他们更有可能遇到学习困难，而家庭背景较好的学生往往在之前的学校教育和家庭社会化中形成了对学习较为灵活和宽泛的定义，他们在大学中的表现往往更容易强化他们的竞争优势。"④ 这也就不难理解家庭背景较好的学生在学习力各因素的均值优于家庭背景处于劣势的学生。

在年级差异方面，大四及以上学生在所有年级学生中表现最佳，七要素的均值都是最高的，而学习策略力、知识力、认知力、技能

---

① 权小娟、边燕杰：《城乡大学生在校表现比较研究》，《中国青年研究》2017年第3期。

② 权小娟、边燕杰：《城乡大学生在校表现比较研究》，《中国青年研究》2017年第3期。

③ Jehangir, R. R., *Higher Education and First-Generation Students: Cultivating Community, Voice, and Place for the New Majority* (1st ed.)，转引自张玉婷《象牙塔里有高墙——基于大学生高等教育体验的质性研究》，《教育学术月刊》2017年第8期。

④ 张玉婷：《象牙塔里有高墙——基于大学生高等教育体验的质性研究》，《教育学术月刊》2017年第8期。

力和情感力都出现了明显的"大二现象"。这与以往的研究一致。杨钋等人将"二年级概括为整个大学阶段发展的薄弱环节,是重要的转折阶段,这一阶段的学生除了感受到来自学业的挑战,也面对着独立性、自我管理与调节等方面的压力"[1],李虹研究发现,"大二学生的压力确实是所有学生中最大的,这些都是造成'二年级现象'的重要原因"[2]。

在学科差异方面,不同学科的大学生在学习策略力、学习行动力、知识力和认知力表现出显著差异,且在学习策略力和学习行动力方面,文史哲类学生的均值最高,而知识力方面则表现出社会科学类学生的均值显著低于文史哲类学生的均值,在认知力上又表现出社会科学类学生的均值显著低于理学和工农医学类学生的均值。这与张湘韵的研究结果较为一致,"文史哲类学生在学习效率与持续性维度均值最高,而社会科学类学生在学习效率与持续性维度、创新思维等方面均值都为最低,表现出社会科学类学生在知识与认知方面的提升表现得不尽如人意"[3]。

在院校差异方面,不同类型高校大学生在学习力的七要素上均表现出了显著的差异性,"一流大学"建设高校的大学生除了学习行动力的均值显著低于一般本科高校大学生的均值以外,其他要素的均值都是三类高校大学生均值中最高的,这说明中国"一流大学"建设高校的大学生在学习力各要素上的表现较为突出。"一流学科"建设高校的大学生在认知力上的均值显著高于一般本科高校大学生的均值,但在学习策略力、学习行动力和知识力上的均值又显著低于一般本科高校大学生的均值,对比而言,"一流学科"建设高校的大学生在学习的产出力上的表现更为突出,在学习过程的表现则略

---

[1] 杨钋等:《"转折":二年级学生发展的主题词——基于北京高校学生发展调查数据的实证分析》,《清华大学教育研究》2013年第3期。

[2] 李虹:《大学校园压力的年级和性别差异比较研究》,《清华大学教育研究》2004年第2期。

[3] 张湘韵:《我国大学生人际交往对学习力的影响研究》,前言。

逊一筹。

最后，虽然不同类别大学生在学习力各要素上的均值呈现出不同的特点，但是，这些因素是否会显著影响大学生学习力结构还有待进一步探讨。后文将对上述各因素对大学生学习力模型的影响做进一步的分析和讨论。

第二节　中国大学生学习力的实证模型分析

在完成了对中国大学生学习力各要素基本情况的分析之后，本节内容将对各要素的相互关系展开分析，并最终完成对学习力理论模型的验证，建构起中国大学生学习力的实证模型。因此，本节内容主要包括四个方面的内容：第一，对中国大学生学习力的各要素进行相关分析；第二，在相关分析的基础上，根据前文的大学生学习力理论模型提出研究假设；第三，运用调查数据对研究假设进行验证，并最终形成中国大学生学习力的实证模型；第四，总结中国大学生学习力实证模型的特征并讨论。

一　中国大学生学习力要素的相关分析

由于大学生学习力各要素均属于连续变量，且样本呈正态分布，符合"积差相关分析的要求"①，因此可以对中国大学生学习力各要素进行积差相关分析。通过对中国大学生学习力七个要素进行积差相关分析，得到了各要素的皮尔逊相关系数（以下简称相关系数）如表4-27所示。

---

① 王孝玲：《教育统计学》，华东师范大学出版社2006年版，第198页。

表4-27　　　　　中国大学生学习力七个要素的相关分析

	意义驱动力	应用驱动力	认知策略力	调控策略力	学术性参与	同伴互动	知识力	认知力	技能力	情感力
意义驱动力	1.00									
应用驱动力	0.61**	1.00								
认知策略力	0.57**	0.48**	1.00							
调控策略力	0.61**	0.35**	0.62**	1.00						
学术性参与	0.46**	0.22**	0.43**	0.57**	1.00					
同伴互动	0.54**	0.40**	0.55**	0.62**	0.59**	1.00				
知识力	0.52**	0.40**	0.49**	0.56**	0.54**	0.66**	1.00			
认知力	0.47**	0.47**	0.54**	0.47**	0.44**	0.61**	0.73**	1.00		
技能力	0.46**	0.47**	0.51**	0.46**	0.44**	0.62**	0.70**	0.85**	1.00	
情感力	0.49**	0.48**	0.53**	0.49**	0.45**	0.63**	0.74**	0.89**	0.83**	1.00

注：* $p<0.05$；** $p<0.01$。

由表4-27的分析结果可知，中国大学生学习力的七个要素显著相关。其中，学习驱动力的意义驱动力与应用驱动力、学习策略力的认知策略力和调控策略力、学习行动力的学术性参与和同伴互动、知识力、认知力、技能力、情感力的相关系数分别为0.61、0.57、0.61、0.46、0.54、0.52、0.47、0.46、0.49，均介于0.40—0.70，属于中度相关；① 学习驱动力的应用驱动力与学习策略力的认知策略力和调控策略力、学习行动力的学术性参与和同伴互动、知识力、认知力、技能力和情感力的相关系数分别为0.48、0.35、0.22、0.40、0.40、0.47、0.47、0.48，其中应用驱动力与调控策略力和学术性参与的相关系数低于0.40，属于低度相关，而其他的相关系数均介于0.40—0.70，属于中度相关；学习策略力的认知策略力与调控策略

---

① 相关系数 $r<0.40$，关联程度为低度相关；$0.40 \leq r \leq 0.70$，关联程度为中度相关；$r>0.70$ 属于高度相关。详见吴明隆《问卷统计分析实务——SPSS操作与应用》，第329页。

力、学习行动力的学术性参与和同伴互动、知识力、认知力、技能力和情感力的相关系数分别为 0.62、0.43、0.55、0.49、0.54、0.51、0.53，均介于 0.40—0.70 之间，属于中度相关；学习策略力的调控策略力与学习行动的学术性参与和同伴互动、知识力、认知力、技能力和情感力的相关系数分别为 0.57、0.62、0.56、0.47、0.46、0.49，均介于 0.40—0.70 之间，属于中度相关；学习行动力的学术性参与与同伴互动、知识力、认知力、技能力和情感力的相关系数分别为 0.59、0.54、0.44、0.44、0.45，均介于 0.40—0.70 之间，属于中度相关；学习行动力的同伴互动与知识力、认知力、技能力和情感力的相关系数分别为 0.66、0.61、0.62、0.63，均介于 0.40—0.70 之间，属于中度相关；知识力与认知力、技能力和情感力的相关系数分别为 0.73、0.70、0.74，其中与认知力和情感力的相关系数大于 0.70，属于高度相关，而与技能力的相关系数等于 0.70，属于中度相关；认知力与技能力和情感力的相关系数分别为 0.85、0.89，均大于 0.70，属于高度相关；技能力和情感力的相关系数为 0.83，大于 0.70，属于高度相关。

虽然大学生学习力七个要素间的相关显著，但是相关分析只说明了大学生学习力七个要素之间存在关系，至于具体关系的方向、系数的大小问题尚不明确，这就需要根据理论需要进行数据分析。

二 中国大学生学习力实证模型的研究假设

在本书第二章的理论分析中，笔者已经提出了大学生学习力的理论模型，[①] 即把大学生学习力看作一个动态系统，学生在学习驱动力的驱动下，在学习策略力的作用下，通过学习行动力外化学生与外部环境的互动，最后形成知识、认知、技能和情感方面的变化，又反馈给学生个体，形成新的力量影响新一轮学习（见图 4-10）。

---

① 具体推理过程前文已述，此处不再赘述。

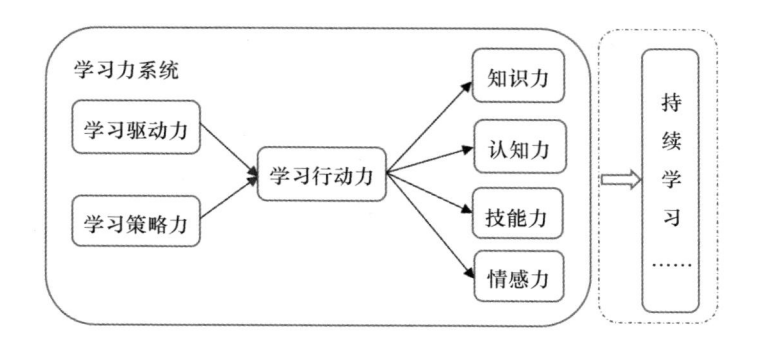

图 4 - 10　大学生学习力的理论模型

根据大学生学习力的理论模型，提出研究的假设如下所示。

假设 H1：学习驱动力显著正向影响学习行动力。学习驱动力有两个维度，因此 H1 又可分解为 H1a：意义驱动力显著正向影响学习行动力；H1b：应用驱动力显著正向影响学习驱动力；

假设 H2：学习策略力显著正向影响学习行动力。学习策略力也有两个维度，因此 H2 又可分解为 H2a：认知策略力显著正向影响学习行动力；H2b：调控策略力显著正向影响学习行动力；

假设 H3：学习行动力显著正向影响知识力；

假设 H4：学习行动力显著正向影响认知力；

假设 H5：学习行动力显著正向影响技能力；

假设 H6：学习行动力显著正向影响情感力。

虽然学习行动力也有两个维度，但是由于学习行动力是内生变量，即"影响自身的因素在模型之内，在路径图上表现为有箭头指向的变量"[1]，按照维度/因子分析会增加模型的复杂性。"二阶模型可以简化复杂的测量模型，[2] 前提是一阶模型拟合较好，并且同时满足二阶负荷较高，且二阶模型与一阶模型相比，拟合并未显著恶化

---

[1] 王孟成：《潜变量建模与 Mplus 应用·基础篇》，第 5 页。
[2] 当一阶 CFA 模型拟合数据较好时，出于模型简化或理论考虑，有时使用一个高阶因子去解释低阶因子间的相关，即用高阶模型替代低阶模型。

两个条件。"① 在本书中,学习行动力的二阶模型拟合情况良好,GFI = 0.967 > 0.9,CFI = 0.970 > 0.9,RMSEA = 0.075 < 0.08,SRMR = 0.042 < 0.08（n = 72380）,且二阶模型的因素载荷量分别为0.80、0.82,均大于0.7,因素载荷达到标准,拟合指数相较于一阶模型而言没有发生变化,满足二阶模型的建构条件。因此,本书在接下来的结构方程模型中,将用二阶模型来分析学习行动力。

三 中国大学生学习力实证模型的验证

为了检验大学生学习力理论模型的合理性,本书运用结构方程模型技术对理论模型进行检验。本书使用 Mplus 进行结构方程模型分析,采用的是极大似然估计（Maximum Likelihood, ML）,② 得出拟合指数的结果如下：CFI = 0.946 > 0.9,TLI = 0.942 > 0.9,RMSEA = 0.048 < 0.08,SRMR = 0.078 < 0.08。根据拟合指标良好的标准,本书的结构方程模型的拟合指数均达到了拟合优度模型的水平,这表明该模型的建立是合理的。具体的模型检验结果见表4-28。

表4-28　　　　　　结构方程模型的假设检验结果

变量关系		标准化路径系数	假设是否成立
学习驱动力→学习行动力	意义驱动力→学习行动力	0.173**	H1a 成立
	应用驱动力→学习行动力	0.120**	H1b 成立
学习策略力→学习行动力	认知策略力→学习行动力	0.237**	H2a 成立
	调控策略力→学习行动力	0.430**	H2b 成立

---

① 王孟成：《潜变量建模与 Mplus 应用·基础篇》,第127页。

② ML 是最常用的参数估计法,也是绝大多数结构方程建模软件默认的参数估计法。当因变量为连续变量时,也是 Mplus 默认的参数估计法。详见王孟成《潜变量建模与 Mplus 应用·基础篇》,第22页。

续表

变量关系	标准化路径系数	假设是否成立
学习行动力→知识力	0.800**	H3 成立
学习行动力→认知力	0.752**	H4 成立
学习行动力→技能力	0.739**	H5 成立
学习行动力→情感力	0.763**	H6 成立

注：* $p<0.05$；** $p<0.01$。

由表 4-28 的假设检验结果可知，本书的六个假设均获得数据结果的支持。具体而言，意义驱动力与学习行动力的标准化路径系数为 0.17（$p<0.001$），说明意义驱动力显著正向影响学习行动力，且意义驱动力每提高 1 个单位，学习行动力提高 0.17 个单位；应用驱动力与学习行动力的标准化路径系数为 0.12（$p<0.001$），说明应用驱动力显著正向影响学习行动力，且应用驱动力每提高 1 个单位，学习行动力提高 0.12 个单位；认知策略力与学习行动力的标准化路径系数为 0.24（$p<0.001$），说明认知驱动力显著正向影响学习行动力，且认知策略力每提高 1 个单位，学习行动力提高 0.24 个单位；调控策略力与学习行动力的标准化路径系数为 0.43（$p<0.001$），说明调控策略力显著正向影响学习行动力，且调控策略力每提高 1 个单位，学习行动力提高 0.46 个单位；学习行动力与知识力的标准化路径系数为 0.80（$p<0.001$），说明学习行动力显著正向影响知识力，且学习行动力每提高 1 个单位，知识力提高 0.80 个单位；学习行动力与认知力的标准化路径系数为 0.75（$p<0.001$），说明学习行动力显著正向影响认知力，且学习行动力每提高 1 个单位，认知力提高 0.75 个单位；学习行动力与技能力的标准化路径系数为 0.74（$p<0.001$），说明学习行动力显著正向影响技能力，且学习行动力每提高 1 个单位，技能力提高 0.74 个单位；学习行动力与情感力的标准化路径系数为 0.76（$p<$

0.001），说明学习行动力显著正向影响情感力，且学习行动力每提高1个单位，情感力提高0.76个单位。图4-11呈现了中国大学生学习力的结构方程模型。

由表4-28和图4-11可知，在影响学习行动力的四个维度中，调控策略力对学习行动力的影响效应最大，认知策略力次之，也就是说，学习策略力对学习行动力的影响效应要大于学习驱动力对学习行动力的影响效应。具体到各要素内部：在学习驱动力的二维度中，意义驱动力对学习行动力的影响效应要大于应用驱动力对学习行动力的影响效应；在学习策略力的二维度中，调控策略力对学习行动力的影响效应要大于认知策略力对学习行动力的影响效应。另外，在学习行动力对知识力、认知力、技能力和情感力的影响中，学习行动力对知识力的影响效应最大，但整体而言，学习行动力对知识力、认知力、技能力和情感力的影响效应都不容小觑。

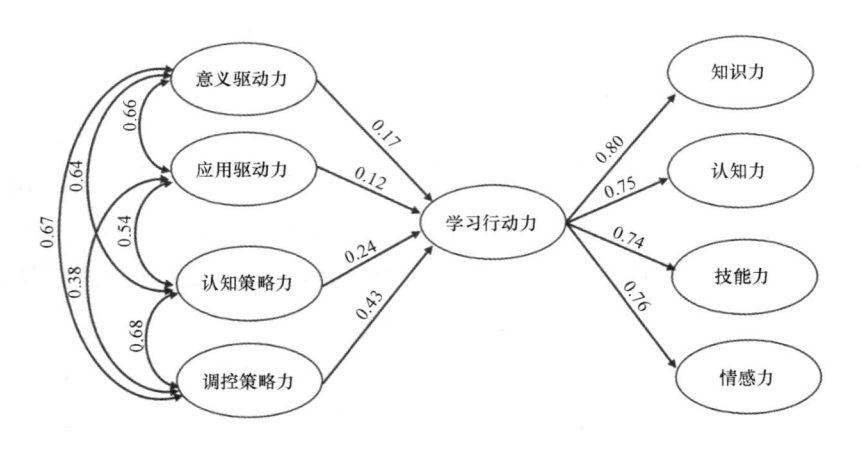

图4-11 中国大学生学习力的结构方程模型

四 结果与讨论

从中国大学生学习力的结构方程模型结果来看，前文提出的大学生学习力的理论模型得到了数据的验证。迪金·克里克曾形容学习力，是"一种无形的能量，无可见却又客观存在，像是电力通过灯泡来发光一样，学习力通过个体的行为、认知、情感等方式表现出来"①。而大学生学习力的结构方程模型就是透过这些形式将这些力量的相互作用的过程形象展现出来。学习驱动力和学习策略力共同影响着学习行动力，并通过学习行动力又作用于知识力、认知力、技能力和情感力。这是一个融合了认知、情感和行为的综合模型。

通过中国大学生学习力的实证模型可知，中国大学生学习力存在以下几个特征：首先，意义驱动力和应用驱动力对学习行动力均具有正向影响效应，但意义驱动力的影响效应比应用驱动力的影响效应大，且意义驱动力与学习策略力的二维度相关性高于应用驱动力与学习策略力的相关性，说明在意义驱动力的作用下，大学生更愿意付出行动参与学习及互动，并且在学习过程中更懂得运用认知策略与调控策略来辅助学习。布萨托等人、林德布洛姆和隆卡等人发现，"意义导向学习模式对学生的学业成就存在显著的积极影响"②。因为意义驱动力强的学生对学习充满好奇和兴趣，他们会试图理解学习内容的意义，发现不同事实或观点之间的关系，将学习材料构建成更大的整体，并批判性地看待所学的知识。而应用驱动力强的学生则不同，他们更在意学习内容与现实世界的联系，他们会思考如何将所学知识运用到实践中去。佛蒙特和维梅滕指出"应用导向学习模式对学生的学习空间有积极影响，以应用为导向学习的学生，自我调节和外部监管同时存在，区别在于学生们赋予所学知识的价值"③。也就是说，对于应用驱动力强的学生而言，学习是

---

① Deakin Crick, R., *Learning Power in Practice: A Guide for Teachers*, p. 1.

② Busato, V. V., et al., "Learning Styles: A Cross-Sectional and Longitudinal Study in Higher Education," *British Journal of Educational Psychology*, Vol. 68, No. 3, 1998, pp. 427 – 441; Lindblom-Ylanne, S., & Lonka, K., "Individual Ways of Interacting with the Learning Environment – Are They Relate to Study Success?" *Learning and Instruction*, Vol. 9, 1999, pp. 1 – 18.

③ Vermunt, J. D., & Vermetten, Y. J., "Patterns in Student Learning: Relationships Between Learning Strategies, Conceptions of Learning, and Learning Orientations," *Educational Psychology Review*, Vol. 16, No. 4, 2004, pp. 359 – 384.

有选择性的，反映在对学习行动力的影响上自然也是有选择性的。

其次，认知策略力与调控策略力均对学习行动力具有正向影响效应，且调控策略力对学习行动力的影响效应大于认知策略力对学习行动力的影响效应。这与调所的发现一致，他认为"能够自我调节学习的学习者，有策略、有目的，能够认真负责对待学习，并且能够系统且恰当地使用动机、认知策略，知道在什么时候应当寻求帮助"[1]。比格斯也发现"具有深层学习方式的学生，能够适时的运用与意义学习相关的精细化学习策略"[2]。也就是说，认知策略力是助力学习的重要内容，但如果光有认知策略力，不知道适时地使用这些认知策略也是无法充分发挥其力量的，还需要掌握调控策略，能够自主地调节自己的学习过程，能够系统且恰当地使用动机、认知策略，也才能知道何时该付出行动。

最后，学习行动力对知识力、认知力、技能力和情感力都有非常显著且重要的积极影响。这一点与大学生学习参与的研究者们结论一致。佩斯提出，"学生有意义的学习参与，具体由学生在学习、与同伴或老师的互动以及把所学知识应用到具体情境中等付出的越多，收获也越大"[3]。杨立军和韩晓玲也发现"大学生在行为、认知、情感的学习投入对教育收获的影响很大"[4]。这就要求中国大学生在学习过程中，要积极地参与到学习活动中去，不仅要积极地参与课堂学习，还要积极地参与课外的学习活动，与老师和同伴积极且良好地互动，并能将所学的知识应用到具体情境中去，这样才能在知识、认知、技能、情感等方面获得提升。

---

[1] Zusho, A., "Toward an Integrated Model of Student Learning in the College Classroom," *Educational Psychology Review*, Vol. 29, 2017, pp. 301 – 324.

[2] Biggs, J. B., *Student Approaches to Learning and Studying*, Melbourne: Australian Council for Educational Research, 1987.

[3] Pace, C. R., *Achievement and the Quality of Student Effort*, National Commission on Excellence in Education, 1982, pp. 1 – 40.

[4] 杨立军、韩晓玲：《大学生学习投入变化趋势及特征——基于校内追踪数据的分析》，《复旦教育论坛》2013 年第 5 期。

第三节　本章小结

本章内容主要是回应研究问题中的第一部分问题，包括对中国大学生学习力各要素的现状分析、中国大学生学习力各要素的相互关系分析以及对大学生学习力理论模型的验证。这是本书的核心问题也是基础问题，只有建构了大学生学习力的实证模型，后续的问题才能进一步展开，因此，本部分内容具有十分重要的理论价值。同时，通过分析中国大学生学习力各要素的现状和相互关系，有利于全面认识中国大学生学习力的现状与结构，为进一步探索促进大学生学习力提升的措施提供实证支持。

第一，中国大学生学习力的整体面貌呈现积极的态势，但各要素的发展不均衡。本书采用描述性分析和聚类分析的统计方法对中国大学生学习力七个要素分别展开了分析，实证结果显示，七个要素的均值都较高，呈现出积极的态势；但在七个要素的具体分析中，可以将结果分成三个发展层次，第一层次是学生的技能力、认知力、情感力和学习驱动力中的应用驱动力维度，第二层次是意义驱动力、认知策略力、调控策略力、学习行动力的同伴互动和知识力，第三层次是学习行动力中的学术性参与。也就是说，中国大学生在积极参与课堂讨论、课外的学术活动以及与教师的互动等方面还有较大的进步空间。综合而言，学习行动力是学习力七个要素中最需要提高的要素，而其他要素也需要在原有基础上继续发展。

第二，不同群体的大学生在学习力各要素的均值上表现出不同的特征。本书采用平均值差异分析的统计方法对不同类别大学生的学习力各要素的均值进行了差异检验，实证结果显示，男生在学习策略力、学习行动力、知识力的均值显著高于女生，而女生则在学习驱动力、情感力的均值显著高于男生；城市学生在学习力七个要素上的均值都显著高于农村学生；家庭经济收入越好、父母接受过高等教育的学生在学习力七个要素上的均值会更高；大四及以上学生在所有学生中表现最佳，七要素的均值都是最高的，而学习策略力、知识力、认知力、技能力和情感力都出现了明显的"大二"现象；不同学科的大学生在学习策略力、学习行动力、知识力和认知力表现出显著差异，具体表现为，在学习策略力和学习行动力方面，文史哲类学生的均值最高，而知识力方面则表现出社会科学类学生的均值低于文史哲类学生的均值，在认知力上又表现出社会科学类学生的均值显著低于理学和工农医学类学生的均值；"一流大学"建设高校的大学生除了学习行动力的均值显著低于一般本科高校大学生的均值以外，其他要素的均值都是三类高校大学生的均值中最高的。

第三，中国大学生学习力的理论模型得到了数据的验证，即学生在学习驱动力的驱动下，在学习策略力的作用下，通过学习行动力外化学生与外部环境的互动，最后形成知识、认知、技能和情感方面的变化又反馈给学生个体，如此循环的动态系统。总体而言，大学生的学习驱动力、学习策略力都对学习行动力具有正向的预测作用，而学习行动力又对知识力、认知力、技能力和情感力具有正向的预测作用。本书采用结构方程模型对学习驱动力和学习策略力影响学习行动力以及学习行动力影响知识力、认知力、技能力和情感力的主效应进行了检验，实证结果显示，学习驱动力的二维度——意义驱动力和应用驱动力对学习行动力均具有显著正向影响，且意义驱动力的影响效应大于应用驱动力的影响效应，这说明受兴趣、好奇驱动的学习和赋予学习应用价值的学习都能对学生积极参与学习产生影响，但受兴趣、好奇心驱动的学习的影响力更大；学习策略力的二维度——认知策略力和调控策略力对学习行动力均具有显著正向影响，且调控策略力的影响效应大于认知策略力的影响效应，这说明认知策略是助力学习的重要内容，但如果能够自主地调节学习过程，系统并恰当地使用认知策略力，知道何时该付出行动，才能更充分地发挥学习行动力的作用；学习行动力对知识力、认知力、技能力和情感力均具有显著正向影响,这说明学生的学习行动越充分,其在知识、认知、技能、情感等方面的变化或提升也越大,转化为自身储备的能量也越大。

第五章

中国大学生学习力模型的影响因素分析

在大学生学习力的理论分析中,本书已经确定了大学生学习力模型是建立在学生入学前经历的基础上,在宏观学校环境的大背景下,受所学专业、课堂环境等中微观环境影响的系统。因此,本章主要回应研究的第二部分问题,即外部环境对大学生学习力模型的影响情况,包括大学生入学前的经历、中微观的专业与课堂环境以及宏观的学校环境,具体的问题是大学入学前的经历对中国大学生学习力模型的影响如何?专业、课堂环境等中微观环境对中国大学生学习力模型的影响如何?宏观的学校环境对中国大学生学习力模型的影响如何?主要运用多群组结构方程模型和结构方程模型对个体层面因素、中微观环境因素和宏观学校环境因素对中国大学生学习力模型的影响情况进行探讨,并在每部分的最后综合分析各层面因素对大学生学习力模型的影响,最后对分析结果进行讨论和总结。

第一节 个体层面因素对中国大学生学习力模型的影响分析

事实上,在本书的理论基础之一的大学影响理论中,有关大学生入学前的个体因素，阿斯廷、廷托、帕斯卡雷拉、韦德曼等大学影响理论研究的代表性人物均对此有过深入的探讨，[①] 本书总结了诸多模型的特点，将影响大学生学习力个体层面的因素概括为学生的个体特征、家庭背景和高中阶段的学业表现。

在学生的个体特征中，主要考察"学生先赋性因素对大学生学习力的影响，即学生与生俱来的或自然条件下获得的因素，包括性别、生源地"[②]，而家庭背景则包括了父母的受教育程度和家庭经济收入，高中阶段的学业表现以学生自评的综合表现来衡量。[③] 虽然本书的第四章对不同类别大学生学习力各要素的差异进行了检验，并得出不同性别、生源地、家庭背景因素存在显著差异的结论，但是这些因素是否显著影响中国大学生学习力模型仍待进一步检验。因此，结合本书的分析框架，本书提出以下研究假设。

假设 H1：大学生的个体特征显著影响大学生的学习力模型。具体包括假设 H1a，性别因素显著影响大学生的学习力模型；假设 H1b，生源地因素显著影响大学生的学习力模型。

假设 H2：大学生的家庭背景因素显著影响大学生的学习力模型。具体包括假设 H2a，大学生的父亲受教育程度显著影响大学生的学习力模型；假设 H2b，大学生的母亲受教育程度显著影响大学生的学习力模型；假设 H2c，大学生的家庭经济收入显著影响大学生的学习力模型。

假设 H3：大学生在高中阶段的学业表现显著影响大学生的学习力模型。

---

① 详见第二章。
② 汪雅霜、汪霞：《高职院校学生学习投入度及其影响因素的实证研究》，《教育研究》2017 年第 1 期；史秋衡、王芳：《我国大学生就业能力的结构问题及要素调试》，《教育研究》2018 年第 4 期。
③ 也有研究在分析时采用学生的高考成绩作为衡量学生入学前学业表现的指标，但笔者认为高考成绩只是一次学业表现，受多种因素影响，并不能全面呈现学生入学前的学业表现，且在接受调查的学生中也有自主招生入学的学生。综合考虑，笔者采用学生自评的高中综合表现作为衡量学生入学前学业表现的指标。

综上所述，参与分析的变量包括：性别、生源地、父亲受教育程度、母亲受教育程度、家庭经济收入、高中阶段的学业表现。具体变量描述：个体特征因素，性别和生源地均为类别变量，性别为男/女，生源地为城市/农村。在家庭背景因素中，父母受教育程度参照郭建鹏等的编码方式，"以受教育年限的定距变量表示，小学及以下教育程度＝6，初中教育程度＝9，高中或中专教育程度＝12，大专教育程度＝15，大学本科教育程度＝16，硕士教育程度＝19，博士教育程度＝22"[1]，而家庭经济收入以父母月总收入来衡量，分为8个等级：1＝2000元及以下，2＝2001—4000元，3＝4001—6000元，4＝6001—10000元，5＝10001—14000元，6＝14001—20000元，7＝20001—30000元，8＝30001及以上。在入学前的经历中，以高中阶段的学业表现为衡量指标，分为6个等级，具体为1＝很差，2＝差，3＝比较差，4＝比较好，5＝好，6＝很好。

一 个体特征因素的影响分析

根据前文的分析，本部分主要探讨性别和生源地对中国大学生学习力模型的影响。由于性别和生源地为类别变量，且是学生与生俱来的特征，会伴随着学生整个大学的学习过程，笔者将主要探讨性别和生源地对大学生学习力模型的调节效应。根据温忠麟等人的建议，"当调节变量是类别变量时，做分组结构方程模型"[2]。在本书中，性别和生源地均为类别变量，主要通过构建多群组结构方程模型的方式对不同性别和生源地的大学生学习力模型进行分析。

（一）性别因素

分别以男生和女生的数据建立模型，发现模型拟合度均达到可接受水平（男生，CFI＝0.950＞0.90，TLI＝0.946＞0.90，RMSEA＝

---

[1] 郭建鹏等：《大学生课堂体验对学习方式影响的实证研究——基于多水平分析的结果》，《教育研究》2013年第2期。

[2] 温忠麟：《调节效应与中介效应的比较和应用》，《心理学报》2005年第2期。

0.047 < 0.08，SRMR = 0.081 > 0.08，虽然 SRMR 略大于 0.08，但综合所有指标而言，模型拟合度可接受；女生，CFI = 0.942 > 0.90，TLI = 0.938 > 0.90，RMSEA = 0.049 < 0.08，SRMR = 0.076 < 0.08）。在此基础之上，建构多群组结构方程模型对性别的调节作用进行检验。首先，建立四个相互嵌套模型："M1（未限制模型），模型形态相同，各个参数均自由估计；M2，在 M1 的基础上设置测量权重相等的模型；M3，在 M2 的基础上进一步限定大学生学习力模型的路径系数相等的模型；M4，在 M3 的基础上进一步限定大学生学习力模型中的结构协方差相等的模型。"[1] 检查 M1 至 M4 四个模型的拟合优度指标可以发现（见表 5-1），四个嵌套模型的拟合优度指标都达到了可接受水平，表明模型基本适配度合理。

表 5-1　中国大学生学习力模型的性别分组结构方程模型的拟合指标

Model	CFI（>0.9）	TLI（>0.9）	RMSEA（<0.08）	SRMR（<0.08）
M1	0.951	0.948	0.032	0.052
M2	0.951	0.948	0.032	0.053
M3	0.951	0.949	0.032	0.052
M4	0.951	0.948	0.032	0.063

在比较嵌套模型的差异时，由于卡方检验易受样本量影响，随着样本量增加，即使很小的差异也会得到差异显著的结果，所以笔者提出使用"拟合指数差异的方法"[2] 检验测量等值，"当差异 <

---

[1] 李蓓蕾等：《学校类型对初中生班级环境与核心自我评价关系的调节作用——北京市城市公立初中和打工子弟初中的多群组结构方程模型分析》，《教育学报》2018 年第 6 期。

[2] Cheung, G. W., Rensvold, R. B., "Evaluating Goodness-of-Fit Indexes for Testing Measurement Invariance," Structural Equation Modeling, Vol. 9, 2002, pp. 233-255; Meade, A. W., Johnson, E. C., & Braddy, P. W., "Power and Sensitivity of Alternative Fit Indices in Tests of Measurement Invariance," Journal of Applied Psychology, Vol. 93, 2008, pp. 568-592.

0.01 表明不存在显著差异，差异值在 0.01—0.02 之间时表明存在中等差异，当差异 > 0.02 说明存在确定的差异（Definite Differences）"[1]。在本书中，男女生的样本量大，因此卡方检验很容易就达到显著水平，造成虚无假设被拒绝，使得两个没有差异的模型变得有显著差异存在。因此，研究采用拟合指数差异的方法来比较四个模型，发现 M1 与 M2 模型差异不显著（ΔCFI = 0.000，ΔTLI = 0.000，二者的绝对值 < 0.01）；M2 与 M3 模型差异不显著（ΔCFI = 0.000，ΔTLI = 0.001，二者的绝对值 < 0.01）；M3 与 M4 模型差异不显著（ΔCFI = 0.000，ΔTLI = - 0.001，二者的绝对值 < 0.01）。因嵌套模型的结果提示满足多组不变性假设，测量权重、路径系数、结构协方差等值的限定也未显著恶化拟合指数。综上所述，性别对中国大学生学习力模型的调节效应不显著。

（二）生源地因素

分别以城市学生和农村学生的数据建立模型，发现模型拟合度均达到可接受水平（城市学生，CFI = 0.946 > 0.90，TLI = 0.942 > 0.90，RMSEA = 0.050 < 0.08，SRMR = 0.077 < 0.08；农村学生，CFI = 0.946 > 0.90，TLI = 0.942 > 0.90，RMSEA = 0.047 < 0.08，SRMR = 0.078 < 0.08）。在此基础之上，建构多群组结构方程模型对生源地的调节作用进行检验。首先，建立四个相互嵌套模型 M1 - M4。检查 M1 至 M4 四个模型的拟合优度指标可以发现（见表 5 - 2），四个嵌套模型的拟合优度指标都达到了可接受水平，表明模型基本适配度合理。

表 5 - 2 中国大学生学习力模型的生源地分组结构方程模型的拟合指标

Model	CFI（>0.9）	TLI（>0.9）	RMSEA（<0.08）	SRMR（<0.08）
M1	0.952	0.948	0.032	0.053
M2	0.951	0.949	0.032	0.054

---

[1] 王孟成：《潜变量建模与 Mplus 应用·基础篇》，第 188 页。

续表

Model	CFI （>0.9）	TLI （>0.9）	RMSEA （<0.08）	SRMR （<0.08）
M3	0.951	0.949	0.032	0.055
M4	0.951	0.949	0.032	0.059

在比较嵌套模型的差异时，由于城市学生与农村学生的样本量大，研究采用拟合指数差异的方法来比较四个模型，发现 M1 与 M2 模型差异不显著（ΔCFI = -0.001，ΔTLI = 0.001，二者的绝对值 < 0.01）；M2 与 M3 模型差异不显著（ΔCFI = 0.000，ΔTLI = 0.000，二者的绝对值 < 0.01）；M3 与 M4 模型差异不显著（ΔCFI = 0.000，ΔTLI = 0.000，二者的绝对值 < 0.01）。因嵌套模型的结果提示满足多组不变性假设，测量权重、路径系数、结构协方差等值的限定也未显著恶化拟合指数。综上所述，生源地对中国大学生学习力模型的调节效应不显著。

综合以上分析，虽然不同性别和不同生源地的大学生在学习力各要素的均值上存在显著的差异，但是性别和生源地对中国大学生学习力模型的调节效应不显著，研究假设 H1 不成立。

二 家庭背景因素的影响分析

根据前文的分析，本部分主要探讨父母受教育程度和家庭经济收入对中国大学生学习力模型的影响。虽然研究发现，"第一代大学生在进入大学生活之后需要面临身份的转变，并且这个转变的过程会给大学生带来不安"[1]，但也有一些研究发现，"家庭背景劣势的学生在入学之后通过自身努力，凭借勤勉踏实的态度、更多的投入，以获得人力资本来弥补家庭背景的劣势"[2]，马莉萍、刘彦林也发现

---

[1] Jehangir, R. R., *Higher Education and First-Generation Students: Cultivating Community, Voice, and Place for the New Majority*, New York: Palgrave Macmillan, 2010, pp. 42-43.

[2] 吴秋翔、崔盛：《鲤鱼跃龙门：农村学生的大学"逆袭"之路——基于首都大学生成长跟踪调查的实证研究》，《华东师范大学学报》（教育科学版）2019 年第 1 期。

"大学教育对促进地区代际流动具有正向显著的影响"[①]，换句话说，大学教育会削弱家庭背景给大学生带来的影响。因此，在探究家庭背景因素对大学生学习力模型的影响时，本书将家庭背景因素作为自变量代入中国大学生学习力模型中，分析家庭背景因素在大学生学习力结构里所产生的影响。由于父母受教育程度属于定距变量，家庭经济收入属于定序变量，温忠麟等指出"定距变量可视同连续变量，而定序变量的取值比较多且间隔比较均匀时，也可近似作为连续变量处理"[②]。所以，本部分的分析将分别建构父亲受教育程度、母亲受教育程度和家庭经济收入影响大学生学习力的结构方程模型，通过路径系数的显著性与大小来判断父母受教育程度和家庭经济收入对大学生学习力的影响情况。

（一）父亲受教育程度的影响分析

首先，假设父亲受教育程度对大学生学习力模型的所有潜变量都存在显著影响，将父亲受教育程度作为自变量纳入大学生学习力的实证模型中。那么，假设H2a又分成了7个子假设，即H2a1，父亲受教育程度显著影响学习驱动力；H2a2，父亲受教育程度显著影响学习策略力；H2a3，父亲受教育程度显著影响学习行动力；H2a4，父亲受教育程度显著影响知识力；H2a5，父亲受教育程度显著影响认知力；H2a6，父亲受教育程度显著影响技能力；H2a7，父亲受教育程度显著影响情感力。

运用结构方程模型技术对该假设进行检验，得出拟合指数的结果如下：$CFI = 0.946 > 0.09$，$TLI = 0.942 > 0.09$，$RMSEA = 0.047 < 0.08$，$SRMR = 0.076 < 0.08$。根据拟合指标良好的标准，该结构方程模型的拟合指数均达到了拟合优度指标的水平，这表明该模型的

[①] 马莉萍、刘彦林：《大学教育如何促进地区代际流动？——对大学生生源地、院校地和就业地城市级别的实证研究》，《华东师范大学学报》（教育科学版）2018年第5期。

[②] 温忠麟等：《调节效应与中介效应的比较和应用》，《心理学报》2005年第2期。

建立是合理的。具体的模型检验结果见表 5-3。

表 5-3　父亲受教育程度影响中国大学生学习力模型的检验结果

变量关系		标准化路径系数	原系数/假设是否成立
学习驱动力→学习行动力	意义驱动力→学习行动力	0.173**	0.173
	应用驱动力→学习行动力	0.120**	0.120
学习策略力→学习行动力	认知策略力→学习行动力	0.236**	0.237
	调控策略力→学习行动力	0.430**	0.430
学习行动力→知识力		0.799**	0.800
学习行动力→认知力		0.752**	0.752
学习行动力→技能力		0.739**	0.739
学习行动力→情感力		0.764**	0.763
父亲受教育程度→学习驱动力	父亲受教育程度→意义驱动力	0.055**	H2a1 成立
	父亲受教育程度→应用驱动力	0.040**	
父亲受教育程度→学习策略力	父亲受教育程度→认知策略力	0.077**	H2a2 成立
	父亲受教育程度→调控策略力	0.049**	
父亲受教育程度→学习行动力		0.005	H2a3 不成立
父亲受教育程度→知识力		0.014**	H2a4 成立
父亲受教育程度→认知力		0.007*	H2a5 成立
父亲受教育程度→技能力		0.006	H2a6 不成立
父亲受教育程度→情感力		-0.003	H2a7 不成立

注：* $p<0.05$；** $p<0.01$。

由表 5-3 的检验结果可知，大学生学习力模型在加入父亲受教育程度之后，各结构要素间的标准化路径系数并没有发生显著变化（由表 5-3 标准化路径系数与原系数的比较可知）。在父亲受教育程度影响学习力的各结构要素方面：第一，父亲受教育程度显著影响学习驱动力的假设 H2a1 获得了数据结果的支持，其中父亲受教育程度与意义驱动力的标准化路径系数为 0.055（$p<0.001$），说明父亲

受教育程度显著正向影响意义驱动力，且父亲受教育程度每提高 1 个单位，意义驱动力提高 0.055 个单位；父亲受教育程度与应用驱动力的标准化路径系数为 0.040（$p<0.001$），说明父亲受教育程度显著正向影响应用驱动力，且父亲受教育程度每提高 1 个单位，应用驱动力提高 0.040 个单位。第二，父亲受教育程度显著影响学习策略力的假设 H2a2 也获得了数据结果的支持，其中父亲受教育程度与认知策略力的标准化路径系数为 0.077（$p<0.001$），说明父亲受教育程度显著正向影响认知策略力，且父亲受教育程度每提高 1 个单位，认知策略力提高 0.077 个单位；父亲受教育程度与调控策略力的标准化路径系数为 0.049（$p<0.001$），说明父亲受教育程度显著正向影响调控策略力，且父亲受教育程度每提高 1 个单位，调控策略力提高 0.049 个单位。第三，父亲受教育程度显著影响学习行动力的假设 H2a3 不成立，父亲受教育程度与学习行动力的标准化路径系数不显著。第四，父亲受教育程度显著影响知识力的假设 H2a4 获得了数据结果的支持，二者的标准化路径系数为 0.014（$p<0.001$），说明父亲受教育程度显著正向影响知识力，且父亲受教育程度每提高 1 个单位，知识力提高 0.014 个单位。第五，父亲受教育程度显著影响认知力的假设 H2a5 获得了数据结果的支持，二者的标准化路径系数为 0.007（$p<0.05$），说明父亲受教育程度显著正向影响认知力，且父亲受教育程度每提高 1 个单位，认知力提高 0.007 个单位。第六，父亲受教育程度显著影响技能力和情感力的假设 H2a6、H2a7 不成立，父亲受教育程度与技能力、情感力的标准化路径系数不显著。

综合以上分析，父亲受教育程度对中国大学生的学习驱动力、学习策略力、知识力和认知力存在显著正向影响，对学习行动力、技能力和情感力不存在显著影响。因此，研究假设 H2a 部分成立。

（二）母亲受教育程度的影响分析

首先，假设母亲受教育程度对大学生学习力模型的所有潜变量都存在显著影响，将母亲受教育程度作为自变量纳入大学生学习力的实证模型中。那么，假设 H2b 又分成了 7 个子假设，即 H2b1，母亲受教育程度显著影响学习驱动力；H2b2，母亲受教育程度显著影响学习策略力；H2b3，母亲受教育程度显著影响学习行动力；H2b4，母亲受教育程度显著影响知识力；H2b5，母亲受教育程度显著影响认知力；H2b6，母亲受教育程度显著影响技能力；H2b7，母亲受教育程度显著影响情感力。

运用结构方程模型技术对该假设进行检验，得出拟合指数的结果如下：CFI = 0.946 > 0.09，TLI = 0.942 > 0.09，RMSEA = 0.047 < 0.08，SRMR = 0.076 < 0.08。根据拟合指标良好的标准，该结构方程模型的拟合指数均达到了拟合优度指标的水平，这表明该模型的建立是合理的。具体的模型检验结果见表 5-4。

表 5-4　母亲受教育程度影响中国大学生学习力模型的检验结果

变量关系		标准化路径系数	原系数/假设是否成立
学习驱动力→学习行动力	意义驱动力→学习行动力	0.173**	0.173
	应用驱动力→学习行动力	0.120**	0.120
学习策略力→学习行动力	认知策略力→学习行动力	0.236**	0.237
	调控策略力→学习行动力	0.430**	0.430
学习行动力→知识力		0.799**	0.800
学习行动力→认知力		0.752**	0.752
学习行动力→技能力		0.739**	0.739
学习行动力→情感力		0.765**	0.763
母亲受教育程度→学习驱动力	母亲受教育程度→意义驱动力	0.061**	H2b1 成立
	母亲受教育程度→应用驱动力	0.031**	
母亲受教育程度→学习策略力	母亲受教育程度→认知策略力	0.083**	H2b2 成立
	母亲受教育程度→调控策略力	0.059**	
母亲受教育程度→学习行动力		0.014**	H2b3 成立
母亲受教育程度→知识力		0.013**	H2b4 成立

续表

变量关系	标准化路径系数	原系数/假设是否成立
母亲受教育程度→认知力	-0.002	H2b5 不成立
母亲受教育程度→技能力	-0.004	H2b6 不成立
母亲受教育程度→情感力	-0.017**	H2b7 成立

注：*$p<0.05$；**$p<0.01$。

由表 5-4 的检验结果可知，大学生学习力模型在加入母亲受教育程度之后，各结构要素间的标准化路径系数并没有发生显著变化（由表 5-4 标准化路径系数与原系数的比较可知）。在母亲受教育程度影响学习力的各结构要素方面：第一，母亲受教育程度显著影响学习驱动力的假设 H2b1 获得了数据结果的支持，其中母亲受教育程度与意义驱动力的标准化路径系数为 0.061（$p<0.001$），说明母亲受教育程度显著正向影响意义驱动力，且母亲受教育程度每提高 1 个单位，意义驱动力提高 0.061 个单位；母亲受教育程度与应用驱动力的标准化路径系数为 0.031（$p<0.001$），说明母亲受教育程度显著正向影响应用驱动力，且母亲受教育程度每提高 1 个单位，应用驱动力提高 0.031 个单位。第二，母亲受教育程度显著影响学习策略力的假设 H2b2 也获得了数据结果的支持，其中母亲受教育程度与认知策略力的标准化路径系数为 0.083（$p<0.001$），说明母亲受教育程度显著正向影响认知策略力，且母亲受教育程度每提高 1 个单位，认知策略力提高 0.083 个单位；母亲受教育程度与调控策略力的标准化路径系数为 0.059（$p<0.001$），说明母亲受教育程度显著正向影响调控策略力，且母亲受教育程度每提高 1 个单位，调控策略力提高 0.059 个单位。第三，母亲受教育程度显著影响学习行动力的假设 H2b3 获得了数据结果的支持，母亲受教育程度与学习行动力的标准化路径系数为 0.014（$p<0.001$），说明母亲受教育程度显著正向影响学习行动力，且母亲受教育程度每提高 1 个单位，学

习行动力提高 0.014 个单位。第四，母亲受教育程度显著影响知识力的假设 H2b4 获得了数据结果的支持，二者的标准化路径系数为 0.013（p<0.001），说明母亲受教育程度显著正向影响知识力，且母亲受教育程度每提高 1 个单位，知识力提高 0.013 个单位。第五，母亲受教育程度显著影响认知力和技能力的假设 H2b5、H2b6 不成立，母亲受教育程度与认知力、技能力的标准化路径系数不显著。第六，母亲受教育程度显著影响情感力的假设 H2b7 获得数据结果的支持，二者的标准化路径系数为 -0.017（p<0.001），说明母亲受教育程度显著负向影响情感力，且母亲受教育程度每提高 1 个单位，情感力下降 0.017 个单位。

综合以上分析，母亲受教育程度对中国大学生的学习驱动力、学习策略力、学习行动力、知识力存在显著的正向影响，对情感力存在显著的负向影响，而对认知力和技能力不存在显著影响。因此，研究假设 H2b 部分成立。

（三）家庭经济收入的影响分析

首先，假设家庭经济收入对大学生学习力模型的所有潜变量都存在显著影响，将家庭经济收入作为自变量纳入大学生学习力的实证模型中。其次，假设 H2c 又分成了 7 个子假设，即 H2c1，家庭经济收入显著影响学习驱动力；H2c2，家庭经济收入显著影响学习策略力；H2c3，家庭经济收入显著影响学习行动力；H2c4，家庭经济收入显著影响知识力；H2c5，家庭经济收入显著影响认知力；H2c6，家庭经济收入显著影响技能力；H2c7，家庭经济收入显著影响情感力。

运用结构方程模型技术对该假设进行检验，得出拟合指数的结果如下：$CFI = 0.946 > 0.09$，$TLI = 0.942 > 0.09$，$RMSEA = 0.047 < 0.08$，$SRMR = 0.076 < 0.08$。根据拟合指标良好的标准，该结构方程模型的拟合指数均达到了拟合优度指标的水平，这表明该模型的建立是合理的。具体的模型检验结果见表 5-5。

表5-5　　家庭经济收入影响中国大学生学习力模型的检验结果

变量关系		标准化路径系数	原系数/假设是否成立
学习驱动力→学习行动力	意义驱动力→学习行动力	0.173**	0.173
	应用驱动力→学习行动力	0.120**	0.120
学习策略力→学习行动力	认知策略力→学习行动力	0.236**	0.237
	调控策略力→学习行动力	0.431**	0.430
学习行动力→知识力		0.799**	0.800
学习行动力→认知力		0.752**	0.752
学习行动力→技能力		0.739**	0.739
学习行动力→情感力		0.763**	0.763
家庭经济收入→学习驱动力	家庭经济收入→意义驱动力	0.023**	H2c1 成立
	家庭经济收入→应用驱动力	0.025**	
家庭经济收入→学习策略力	家庭经济收入→认知策略力	0.048**	H2c2 部分成立
	家庭经济收入→调控策略力	-0.001	
家庭经济收入→学习行动力		0.004	H2c3 不成立
家庭经济收入→知识力		0.012**	H2c4 成立
家庭经济收入→认知力		0.019**	H2c5 成立
家庭经济收入→技能力		0.019**	H2c6 成立
家庭经济收入→情感力		0.005	H2c7 不成立

注：*p<0.05；**p<0.01。

由表5-5的检验结果可知，大学生学习力模型在加入家庭经济收入之后，各结构要素间的标准化路径系数并没有发生显著变化（由表5-5标准化路径系数与原系数的比较可知）。在家庭经济收入影响学习力的各结构要素方面：第一，家庭经济收入显著影响学习驱动力的假设H2c1获得了数据结果的支持，其中家庭经济收入与意义驱动力的标准化路径系数为0.023（p<0.001），说明家庭经济收入显著正向影响意义驱动力，且家庭经济收入每提高1个单位，意义驱动力提高0.023个单位；家庭经济收入与应用驱动力的标准化

路径系数为 0.025（p<0.001），说明家庭经济收入显著正向影响应用驱动力，且家庭经济收入每提高 1 个单位，应用驱动力提高 0.025 个单位。第二，家庭经济收入显著影响学习策略力的假设 H2c2 部分成立，其中家庭经济收入与认知策略力的标准化路径系数为 0.048（p<0.001），说明家庭经济收入显著正向影响认知策略力，且家庭经济收入每提高 1 个单位，认知策略力提高 0.048 个单位；然而家庭经济收入与调控策略力的标准化路径系数为 -0.001（p>0.05），说明家庭经济收入对调控策略力不存在显著影响。第三，家庭经济收入显著影响学习行动力的假设 H2c3 不成立，家庭经济收入与学习行动力的标准化路径系数不显著。第四，家庭经济收入显著影响知识力的假设 H2c4 获得了数据结果的支持，二者的标准化路径系数为 0.012（p<0.001），说明家庭经济收入显著正向影响知识力，且家庭经济收入每提高 1 个单位，知识力提高 0.012 个单位。第五，家庭经济收入显著影响认知力的假设 H2c5 获得了数据结果的支持，二者的标准化路径系数为 0.019（p<0.001），说明家庭经济收入显著正向影响认知力，且家庭经济收入每提高 1 个单位，认知力提高 0.019 个单位。第六，家庭经济收入显著影响技能力的假设 H2c6 获得了数据结果的支持，二者的标准化路径系数为 0.019（p<0.001），说明家庭经济收入显著正向影响技能力，且家庭经济收入每提高 1 个单位，技能力提高 0.019 个单位。第七，家庭经济收入显著影响情感力的假设 H2c7 不成立，二者的标准化路径系数不显著。

综合以上分析，家庭经济收入对中国大学生的学习驱动力、学习策略力的认知策略力、知识力、认知力和技能力存在显著的正向影响，对学习策略力的调控策略力、学习行动力和情感力不存在显著影响。因此，研究假设 H2c 部分成立。

（四）家庭因素的综合影响分析

由前文的分析可知，学生的家庭因素都在不同程度上影响着大学生学习力模型，现将父母受教育程度、家庭经济收入同时纳入大学生学习力模型中，分析家庭因素对大学生学习力模型的综合影响。

运用结构方程模型技术得出的拟合指数结果如下：CFI = 0.946 > 0.09，TLI = 0.941 > 0.09，RMSEA = 0.045 < 0.08，SRMR = 0.073 < 0.08。根据拟合指标良好的标准，该结构方程模型的拟合指数均达到了拟合优度指标的水平，这表明该模型的建立是合理的。具体的模型检验结果见表 5 - 6。

由表 5 - 6 的分析结果可知，综合了父亲受教育程度、母亲受教育程度和家庭经济收入之后，原有的路径系数都在一定程度上受到了影响。具体而言，在学习驱动力上，父亲受教育程度对意义驱动力的标准化路径系数由 0.055 降至 0.026，母亲受教育程度对意义驱动力的标准化路径系数由 0.061 降至 0.044，而家庭经济收入对意义驱动力的影响效力则消失了；父亲受教育程度对应用驱动力的标准化路径系数由 0.040 降至 0.032，母亲受教育程度对意义驱动力的影响效力消失了，家庭经济收入对应用驱动力的标准化路径系数由 0.025 降至 0.010。总体而言，家庭因素对学习驱动力的综合影响削弱了单一因素对学习驱动力的影响效力，且母亲受教育程度是家庭因素中对意义驱动力影响最大的因素，而父亲受教育程度是家庭因素中对应用驱动力影响最大的因素。

表 5 - 6　家庭因素影响中国大学生学习力模型的检验结果

变量关系		标准化路径系数	原系数
学习驱动力→学习行动力	意义驱动力→学习行动力	0.173**	0.173
	应用驱动力→学习行动力	0.120**	0.120
学习策略力→学习行动力	认知策略力→学习行动力	0.235**	0.237
	调控策略力→学习行动力	0.430**	0.430
学习行动力→知识力		0.799**	0.800**
学习行动力→认知力		0.752**	0.752**
学习行动力→技能力		0.739**	0.739**
学习行动力→情感力		0.765**	0.763**

续表

变量关系		标准化路径系数	原系数
家庭因素→学习驱动力	父亲受教育程度→意义驱动力	0.026**	0.055**
	母亲受教育程度→意义驱动力	0.044**	0.061**
	家庭经济收入→意义驱动力	-0.004	0.023**
	父亲受教育程度→应用驱动力	0.032**	0.040**
	母亲受教育程度→应用驱动力	0.006	0.031**
	家庭经济收入→应用驱动力	0.010*	0.025**
家庭因素→学习策略力	父亲受教育程度→认知策略力	0.034**	0.077**
	母亲受教育程度→认知策略力	0.055**	0.083**
	家庭经济收入→认知策略力	0.013**	0.048**
	父亲受教育程度→调控策略力	0.023**	0.049**
	母亲受教育程度→调控策略力	0.055**	0.059**
	家庭经济收入→调控策略力	-0.032**	-0.001
家庭因素→学习行动力	父亲受教育程度→学习行动力	-0.008	0.005
	母亲受教育程度→学习行动力	0.020**	0.014**
	家庭经济收入→学习行动力	-0.001	0.004
家庭因素→知识力	父亲受教育程度→知识力	0.008	0.014**
	母亲受教育程度→知识力	0.005	0.013**
	家庭经济收入→知识力	0.008*	0.012**
家庭因素→认知力	父亲受教育程度→认知力	0.011*	0.007*
	母亲受教育程度→认知力	-0.018**	-0.002
	家庭经济收入→认知力	0.022**	0.019**
家庭因素→技能力	父亲受教育程度→技能力	0.010*	0.006
	母亲受教育程度→技能力	-0.020**	-0.004
	家庭经济收入→技能力	0.023**	0.019**
家庭因素→情感力	父亲受教育程度→情感力	0.012*	-0.003
	母亲受教育程度→情感力	-0.029**	-0.017**
	家庭经济收入→情感力	0.012**	0.005

注:* $p<0.05$;** $p<0.01$。

在学习策略力上，父亲受教育程度对认知策略力的标准化路径系数由 0.077 降至 0.034，母亲受教育程度对认知策略力的标准化路径系数由 0.083 降至 0.055，家庭经济收入对认知策略力的标准化路径系数由 0.048 降至 0.013；父亲受教育程度对调控策略力的标准化路径系数由 0.049 降至 0.023，母亲受教育程度对调控策略力的标准化路径系数由 0.059 降至 0.055，而家庭经济收入的影响效力则由不显著变为显著，且呈现出显著的负向影响，标准化路径系数为 -0.032。总体而言，家庭因素对认知策略力的综合影响削弱了单一因素对认知策略力的影响效力，其中母亲受教育程度是家庭因素中对认知策略力影响最大的因素；家庭因素对调控策略力的综合影响削弱了父母受教育程度对调控策略力的影响效力，却增强了家庭经济收入对调控策略力的负向影响效力，且母亲受教育程度是家庭因素中对调控策略力影响最大的因素。

在学习行动力上，父亲受教育程度对学习行动力的影响效力依然不显著，而母亲受教育程度对学习行动力的标准化路径系数由 0.014 升至 0.020，家庭经济收入对学习行动力的影响效力也仍然维持不显著状态。总体而言，家庭因素对学习行动力的综合影响增强了母亲受教育程度对学习行动力的影响效力。

在知识力上，在同时纳入父母受教育程度和家庭经济收入之后，父母受教育程度的显著影响效力变为不显著，而家庭经济收入的影响效力也只是微弱显著。换言之，家庭因素对知识力的综合影响削弱了单一因素对知识力的影响效力。

在认知力上，父亲受教育程度对认知力的标准化路径系数由 0.007 升至 0.011，母亲受教育程度对认知力的影响由不显著变为显著，且呈现出显著的负向影响，标准化路径系数为 -0.018，而家庭经济收入对认知力的标准化路径系数由 0.019 升至 0.022。总体而言，家庭因素对认知力的综合影响增强了单一因素对认知力的影响效力，所不同的是父亲受教育程度和家庭经济收入是正向的影响，而母亲受教育程度则是负向的影响。

在技能力上，父亲受教育程度对技能力的影响由不显著变为显著，标准化路径系数为 0.010，呈现显著的正向影响，母亲受教育程度对技能力的影响也由不显著变为显著，但呈现出显著的负相影响，标准化路径系数为 -0.020，家庭经济收入对技能力的标准化路径系数由 0.019 升至 0.023。总体而言，家庭因素对技能力的综合影响增强了单一因素对技能力的影响效力，所不同的是父亲受教育程度和家庭经济收入都是正向的影响，而母亲受教育程度则是负向的影响。

在情感力上，父亲受教育程度对情感力的影响由不显著变为显著，标准化路径系数为 0.012，呈现出显著的正向影响，母亲受教育程度对情感力的负向影响效力增强，标准化路径系数为 -0.029，家庭经济收入对情感力的影响也由不显著变为显著，标准化路径系数为 0.012。总体而言，家庭因素对情感力的综合影响增强了单一因素对情感力的影响效力，所不同的是父亲受教育程度和家庭经济收入都是正向的影响，而母亲受教育程度则是负向的影响。

三 高中阶段学业表现的影响分析

根据前文的分析，本部分主要分析高中阶段的学业表现对中国大学生学习力模型的影响。首先，假设高中阶段的学业表现对大学生学习力模型的所有潜变量都存在显著影响，将高中阶段的学业表现作为自变量纳入大学生学习力的实证模型中。那么，假设 H3 又分成了 7 个子假设，即 H3a，高中阶段的学业表现显著影响学习驱动力；H3b，高中阶段的学业表现显著影响学习策略力；H3c，高中阶段的学业表现显著影响学习行动力；H3d，高中阶段的学业表现显著影响知识力；H3e，高中阶段的学业表现显著影响认知力；H3f，高中阶段的学业表现显著影响技能力；H3g，高中阶段的学业表现显著影响情感力。

运用结构方程模型技术对该假设进行检验，得出拟合指数的结果如下：$CFI = 0.946 > 0.09$，$TLI = 0.942 > 0.09$，$RMSEA = 0.047 < 0.08$，$SRMR = 0.076 < 0.08$。根据拟合指标良好的标准，该结构方程模型的拟合指数均达到了拟合优度指标的水平，这表明该模型的

建立是合理的。具体的模型检验结果见表 5-7。

表 5-7　高中阶段的学业表现影响中国大学生学习力模型的检验结果

变量关系		标准化路径系数	原系数/假设是否成立
学习驱动力→学习行动力	意义驱动力→学习行动力	0.175**	0.173
	应用驱动力→学习行动力	0.116**	0.120
学习策略力→学习行动力	认知策略力→学习行动力	0.234**	0.237
	调控策略力→学习行动力	0.431**	0.430
学习行动力→知识力		0.798**	0.800
学习行动力→认知力		0.744**	0.752
学习行动力→技能力		0.732**	0.739
学习行动力→情感力		0.756**	0.763
高中阶段的学业表现→学习驱动力	高中阶段的学业表现→意义驱动力	0.102**	H3a 成立
	高中阶段的学业表现→应用驱动力	0.124**	
高中阶段的学业表现→学习策略力	高中阶段的学业表现→认知策略力	0.125**	H3b 成立
	高中阶段的学业表现→调控策略力	0.087**	
高中阶段的学业表现→学习行动力		0.019**	H3c 成立
高中阶段的学业表现→知识力		0.011**	H3d 成立
高中阶段的学业表现→认知力		0.056**	H3e 成立
高中阶段的学业表现→技能力		0.051**	H3f 成立
高中阶段的学业表现→情感力		0.053**	H3g 成立

注：* $p<0.05$；** $p<0.01$。

由表 5-7 的检验结果可知，大学生学习力模型在加入高中阶段的学业表现之后，各结构要素间的标准化路径系数并没有发生显著变化（由表 5-6 标准化路径系数与原系数的比较可知）。在高中阶段的学业表现影响学习力的各结构要素方面：第一，高中阶段的学业表现显著影响学习驱动力的假设 H3a 获得了数据结果的支持，其中高中阶段的学业表现与意义驱动力的标准化路径系数为 0.102（p<0.001），说明高中阶段的学业表现显著正向影响意义驱动力，且高中阶段的学业表现每提高 1 个单位，意义驱动力提高 0.102 个单位；高中阶段的学业表现与应用驱动力的标准化路径系数为 0.124（p<0.001），说明高中阶段的学业表现显著正向影响应用驱动力，且高中阶段的学业表现每提高 1 个单位，应用驱动力提高 0.124 个单位。第二，高中阶段的学业表现显著影响学习策略力的假设 H3b 成立，其中高中阶段的学业表现与认知策略力的标准化路径系数为 0.125（p<0.001），说明高中阶段的学业表现显著正向影响认知策略力，且高中阶段的学业表现每提高 1 个单位，认知策略力提高 0.125 个单位；高中阶段的学业表现与调控策略力的标准化路径系数为 0.087（p>0.05），说明高中阶段的学业表现显著正向影响调控策略力，且高中阶段的学业表现每提高 1 个单位，调控策略力提高 0.087 个单位。第三，高中阶段的学业表现显著影响学习行动力的假设 H3c 获得数据结果的支持，其中高中阶段的学业表现与学习行动力的标准化路径系数为 0.019（p<0.001），说明高中阶段的学业表现显著正向影响学习行动力，且高中阶段的学业表现每提高 1 个单位，学习行动力提高 0.019 个单位。第四，高中阶段的学业表现显著影响知识力的假设 H3d 获得了数据结果的支持，二者的标准化路径系数为 0.011（p<0.001），说明高中阶段的学业表现显著正向影响知识力，且高中阶段的学业表现每提高 1 个单位，知识力提高 0.011 个单位。第五，高中阶段的学业表现显著影响认知力的假设 H3e 获得了数据结果的支持，二者的标准化路径系数为 0.056（p<0.001），说明高中阶段的学业表现显著正向影响认知力，且高中阶段的学业表现每提高 1 个单位，认知力提高 0.056 个单位。第六，高中阶段的学业表现显著影响技能力的假设 H3f 获得了数据结果的支持，二者的标准化路径系数为 0.051（p<0.001），说明高中阶段的学业表现显著正向影响技能力，且高中阶段的学业表现每提高 1 个单位，技能力提高 0.051 个单位。第七，高中阶段的学业表现显著影响情感力的假设

H3g 成立，二者的标准化路径系数为 0.053（p < 0.001），说明高中阶段的学业表现显著正向影响情感力，且高中阶段的学业表现每提高 1 个单位，情感力提高 0.053 个单位。

综合以上分析，高中阶段的学业表现对中国大学生学习力的七个结构要素存在显著的正向影响。因此，研究假设 H3 成立。

四 个体层面因素的综合影响分析

由前文的研究结果可知，在个体层面因素中，个体特征对大学生学习力模型的调节效应不显著，而家庭因素的父母受教育程度和家庭经济收入都在不同程度地影响着大学生学习力模型，大学生在高中阶段的学业表现对大学生学习力模型存在显著的正向影响。现将对大学生学习力模型存在显著影响的父母受教育程度、家庭经济收入以及高中阶段的学业表现同时纳入大学生学习力模型中，分析个体层面因素对大学生学习力模型的综合影响。

运用结构方程模型技术得出的拟合指数结果如下：CFI = 0.946 > 0.09，TLI = 0.940 > 0.09，RMSEA = 0.045 < 0.08，SRMR = 0.072 < 0.08。根据拟合指标良好的标准，该结构方程模型的拟合指数均达到了拟合优度指标的水平，这表明该模型的建立是合理的。具体的模型检验结果见表 5 – 8。

表 5 – 8　　个体层面因素影响中国大学生学习力模型的检验结果

变量关系		标准化路径系数	原系数①
学习驱动力→学习行动力	意义驱动力→学习行动力	0.174**	0.173
	应用驱动力→学习行动力	0.117**	0.120

① 在原系数的呈现上，为了比较综合模型与原有模型的区别，本书主要呈现了第四章大学生学习力结构方程模型的标准化路径系数；家庭背景因素对大学生学习力各要素的原系数呈现的是家庭背景因素综合分析后的路径系数，方便观察高中阶段的学业表现与家庭背景因素之间是否存在交互影响。

续表

变量关系		标准化路径系数	原系数
学习策略力→学习行动力	认知策略力→学习行动力	0.232**	0.237
	调控策略力→学习行动力	0.432**	0.430
学习行动力→知识力		0.797**	0.800
学习行动力→认知力		0.744**	0.752
学习行动力→技能力		0.732**	0.739
学习行动力→情感力		0.757**	0.763
个体层面因素→学习驱动力	父亲受教育程度→意义驱动力	0.024**	0.026**
	母亲受教育程度→意义驱动力	0.045**	0.044**
	家庭经济收入→意义驱动力	-0.006	-0.004
	高中阶段的学业表现→意义驱动力	0.101**	0.102**
	父亲受教育程度→应用驱动力	0.030**	0.032**
	母亲受教育程度→应用驱动力	0.006	0.006
	家庭经济收入→应用驱动力	0.008*	0.010*
	高中阶段的学业表现→应用驱动力	0.123**	0.124**
个体层面因素→学习策略力	父亲受教育程度→认知策略力	0.032**	0.034**
	母亲受教育程度→认知策略力	0.055**	0.055**
	家庭经济收入→认知策略力	0.011**	0.013**
	高中阶段的学业表现→认知策略力	0.123**	0.125**
	父亲受教育程度→调控策略力	0.022**	0.023**
	母亲受教育程度→调控策略力	0.055**	0.055**
	家庭经济收入→调控策略力	-0.033**	-0.032
	高中阶段的学业表现→调控策略力	0.086**	0.087**
个体层面因素→学习行动力	父亲受教育程度→学习行动力	-0.008	-0.008
	母亲受教育程度→学习行动力	0.020**	0.020**
	家庭经济收入→学习行动力	-0.001	-0.001
	高中阶段的学业表现→学习行动力	0.019**	0.019**

续表

变量关系		标准化路径系数	原系数
个体层面因素→知识力	父亲受教育程度→知识力	0.008	0.008
	母亲受教育程度→知识力	0.005	0.005
	家庭经济收入→知识力	0.008*	0.008*
	高中阶段的学业表现→知识力	0.011**	0.011**
个体层面因素→认知力	父亲受教育程度→认知力	0.010*	0.011*
	母亲受教育程度→认知力	-0.018**	-0.018**
	家庭经济收入→认知力	0.021**	0.022**
	高中阶段的学业表现→认知力	0.055**	0.056**
个体层面因素→技能力	父亲受教育程度→技能力	0.010*	0.010*
	母亲受教育程度→技能力	-0.019**	-0.020**
	家庭经济收入→技能力	0.022**	0.023**
	高中阶段的学业表现→技能力	0.051**	0.051**
个体层面因素→情感力	父亲受教育程度→情感力	0.011*	0.012**
	母亲受教育程度→情感力	-0.029**	-0.029**
	家庭经济收入→情感力	0.011*	0.012**
	高中阶段的学业表现→情感力	0.052**	0.053**

注：* $p<0.05$；** $p<0.01$。

由表5-8的检验结果可知，大学生学习力模型在加入个体层面因素之后，各结构要素间的标准化路径系数并没有发生显著变化（由表5-8标准化路径系数与原系数的比较可知）。在个体层面因素综合影响学习力的各结构要素方面，将个体层面因素影响大学生学习力各结构要素的标准化路径系数与家庭背景因素综合影响大学生学习力各结构要素的标准化路径系数和高中阶段的学业表现影响大学生学习力各结构要素的标准化路径系数相比较，发现标准化路径系数的变化微小，在0—0.002的范围内。因此，家庭背景因素与高中阶段的学业表现分别显著影响中国大学生学习力模型，但二者并没有产生显著的交互影响。具体到对每个要素的影响，高中阶段的学业表现是个体层面因素中对学习驱动力、学习策略力、知识力、认知力、技能力和情感力影响最大的因素，而母亲受教育程度是对学习行动力影响最大的因素。此外，无论是高中阶段的学业表现，还是母亲受教育程度，个体层面的因素对大学生学习力各要素的解释预测力都十分有限，最高的解释预测力为高中阶段的学业表现对应用驱动力和认知策略力的预测力[①]1.5%。

五　结果与讨论

本节内容分析了大学生入学前的经历，即个体层面的因素对中国大学生学习力的影响情况。经过研究检验，大学生的个体特征，包括性别、生源地对大学生学习力的调节效应不显著；大学生的家庭背景因素对大学生学习力的影响显著；高中阶段的学业表现对大学生学习力的影响显著。其中，在家庭背景因素显著影响大学生学习力模型上，父母受教育程度对大学生的意义驱动力、认知策略力、调控策略力具有显著的正向预测作用，且母亲受教育程度在这三个维度上的正向预测作用大于父亲受教育程度；父亲受教育程度与家庭经济收入对应用驱动力具有显著的正向预测作用，且父亲受教育程度的作用大于家庭经济收入；家庭经济收入对调控策略力具有显著的负向预测作用；在学习行动力上，只有母亲受教育程度具有显著的正向预测作用，父亲受教育程度和家庭经济收入的影响不显著；在知识力上，只有家庭经济收入具有显著的正向预测作用，父母受教育程度的影响不显著；在认知力、技能力和情感力上，父亲受教育程度和家庭经济收入具有显著的正向预测作用，而母亲教育程度则具有显著的负向预测作用。在高中阶段的学业表现影响大学生学习力模型中，中国大学生在高中阶段的学业表现分别显著正向影响

---

①　预测力的计算公式为：标准化回归系数×标准化回归系数。详见吴明隆《结构方程模型——AMOS 的操作与应用》，重庆大学出版社 2009 年版，第 250 页。

意义驱动力、应用驱动力、认知策略力、调控策略力、学习行动力、知识力、认知力、技能力和情感力,其中对应用驱动力和认知策略力的预测作用最大。

具体而言,性别的调节效应不显著与部分相关研究结论具有内在的一致性,有研究对大学生的智商进行了测量,发现"尽管男女大学生智商在不同领域表现出了差异,但智商整体不存在显著的性别差异"①;文东茅研究发现"大学生在校期间的学业成绩不存在显著的性别差异"②;郑磊、张鼎权分析指出"随着经济社会的发展,教育的性别差异正在逐渐缩小,特别是城市的教育性别差异已经不明显"③。胡万山调查了北京市属高校大学生的学习活动质量,也没有发现"显著的性别差异"④。本书在现状分析中也发现了学习力各维度的性别差异,但在整体模型上却没有发现显著的调节效应,这与吴福元的发现相似。一方面可能是因为经济社会的发展,使得教育的性别差异逐渐缩小,另一方面也可能是因为大学期间的学习逐渐弱化了男女之间的差异性,男女生在不同方面的优势弥补了另一些方面的弱势。

前文发现城市学生在学习力各要素上的均值显著优于农村学生的均值,但是,当这些要素进入学习力模型之后,城乡的调节效应却不显著了。前后看似自相矛盾的研究发现,经过笔者的深入分析认为这是大学教育在发挥作用。从另一个角度上证明了大学教育具有弥补阶层差异的作用。吴秋翔、崔盛通过对"首都大学生成长跟踪调查"发现"农村学生在入学时确实存在成绩差距,但通过自身

---

① 吴福元:《大学生的智力发展与智力结构》,《教育研究》1983年第4期。
② 文东茅:《我国高等教育机会、学业及就业的性别比较》,《清华大学教育研究》2005年第5期。
③ 郑磊、张鼎权:《中国教育性别差异的经济学研究述评》,《妇女研究论丛》2013年第2期。
④ 胡万山:《北京市属高校大学生学习活动质量实证研究》,《北京社会科学》2018年第6期。

努力、以勤补拙，在大学学习和综合能力提升方面表现不俗，最终获得与城市学生不相上下的就业结果"①。本书对生源地调节学习力模型的效应不显著的发现则进一步论证了这一观点，即大学教育有利于缩小大学生之间因生源地所带来的差距。

在家庭背景因素影响大学生学习力模型方面，首先，父母受教育程度对大学生的学习驱动力、学习策略力均具有显著的正向预测作用，这与宋志一等人的发现一致，该研究发现"高教育程度的父母，对子女在多方面的性格和心理素质的塑造具有明显优势，受教育程度越高的家长，其子女求知欲越强，不贪图物质享受；行为自觉、善于自我控制，具有积极向上的进取精神"②。李锋亮等人也指出"教育程度较高的父母从小就注意培养子女的自我控制，使其形成良好的学习习惯，子女在进入大学之后，依然能够自主地努力学习，并且该研究还发现在子女高校的社会活动行为方面，母亲的教育背景影响更大"③。宋志一等人还指出"母亲较之父亲在塑造子女心理素质方面更具有优势，这是因为多数母亲承担了子女家庭抚育与教育的大部分职责，而父亲则将精力集中在家庭外的工作或事业上"④，这可能是造成母亲受教育程度对学生学习驱动力、学习策略力以及学习行动力影响更大的重要原因。其次，家庭经济收入在调控策略力上的负向预测作用和对知识力、认知力、技能力和情感力的正向预测作用则不难理解。"家庭经济收入相对低的学生，因为经济的压力促使其愿意付出更多的努力以期在未来取得更

---

① 吴秋翔、崔盛：《鲤鱼跃龙门：农村学生的大学"逆袭"之路——基于首都大学生成长跟踪调查的实证研究》，《华东师范大学学报》（教育科学版）2019年第1期。
② 宋志一等：《父母受教育程度对子女心理素质发展影响的测验研究》，《云南师范大学学报》（教育科学版）2001年第3期。
③ 李锋亮等：《父母教育背景对子女在高校中学习与社会活动的影响》，《社会》2006年第1期。
④ 宋志一等：《父母受教育程度对子女心理素质发展影响的测验研究》，《云南师范大学学报》（教育科学版）2001年第3期。

高的薪酬"①，他们在学习过程中能够更好地进行自我调节和约束，调控策略力自然优于家庭经济收入高的学生，与此同时，他们也有先天的弱势，即因家庭经济条件的差异，而较少习得充分的文化意识和能力，他们对学习的概念可能只拘泥于课堂和教师，学习的内容只包括考试和成绩，而"家庭经济收入更高的学生则往往在入学前已经形成了较为灵活和宽泛的'学习'定义，他们可能更有意识的注重能力培养、兴趣爱好、技能情感等方面的发展"②。最后，本书还有一个重要的发现，即母亲受教育程度对认知力、技能力和情感力具有显著的负向预测作用。这是否与前文发现母亲受教育程度对学习驱动力、学习策略力和学习行动力的影响自相矛盾呢？本书认为并不矛盾，这是因为"母亲受教育程度越高，意味着她们在中小学阶段对子女潜移默化的影响也越深"③，这在一定程度上影响着子女的学习驱动力、策略力包括行动力的形成，同时也意味着她们的子女在认知、技能和情感方面的起点较高（需要指出的是认知、技能和情感在本书中是学生在这些方面自评的收获/变化），所以母亲受教育程度越低的学生在这些方面的收获会因本身的起点低而导致评价的均值更高。

高中阶段的学业表现对大学生学习力具有显著的正向预测作用印证了前人的诸多研究，包括大学影响理论对入学前学术资质、学术经历的重视，以及大量实证研究的结论，如戴尔发现"高中教师的特征会通过影响学生在高中阶段的学业成就，进而影响其进入大学后的表现"④；鲍威、李珊研究发现"学生在大学期间的学术融入

---

① 谭娅等：《家庭经济背景对大学生在校发展的影响——基于北京17所高校追踪调查数据的定量研究》，《教育理论与实践》2018年第27期。
② 张玉婷：《象牙塔里有高墙——基于大学生高等教育体验的质性研究》，《教育学术月刊》2017年第8期。
③ 朱斌：《文化再生产还是文化流动？——中国大学生的教育成就获得不平等研究》，《社会学研究》2018年第1期。
④ Dyer, H., "School Factors and Equal Educational Opportunity," *Harvard Educational Review*, Vol. 37, 1968, pp. 38–56.

受到其高中阶段课内外学习经历的显著影响"[1]。

第二节 中微观环境因素对中国大学生学习力模型的影响分析

在大学影响理论中，环境是影响大学生学习、成长与发展的重要因素。无论是阿斯廷提出的 I-E-O 模型，还是帕斯卡雷拉提出的变化评定模型，还是韦德曼提出的社会化模型，都提到了课程环境、院系环境对大学生的影响。事实上，当学生结束高中阶段的学习进入大学之后，与他/她相伴的就是专业学习，同一个专业的还接受着相同或相似的课堂教学环境，且同一时期进入大学的学生们还会遇到相似的问题或阶段，比如大一都有着相似的新鲜感，大二进入转折时期，大三、大四则面临着未来的选择问题等。那么，大学生们所接触的课堂教学环境、年级、专业又在多大程度上影响着大学生学习力模型呢？虽然本书在前文的现状分析中已经发现不同年级、不同学科类型[2]在大学生学习力的各要素上呈现出显著的差异性，但是这并不意味着年级、学科类型以及上文提到的课堂教学环境对大学生学习力模型存在显著的影响。因此，本部分将进一步检验年级、学科类型、课堂环境对中国大学生学习力模型的影响，并提出以下研究假设：

研究假设 H1：年级因素显著影响大学生的学习力模型；研究假设 H2：学科类型显著影响大学生的学习力模型；研究假设 H3：课

---

[1] 鲍威、李珊：《高中学习经历对大学生学术融入的影响——聚焦高中与大学的教育衔接》，《清华大学教育研究》2016 年第 6 期。

[2] 由于中国高等院校所设专业种类繁多，为了方便分析，以 13 个学科大类对大学生所学的专业进行了归类。又根据以往的研究经验和学科特点，将 13 个学科大类又分为文史哲、社会科学、理学和工农医学以分析学科类型对中国大学生学习力模型的影响。

堂教学环境显著影响中国大学生的学习力模型。

综上可知，参与分析的变量包括：年级（分为大一、大二、大三、大四及以上）；学科类型（文史哲类、社会科学类、理学类、工农医学类）；而课堂教学环境在以往的研究中主要通过学生自评的课堂教学环境体验/感知来衡量，本书借鉴该方式，以学生自评的课堂教学环境体验作为课堂教学环境的量化方式。[①] 其中，年级和学科类型为分类变量，采用构建多群组结构方程模型的方式来检验它们对大学生学习力模型的影响是否显著，而课堂教学环境则是一个潜变量，仍然以建构结构方程模型的方式来分析课堂教学环境对中国大学生学习力的影响是否显著。

一　年级的调节效应检验

分别以大一、大二、大三和大四及以上学生的数据建立模型，发现模型拟合度均达到可接受水平（大一，CFI = 0.949 > 0.90，TLI = 0.945 > 0.90，RMSEA = 0.046 < 0.08，SRMR = 0.075 < 0.08；大二，CFI = 0.945 > 0.90，TLI = 0.941 > 0.90，RMSEA = 0.049 < 0.08，SRMR = 0.078 < 0.08；大三，CFI = 0.943 > 0.90，TLI = 0.939 > 0.90，RMSEA = 0.049 < 0.08，SRMR = 0.079 < 0.08；大四及以上，CFI = 0.943 > 0.90，TLI = 0.938 > 0.90，RMSEA = 0.051 < 0.08，SRMR = 0.084 > 0.08，虽然 SRMR 略大于 0.08，但综合所有指标而言，模型拟合度可接受）。在此基础之上，建构多群组结构方程模型对年级的调节作用进行检验。首先，建立四个相互嵌套模型 M1 - M4。检查 M1 至 M4 四个模型的拟合优度指标可以发现（见表 5 - 9），四个嵌套模型的拟合优度指标都达到了可接受水平，表明模型基本适配度合理。

在比较嵌套模型的差异时，由于年级分组后的样本量大，研究采用拟合指数差异的方法来比较四个模型，发现 M1 与 M2 模型差异

---

① 课堂教学环境体验量表的信效度已经在研究设计中论述，此处不再赘述。

不显著（ΔCFI = 0.000，ΔTLI = 0.002，二者的绝对值 < 0.01）；M2 与 M3 模型差异不显著（ΔCFI = 0.000，ΔTLI = 0.000，二者的绝对值 < 0.01）；M3 与 M4 模型差异不显著（ΔCFI = 0.000，ΔTLI = 0.000，二者的绝对值 < 0.01）。因嵌套模型的结果提示满足多组不变性假设，测量权重、路径系数、结构协方差等值的限定也未显著恶化拟合指数。

表 5 - 9　中国大学生学习力模型在年级分组结构方程模型的拟合指标

Model	CFI（>0.9）	TLI（>0.9）	RMSEA（<0.08）	SRMR（<0.08）
M1	0.951	0.947	0.023	0.054
M2	0.951	0.949	0.023	0.053
M3	0.951	0.949	0.023	0.053
M4	0.951	0.949	0.023	0.052

综上所述，年级对中国大学生学习力模型的调节效应不显著，研究假设 H1 不成立。

二　学科类型的调节效应检验

分别以文史哲类、社会科学类、理学类和工农医学类学生的数据建立模型，发现模型拟合度均达到可接受水平（文史哲类，CFI = 0.947 > 0.90，TLI = 0.943 > 0.90，RMSEA = 0.048 < 0.08，SRMR = 0.075 < 0.08；社会科学类，CFI = 0.944 > 0.90，TLI = 0.940 > 0.90，RMSEA = 0.049 < 0.08，SRMR = 0.078 < 0.08；理学类，CFI = 0.940 > 0.90，TLI = 0.935 > 0.90，RMSEA = 0.049 < 0.08，SRMR = 0.080，虽然 SRMR 等于 0.08，但综合所有指标而言，模型拟合度可接受；工农医学类，CFI = 0.947 > 0.90，TLI = 0.942 > 0.90，RMSEA = 0.047 < 0.08，SRMR = 0.079 < 0.08）。在此基础之上，建构多群组结构方程模型对学科类型的调节作用进行检验。首先，建立四个相互嵌套模型 M1 - M4。检查 M1 至 M4 四个模型的拟合优度指标可以发现（见

表 5 - 10），四个嵌套模型的拟合优度指标都达到了可接受水平，表明模型基本适配度合理。

表 5 - 10　中国大学生学习力模型在学科类型分组结构方程模型的拟合指标

Model	CFI（>0.9）	TLI（>0.9）	RMSEA（<0.08）	SRMR（<0.08）
M1	0.951	0.947	0.023	0.052
M2	0.951	0.948	0.023	0.051
M3	0.950	0.949	0.023	0.054
M4	0.950	0.949	0.023	0.054

在比较嵌套模型的差异时，由于学科类型分组后的样本量大，研究采用拟合指数差异的方法来比较四个模型，发现 M1 与 M2 模型差异不显著（ΔCFI = 0.000，ΔTLI = 0.001，二者的绝对值 < 0.01）；M2 与 M3 模型差异不显著（ΔCFI = -0.001，ΔTLI = 0.001，二者的绝对值 < 0.01）；M3 与 M4 模型差异不显著（ΔCFI = 0.000，ΔTLI = 0.000，二者的绝对值 < 0.01）。因嵌套模型的结果提示满足多组不变性假设，测量权重、路径系数、结构协方差等值的限定也未显著恶化拟合指数。

综上所述，学科类型对中国大学生学习力模型的调节效应不显著，研究假设 H2 不成立。

三　课堂教学环境的影响分析

根据前文的分析，本部分主要分析课堂教学环境对中国大学生学习力模型的影响。需要指出的是，课堂教学环境作为微观的环境，不似年级、学科一样伴随整个学习过程的始终，主要发生在课堂上，是教师与学生发生互动的场所。根据本书对大学生学习力的内涵界定：大学生学习力是一个动态系统，学生在学习驱动力的驱动下，在学习策略力的作用下，通过学习行动力外化学生与外部环境的互动，最后形成知识、认知、技能和情感方面的变化，又反馈给学生个体，并在此基础上进行了新一轮学习。因此，课堂教学环境是学生自带学习驱动力和一定的学习策略力的积累，与课堂教学环境发生互动并外化为学习行动力的环境因素，在这个过程中，课堂教学环境不仅会影响学习行动力，也会影响学习驱动力和学习策略力，如学生可能受课堂上老师的启发改进自己的学习策略力，也可能受教师的教学风格影响喜欢或者厌恶学习，影响自己的学习驱动力和行动力，最后通过学习行动力间接影响知识力、认知力、技能力和情感力的变化。综上分析，课堂教学环境的影响效力直接作用于学习驱动力、学习策略力和学习行动力。由此形成三个研究假设：研究假设 H3a，课堂教学环境显著影响学习驱动力；H3b，课堂教学环境显著影响学习策略力；H3c，课堂教学环境显著影响学习行动力。

运用结构方程模型技术对该假设进行检验，得出拟合指数的结果如下：$CFI = 0.946 > 0.09$，$TLI = 0.942 > 0.09$，$RMSEA = 0.045 < 0.08$，$SRMR = 0.075 < 0.08$。根据拟合指标良好的标准，该结构方程模型的拟合指数均达到了拟合优度指标的水平，这表明该模型的建立是合理的。具体的模型检验结果见表 5 – 11。

表 5 – 11　　课堂教学环境影响中国大学生学习力模型的检验结果

变量关系		标准化路径系数	原系数/假设是否成立
学习驱动力→学习行动力	意义驱动力→学习行动力	0.090 **	0.173
	应用驱动力→学习行动力	0.034 **	0.120
学习策略力→学习行动力	认知策略力→学习行动力	0.147 **	0.237
	调控策略力→学习行动力	0.196 **	0.430
学习行动力→知识力		0.802 **	0.800
学习行动力→认知力		0.743 **	0.752
学习行动力→技能力		0.725 **	0.739
学习行动力→情感力		0.754 **	0.763

续表

变量关系		标准化路径系数	原系数/假设是否成立
课堂教学环境→学习驱动力	课堂教学环境→意义驱动力	0.437**	H3a 成立
	课堂教学环境→应用驱动力	0.568**	
课堂教学环境→学习策略力	课堂教学环境→认知策略力	0.556**	H3b 成立
	课堂教学环境→调控策略力	0.619**	
课堂教学环境→学习行动力		0.621**	H3c 成立

注：* $p<0.05$；** $p<0.01$。

由表 5-11 的检验结果可知，大学生学习力模型在加入课堂教学环境之后，各结构要素间的标准化路径系数发生了显著的变化（由表 5-11 标准化路径系数与原系数的比较可知）。具体而言，意义驱动力对学习行动力的标准化路径由 0.173 降至 0.090，应用驱动力对学习行动力的标准化路径系数由 0.120 降至 0.034；认知策略力对学习行动力的标准化路径系数由 0.237 降至 0.147，调控策略力对学习行动力的标准化路径系数由 0.430 降至 0.196；而学习行动力对知识力、认知力、技能力和情感力的标准化路径系数的下降范围在 0.002—0.019。

在课堂教学环境影响学习驱动力、学习策略力和学习行动力方面：首先，课堂教学环境显著影响学习驱动力的假设 H3a 获得了数据结果的支持，其中课堂教学环境与意义驱动力的标准化路径系数为 0.437（$p<0.001$），说明课堂教学环境显著正向影响意义驱动力，且课堂教学环境每提高 1 个单位，意义驱动力提高 0.437 个单位，预测力为 19.1%；课堂教学环境与应用驱动力的标准化路径系数为 0.568（$p<0.001$），说明课堂教学环境显著正向影响应用驱动力，且课堂教学环境每提高 1 个单位，应用驱动力提高 0.568 个单位，预测力为 32.3%。其次，课堂教学环境显著影响学习策略力的假设 H3b 成立，其中课堂教学环境与认知策略力的标准化路径系数

为 0.556（p<0.001），说明课堂教学环境显著正向影响认知策略力，且课堂教学环境每提高 1 个单位，认知策略力提高 0.556 个单位，预测力为 30.9%；课堂教学环境与调控策略力的标准化路径系数为 0.619（p>0.05），说明课堂教学环境显著正向影响调控策略力，且课堂教学环境每提高 1 个单位，调控策略力提高 0.619 个单位，预测力为 38.3%。最后，课堂教学环境显著影响学习行动力的假设 H3c 获得数据结果的支持，其中课堂教学环境与学习行动力的标准化路径系数为 0.621（p<0.001），说明课堂教学环境显著正向影响学习行动力，且课堂教学环境每提高 1 个单位，学习行动力提高 0.621 个单位，预测力为 38.6%。

综合以上分析，课堂教学环境对中国大学生学习力模型存在显著的正向影响，这是大学影响学生最有力的证明。课堂教学环境对大学生的学习驱动力、学习策略力以及学习行动力都有非常显著的正向影响，预测力范围为 19.1%—38.6%，且预测力远大于学生个体层面因素的预测力。

四 结果与讨论

本节内容分析了中微观层面的环境因素对中国大学生学习力的影响情况。经过研究检验，大学生的年级、学科类型对大学生学习力模型的调节效应不显著；课堂教学环境对大学生的学习力影响显著。

大学生的年级、学科类型对大学生学习力模型的调节效应不显著，意味着大学生各要素之间的路径系数在不同年级、不同学科类型的学生之间不存在显著的差异。虽然前文的研究发现，不同年级、不同学科类型的大学生在学习力各要素的均值上存在显著差异，但是各要素之间的作用方向与作用力不存在显著差异。也就是说，学习驱动力、学习策略力对学习行动力的影响效力，学习行动力对知识力、认知力、技能力和情感力的影响效力，包括学习驱动力和学习策略力之间的相关性，在不同年级、不同学科类型的学生之间都没有发现显著的差异。这就意味着大学生学习力模型在大学各年级学生与各学科类型的学生中具有普适性的特征。回到中国大学生学习力的结构方程模型，调控策略力对学习行动力的影响最大，而认知策略力次之，意义驱动力第三，而应用驱动力在这四个因素中最小，学习行动力对知识力、认知力、技能力和情感力的培养十分重要，其中又以对知识力的培养为最。这一结构特征在不同年级、不同学科类型的学生中也同样适用。

在课堂教学环境影响大学生学习力模型方面，本书发现大学生对课堂教学环境的体验对大学生学习力模型具有十分显著的影响。具体而言，学生对课堂教学环境的体验在很大程度上直接提高学生的意义驱动力（预测力为19.1%）、应用驱动力（预测力为32.3%）、认知策略力（预测力为30.9%）、调控策略力（预测力为38.3%）和学习行动力（预测力为38.6%）。这一研究发现印证了大学影响理论的论点，即课堂环境确实是影响大学生在校期间心理、认知、行为的重要因素。这也与史秋衡、郭建鹏的研究发现一致，教师在课堂教学中使用学生主体的教学方式会促进学生采用深层的学习方式，并通过深层学习方式间接地提高学习收获。肯伯和关也发现"教师的教学观会影响课程设计、教师所采用的教学方式，进而影响学生的学习方式与结果"[1]，且"促进学习型教学方式会鼓励学生采用意义导向的学习方式"[2]。拉姆斯登发现"学生感知的教学情景对他们的学习方式有显著影响"[3]，特里格韦尔和普罗瑟与威尔逊等人也证实"深层学习方式与良好教学、合适的评价和强调学生独立性的教学之间存在最强

---

[1] Kember, D. Kwan, K., "Lecturers' Approaches to Teaching and Their Relationship to Conceptions of Good Teaching," *Instructional Science*, Vol. 28, 2000, pp. 469 – 490.

[2] Kember, D. Gow, L., "Orientations to Teaching and Their Effect on the Quality of Student Learning," *Journal of Higher Education*, Vol. 65, No. 1, 1994, pp. 58 – 74.

[3] Ramsden, P. A., "Performance Indicator of Teaching Quality in Higher Education: The Course Experience Questionnaire," *Studies in Higher Education*, Vol. 16, 1991, pp. 129 – 150.

的联系"①。陆根书也发现"学生感知的大学数学课堂学习环境、学习方式会影响他们的数学学习情感发展"②。除了印证了以往的研究发现，本书还发现学生对课堂教学环境的体验对学习行动力的影响最大，其次是调控策略力，最后是应用驱动力和认知策略力，对意义驱动力的影响略小于其他三个要素，且学习驱动力和学习策略力对学习行动力的影响力在很大程度上受到学生对课堂教学环境体验的调节。

第三节　宏观环境因素对中国大学生学习力模型的影响分析

在大学影响理论中，学校特征是大学影响学生的重要因素。然而，通过前文的分析已知，大学影响理论所考虑的学校特征以学校的结构特征为主，如学校类型、生师比、在校生比例等，这些特征对于学生学习的影响都相对间接。赵琳等人指出"传统的高等院校分类，往往以资源投入或成果产出为指标和标准，以师资水平、财政经费、学术声誉等呈现出阶梯式甚至层次性特点，但当我们从'教育教学过程'考察本科教育质量时，尤其是突出学生视角后，院校层次式分布特征被打破，不同类型院校在人才培养上的特点和优势，比如地方本科院校在师生互动水平上要好于'985 工程'院校和'211 工程'院校"③。因而，为了更全面且深入地分析学校环境因素对大学生学习

---

① Trigwell, K., Prosser, M., "Improving the Quality of Student Learning: The Influence of Learning Context and Student Approaches to Learning on Learning Outcomes," *Higher Education*, Vol. 22, No. 3, 1991, pp. 251–266; Wilson, K. L., Lizzio, A., Ramsden, P., "The Development, Validation and Application of the Course Experience Questionnaire," *Studies in Higher Education*, Vol. 22, 1997, pp. 33–53.

② 陆根书：《课堂学习环境、学习方式与大学生发展》，《复旦教育论坛》2012年第 4 期。

③ 赵琳等：《高等教育质量的院校类型及区域差异分析——兼论我国高等教育资源配置格局与质量格局》，《清华大学教育研究》2012 年第 5 期。

力的影响，本书借鉴个体—环境匹配理论对学生满意度的定义，即"高等教育机构和学生个体互动的函数"[1]，借用学生对学校环境的满意度来体现学校环境的影响力。鲍威指出"学生对学校的满意度既是考核高校教学成效的重要指标，也是衡量双方相互作用成效的重要指标"[2]。它弥补了大学影响理论只关注宏观环境特征而忽视了学校环境对学生产生实质影响的局限性。所以，本书以学生对学校环境的满意度来分析学校层面的环境因素对大学生学习力的影响。根据前文对学校环境满意度的分析，主要包括对学校提供的校园支持环境和人际环境两个维度，本部分主要检验这两个维度对大学生学习力模型是否存在显著的影响，并提出以下研究假设：

研究假设 H1，校园支持满意度显著影响大学生的学习力模型；研究假设 H2，人际环境满意度显著影响大学生的学习力模型，以建构结构方程模型的方式来分析二者对中国大学生学习力的影响是否显著。

一 校园支持满意度的影响分析

根据本书对大学生学习力的内涵界定，学生与外部环境发生互动，主要通过直接影响学习驱动力、学习策略力，通过学习行动力外化学生与外部环境的互动，最后通过学习行动力间接地影响知识、认知、技能和情感方面的变化。因此，学生的校园支持满意度直接影响学习驱动力、学习策略力、学习行动力，并通过学习行动力间接影响知识力、认知力、技能力和情感力的变化。由此形成三个研究假设：研究假设 H1a，校园支持满意度显著影响学习驱动力；研究假设 H1b，校园支持满意度显著影响学习策略力；研究假设 H1c，校园支持满意度显著影响学习行动力。

---

[1] Tinto, V., *Leaving College: Rethinking the Causes and Cures of Student Attrition* (2nd ed.), Chicago, IL: University of Chicago Press, 1993.

[2] 鲍威：《学生严重的高等院校教学质量：高校学生教学评估的分析》，《现代大学教育》2007 年第 4 期。

运用结构方程模型技术对该假设进行检验，得出拟合指数的结果如下：CFI = 0.950 > 0.09，TLI = 0.946 > 0.09，RMSEA = 0.042 < 0.08，SRMR = 0.048 < 0.08。根据拟合指标良好的标准，该结构方程模型的拟合指数均达到了拟合优度指标的水平，这表明该模型的建立是合理的。具体的模型检验结果见表 5 - 12。

表 5 - 12　　校园支持满意度影响中国大学生学习力模型的检验结果

变量关系		标准化路径系数	原系数/假设是否成立
学习驱动力→学习行动力	意义驱动力→学习行动力	0.146 **	0.173
	应用驱动力→学习行动力	0.034 **	0.120
学习策略力→学习行动力	认知策略力→学习行动力	0.199 **	0.237
	调控策略力→学习行动力	0.352 **	0.430
学习行动力→知识力		0.823 **	0.800
学习行动力→认知力		0.753 **	0.752
学习行动力→技能力		0.740 **	0.739
学习行动力→情感力		0.764 **	0.763
校园支持满意度→学习驱动力	校园支持满意度→意义驱动力	0.424 **	H1a 成立
	校园支持满意度→应用驱动力	0.329 **	
校园支持满意度→学习策略力	校园支持满意度→认知策略力	0.384 **	H1b 成立
	校园支持满意度→调控策略力	0.442 **	
校园支持满意度→学习行动力		0.389 **	H1c 成立

注：* $p < 0.05$；** $p < 0.01$。

由表 5 - 12 的检验结果可知，大学生学习力模型在加入校园支持满意度之后，各结构要素间的标准化路径系数发生了显著的变化（由表 5 - 12 标准化路径系数与原系数的比较可知）。具体而言，意义驱动力对学习行动力的标准化路径由 0.173 降至 0.146，应用驱动力对学习行动力的标准化路径系数由 0.120 降至 0.034；认知策略力对学习行动力的标准化路径系数由 0.237 降至 0.199，调控策略力对学习行动力的标准化路径系数由 0.430 降至 0.352；学习行动力对知识力的标准化路径系数由 0.800 升至 0.823；学习行动力对认知力、技能力和情感力的标准化路径系数均为上下浮动 0.001。

在校园支持满意度影响学习驱动力、学习策略力和学习行动力方面：首先，校园支持满意度显著影响学习驱动力的假设 H1a 获得了数据结果的支持，其中校园支持满意度与意义驱动力的标准化路径系数为 0.424（p<0.001），说明校园支持满意度显著正向影响意义驱动力，且校园支持满意度每提高 1 个单位，意义驱动力提高 0.424 个单位，预测力为 18.0%；校园支持满意度与应用驱动力的标准化路径系数为 0.329（p<0.001），说明校园支持满意度显著正向影响应用驱动力，且校园支持满意度每提高 1 个单位，应用驱动力提高 0.329 个单位，预测力为 10.8%。其次，校园支持满意度显著影响学习策略力的假设 H1b 成立，其中校园支持满意度与认知策略力的标准化路径系数为 0.384（p<0.001），说明校园支持满意度显著正向影响认知策略力，且校园支持满意度每提高 1 个单位，认知策略力提高 0.384 个单位，预测力为 14.7%；校园支持满意度与调控策略力的标准化路径系数为 0.442（p>0.05），说明校园支持满意度显著正向影响调控策略力，且校园支持满意度每提高 1 个单位，调控策略力提高 0.442 个单位，预测力为 19.5%。最后，校园支持满意度显著影响学习行动力的假设 H1c 获得数据结果的支持，其中校园支持满意度与学习行动力的标准化路径系数为 0.389（p<0.001），说明校园支持满意度显著正向影响学习行动力，且校园支持满意度每提高 1 个单位，学习行动力提高 0.389 个单位，预测力为 15.1%。

二 人际环境满意度的影响分析

与校园支持满意度一样，学生的人际环境满意度直接影响学习驱动力、学习策略力、学习行动力，并通过学习行动力间接影响知识力、认知力、技能力和情感力的变化。由此形成三个研究假设：

研究假设 H2a，人际环境满意度显著影响学习驱动力；研究假设 H2b，人际环境满意度显著影响学习策略力；研究假设 H2c，人际环境满意度显著影响学习行动力。

运用结构方程模型技术对该假设进行检验，得出拟合指数的结果如下：CFI = 0.953 > 0.09，TLI = 0.949 > 0.09，RMSEA = 0.043 < 0.08，SRMR = 0.049 < 0.08。根据拟合指标良好的标准，该结构方程模型的拟合指数均达到了拟合优度指标的水平，这表明该模型的建立是合理的。具体的模型检验结果见表 5-13。

表 5-13　人际环境满意度影响中国大学生学习力模型的检验结果

变量关系		标准化路径系数	原系数/假设是否成立
学习驱动力→学习行动力	意义驱动力→学习行动力	0.165**	0.173
	应用驱动力→学习行动力	0.004	0.120
学习策略力→学习行动力	认知策略力→学习行动力	0.158**	0.237
	调控策略力→学习行动力	0.366**	0.430
学习行动力→知识力		0.814**	0.800
学习行动力→认知力		0.765**	0.752
学习行动力→技能力		0.756**	0.739
学习行动力→情感力		0.777**	0.763
人际环境满意度→学习驱动力	人际环境满意度→意义驱动力	0.429**	H2a 成立
	人际环境满意度→应用驱动力	0.394**	
人际环境满意度→学习策略力	人际环境满意度→认知策略力	0.442**	H2b 成立
	人际环境满意度→调控策略力	0.430**	
人际环境满意度→学习行动力		0.424**	H2c 成立

注：* $p < 0.05$；** $p < 0.01$。

由表 5-13 的检验结果可知，大学生学习力模型在加入人际环境满意度之后，各结构要素间的标准化路径系数发生了显著的变化。① 具体而言，意义驱动力对学习行动力的标准化路径由 0.173 降至 0.165，而应用驱动力对学习行动力的影响由显著变为不显著；认知策略力对学习行动力的标准化路径系数由 0.237 降至 0.158，调控策略力对学习行动力的标准化路径系数由 0.430 降至 0.366；学习行动力对知识力的标准化路径系数由 0.800 升至 0.814；学习行动力对认知力的标准化路径系数由 0.752 升至 0.765；学习行动力对技能力的标准化路径系数由 0.739 升至 0.756；学习行动力对情感力的标准化路径系数由 0.763 升至 0.777。

在人际环境满意度影响学习驱动力、学习策略力和学习行动力方面：首先，人际环境满意度显著影响学习驱动力的假设 H2a 获得了数据结果的支持，其中人际环境满意度与意义驱动力的标准化路径系数为 0.429（$p<0.001$），说明人际环境满意度显著正向影响意义驱动力，且人际环境满意度每提高 1 个单位，意义驱动力提高 0.429 个单位，预测力为 18.4%；人际环境满意度与应用驱动力的标准化路径系数为 0.394（$p<0.001$），说明人际环境满意度显著正向影响应用驱动力，且人际环境满意度每提高 1 个单位，应用驱动力提高 0.394 个单位，预测力为 15.5%。其次，人际环境满意度显著影响学习策略力的假设 H2b 成立，其中人际环境满意度与认知策略力的标准化路径系数为 0.442（$p<0.001$），说明人际环境满意度显著正向影响认知策略力，且人际环境满意度每提高 1 个单位，认知策略力提高 0.442 个单位，预测力为 19.5%；人际环境满意度与调控策略力的标准化路径系数为 0.430（$p>0.05$），说明人际环境满意度显著正向影响调控策略力，且人际环境满意度每提高 1 个单位，调控策略力提高 0.430 个单位，预测力为 18.5%。最后，人际环境满意度显著影响学习行动力的假设 H2c 获得数据结果的支持，其中人际环境满意度与学习行动力的标准化路径系数为 0.424（$p<0.001$），说明人际环境满意度显著正向影响学习行动力，且人际环

---

① 由表 5-13 标准化路径系数与原系数的比较可知。

境满意度每提高 1 个单位，学习行动力提高 0.424 个单位，预测力为 18.0%。

三 学校环境满意度的综合影响分析

由前文的研究结果可知，在学校环境满意度中，大学生的校园支持满意度和人际环境满意度对大学生学习力模型存在显著的正向影响。现将校园支持满意度和人际环境满意度同时纳入大学生学习力模型中，分析学校环境满意度对大学生学习力模型的综合影响。

运用结构方程模型技术得出的拟合指数结果如下：CFI = 0.949 > 0.09，TLI = 0.946 > 0.09，RMSEA = 0.041 < 0.08，SRMR = 0.046 < 0.08。根据拟合指标良好的标准，该结构方程模型的拟合指数均达到了拟合优度指标的水平，这表明该模型的建立是合理的。具体的模型检验结果见表 5 – 14。

表 5 – 14　学校环境满意度影响我国大学生学习力模型的检验结果

变量关系		标准化路径系数	原系数
学习驱动力→学习行动力	意义驱动力→学习行动力	0.151**	0.173
	应用驱动力→学习行动力	0.010*	0.120
学习策略力→学习行动力	认知策略力→学习行动力	0.169**	0.237
	调控策略力→学习行动力	0.344**	0.430
学习行动力→知识力		0.822**	0.800
学习行动力→认知力		0.766**	0.752
学习行动力→技能力		0.756**	0.739
学习行动力→情感力		0.778**	0.763
学校环境满意度→学习驱动力	校园支持满意度→意义驱动力	0.222**	0.424
	人际环境满意度→意义驱动力	0.251**	0.429
	校园支持满意度→应用驱动力	0.038**	0.329
	人际环境满意度→应用驱动力	0.364**	0.394

续表

变量关系		标准化路径系数	原系数
学校环境满意度→学习策略力	校园支持满意度→认知策略力	0.083**	0.384
	人际环境满意度→认知策略力	0.376**	0.442
	校园支持满意度→调控策略力	0.271**	0.442
	人际环境满意度→调控策略力	0.213**	0.430
学校环境满意度→学习行动力	校园支持满意度→学习行动力	0.179**	0.389
	人际环境满意度→学习行动力	0.290**	0.424

注：* $p<0.05$；** $p<0.01$。

由表 5-14 的检验结果可知，大学生学习力模型在加入学校环境满意度之后，各结构要素间的标准化路径系数发生了显著的变化（由表 5-14 标准化路径系数与原系数的比较可知）。具体而言，意义驱动力对学习行动力的标准化路径由 0.173 降至 0.151，而应用驱动力对学习行动力的影响由 0.120 降至 0.010；认知策略力对学习行动力的标准化路径系数由 0.237 降至 0.169，调控策略力对学习行动力的标准化路径系数由 0.430 降至 0.344；学习行动力对知识力的标准化路径系数由 0.800 升至 0.822；学习行动力对认知力的标准化路径系数由 0.752 升至 0.766；学习行动力对技能力的标准化路径系数由 0.739 升至 0.756；学习行动力对情感力的标准化路径系数由 0.763 升至 0.778。

在学校环境满意度综合影响学习驱动力、学习策略力和学习行动力方面：首先，校园支持满意度和人际环境满意度对意义驱动力显著正向影响意义驱动力，二者的标准化路径系数分别为 0.222、0.251，说明校园支持满意度和人际环境满意度对意义驱动力的预测力分别为 4.9%、6.3%，即学校环境满意度对意义驱动力的综合预测力为 11.2%；校园支持满意度和人际环境满意度显著正向影响应用驱动力，二者对应用驱动力的标准化路径系数分别为 0.038、0.364，说明校园支持满意度和人际环境满意度对应用驱动力的预测力分别为0.1%、13.2%，即学校环境满意度对应用驱动力的综合预测力为13.3%。其次，校园支持满意度和人际环境满意度显著正向影响认知策略力，二者的标准化路径系数分别为0.083、0.376，说明校园支持满意度和人际环境满意度对认知策略力的预测力分别为0.7%、14.1%，即学校环境满意度对认知策略力的综合预测力为14.8%；校园支持满意度和人际环境满意度显著正向影响调控策略力，二者的标准化路径系数分别为0.271、0.213，说明校园支持满意度和人际环境满意度对调控策略力的预测力分别为7.3%、4.5%，即学校环境满意度对调控策略力的综合预测力为11.8%。最后，校园支持满意度和人际环境满意度显著正向影响学习行动力，二者的标准化路径系数分别为0.179、0.290，说明校园支持满意度和人际环境满意度的预测力分别为3.2%、8.4%，即学校环境满意度对学习行动力的综合预测力为11.6%。综合上述分析，学校环境满意度对学习驱动力、学习策略力和学习行动力的预测力在11.2%—14.8%，其中又以人际环境满意度的影响要大且全，校园支持满意度对应用驱动力、认知策略力的预测力都低于1%，而人际环境满意度的预测力都在4%以上，对认知策略力的预测力高达14.1%。

四 结果与讨论

本节内容分析了宏观层面的学校环境因素对中国大学生学习力的影响情况。经过研究检验，大学生对学校环境满意度对大学生学习力的影响显著。具体而言，大学生对校园支持满意度和人际环境满意度均对大学生学习力的影响十分显著，且在校园支持满意度和人际环境满意度的作用下，大学生学习力各要素的路径系数也发生了变化，降低了意义驱动力、应用驱动力和认知策略力对学习行动力的标准化路径系数，提升了调控策略力对学习行动力以及学习行动力对知识力、认知力、技能力和情感力的标准化路径系数。说明大学生对学校环境的满意度对大学生学习力模型具有调节作用。一方面，学校满意度分散了意义驱动力、应用驱动力和认知策略力对学习行动力的影响；另一方面，学生对学校越满意，即与学校环境的互动效果越好，越能有效调节自己的学习，并转化为学习行动力，进而促进知识力、认知力、技能力和情感力的提升。

　　进一步分析发现，校园支持满意度对大学生学习力模型具有十分显著的影响。具体而言，学生对校园支持的满意度在很大程度上直接提升了学生的意义驱动力（预测力为18.0%）、应用驱动力（预测力为10.8%）、认知策略力（预测力为14.7%）、调控策略力（预测力为19.5%）、学习行动力（预测力为15.1%）；学生对人际环境的满意度在很大程度上也直接提升了学生的意义驱动力（预测力为18.4%）、应用驱动力（预测力为15.5%）、认知策略力（预测力为19.5%）、调控策略力（预测力为18.5%）、学习行动力（预测力为18.0%）；而学校环境满意度的综合分析后，学校环境满意度对意义驱动力、应用驱动力、认知策略力、调控策略力和学习行动力的预测力分别为11.2%、13.3%、14.8%、11.8%、11.6%。综合而言，中国大学生对学校环境的满意度对学习驱动力、学习策略力和学习行动力具有十分显著的正向预测作用，且预测力达11%—15%。鲍威研究发现，"学生对'专业教师与学生的互动'、'辅导员的支持'、'院校学生社团活动'都能有力强化学生的认知性发展"[1]。穆兰兰、魏红研究发现"学生对学校的教育和各方面的服务满意度会促进学生个体在知识技能方面的学习，学生对学校满意程度的提高不仅有益于知识技能的学习，也有益于身心的发展"[2]。这些与本书的结果一致，且本书还进一步深化了学生的身心发展与知识技能的学习，发现了学生的学校环境满意度对学习驱动力、学习策略力和学习行动力均有十分显著的影响，且能通过提升调控策略力、学习行动力，进而促进知识力、认知力、技能力和情感力的提

---

[1] 鲍威：《高校学生院校满意度的测量及其影响因素分析》，《教育发展研究》2014年第3期。

[2] 穆兰兰、魏红：《大学生自我报告的学习结果和学校满意度的关系研究》，《复旦教育论坛》2015年第13期。

升。此外，本书还发现人际环境满意度对学习力的预测作用大于校园支持满意度的预测作用，这说明学校创设良好的人际环境对学生学习与发展的促进作用更显著。

第四节　本章小结

本章内容主要是回应研究问题中的第二部分问题，探究中国大学生学习力的影响因素。具体包括学生入学前的经历，也是个体层面的因素，即个体特征（性别、生源地）、家庭背景因素（父母受教育程度、家庭经济收入）对中国大学生学习力的影响；中微观层面的环境因素，即年级、学科类型、课堂教学环境对中国大学生学习力的影响；宏观层面的环境因素，即学校环境满意度（校园支持满意度、人际环境满意度）对中国大学生学习力的影响。通过结构方程模型和多群组结构方程模型的分析，得出以下结论。

第一，个体层面因素显著影响中国大学生学习力模型得到部分验证。具体表现为大学生的个体特征，包括性别、生源地对大学生学习力模型的调节效应不显著；而大学生的家庭背景因素显著影响中国大学生的学习力；高中阶段的学业表现也显著影响大学生的学习力。其中，在家庭背景因素中，父母受教育程度对大学生的意义驱动力、认知策略力、调控策略力具有显著的正向预测作用，且母亲受教育程度在这三个维度上的预测力大于父亲受教育程度；父亲受教育程度与家庭经济收入对应用驱动力具有显著的正向预测作用，且父亲受教育程度的预测力大于家庭经济收入；家庭经济收入对调控策略力具有显著的负向预测作用；在学习行动力上，只有母亲受教育程度具有显著的正向预测作用；在知识力上，只有家庭经济收入具有显著的正向预测作用；在认知力、技能力和情感力上，父亲受教育程度和家庭经济收入均有显著的正向预测作用，而母亲受教育程度则具有显著的负向预测作用。在高中阶段的学业表现中，中国大学生在高中阶段的学业表现分别显著正向影响大学生的意义驱动力、应用驱动力、认知策略力、调控策略力、学习行动力、知识力、认知力、技能力和情感力,其中对应用驱动力和认知策略力的预测作用最大。

第二,中微观环境因素显著影响中国大学生学习力模型得到部分验证。具体表现为大学生的年级、学科类型对大学生学习力模型的调节效应不显著,即大学生学习力各要素之间的路径系数在不同年级、不同学科类型的学生之间不存在显著差异;而微观的课堂教学环境对中国大学生学习力具有十分显著的影响。在课堂教学环境方面,学生对课堂教学环境的体验分别显著正向影响大学生的意义驱动力、应用驱动力、认知策略力、调控策略力和学习行动力,预测力在 19.1%—38.6%,其中对学习行动力的预测力最大,调控策略力次之,而对意义驱动力的预测力则为这几个维度中最小的。此外,学生对课堂教学环境的体验还分散了学习驱动力、学习策略力对学习行动力的影响。

第三,宏观环境因素显著影响中国大学生学习力模型得到数据验证,即中国大学生对学校环境的满意度显著正向影响大学生学习力模型。具体而言,中国大学生的校园支持满意度和人际环境满意度均对大学生学习力模型有十分显著的正向影响。一方面,学校环境满意度对大学生学习力模型具有调节作用,表现为大学生学习力模型各要素的路径系数在校园支持满意度和人际环境满意度的综合作用下发生了变化,降低了意义驱动力、应用驱动力和认知策略力对学习行动力的标准化路径系数,提升了调控策略力对学习行动力以及学习行动力对知识力、认知力、技能力和情感力的标准化路径系数;另一方面,校园支持满意度和人际环境满意度分别显著正向影响大学生的学习驱动力、学习策略力和学习行动力。表现为校园支持满意度分别显著正向影响大学生的意义驱动力、应用驱动力、认知策略力、调控策略力、学习行动力,预测力在 10.8%—19.5%,人际环境满意度也分别显著正向影响大学生的意义驱动力、应用驱动力、认知策略力、调控策略力和学习行动力，预测力在15.5%—19.5%，综合分析后，学校环境满意度对学习驱动力、学习策略力和学习行动力的预测力在11%—15%。

最后，综合个体层面因素、中微观环境因素和宏观环境因素对中国大学生学习力模型的影响分析，个体层面因素中的家庭背景因素和高中阶段的学业表现虽然影响显著，但预测力较小，最高也只有1.5%。中微观环境因素中的课堂教学环境体验的影响最大，预测力在19.1%—38.6%，对学习驱动力、学习策略力、学习行动力均有十分显著的正向影响。宏观环境因素中的学校环境满意度也是不容忽视的因素，预测力虽然不及课堂教学环境体验，但也都十分显著。此外，不论是课堂教学环境体验还是学校环境满意度都对学习力模型具有调节作用。

第 六 章

中国大学生学习力模型的动态发展特征

本章主要回应研究的第三部分问题，即探究中国大学生学习力的动态性，分析大学生学习力会否随着时间的变化而变化。首先，通过描述性统计分析和聚类分析，了解追踪调查的大学生在不同阶段的学习力现状；其次，运用多水平增长模型与多水平结构方程模型建构中国大学生学习力的动态发展模型，探索中国大学生学习力模型的动态发展特征，并对分析结果进行讨论和总结。

第一节 中国大学生学习力追踪调查的基本情况

本节内容主要是对本书追踪调查的大学生在不同阶段的学习力各要素现状进行描述性统计，并对研究结果进行讨论和总结。

一 中国大学生学习力要素动态发展的总体特征

在 2015—2017 年的本科生追踪数据库中，共有 1021 名大学生参与了 NCSS – 2015 – 2017 年的追踪调查。① 分别对这 1021 名大学生在 2015—2017 年的学习力各要素的现状进行描述性分析。

统计学习力各要素的均值可以发现，参与追踪调查的大学生在学习力七个要素上的均值除了 2015 年与 2016 年的学习行动力低于 4.00 以外，其他要素的均值都在 4.00 以上。结合六点量表的数值含义，说明参与追踪调查的 1021 名大学生在学习力各要素的平均水平都处于比较高的水平。

表 6 – 1　　　　中国大学生学习力要素的动态发展总体特征

学习力	2015 平均值	2015 标准差	2016 平均值	2016 标准差	2017 平均值	2017 标准差
学习驱动力	4.51	0.69	4.63	0.80	4.71	0.87
学习策略力	4.18	0.69	4.15	0.75	4.30	0.81
学习行动力	3.85	0.79	3.96	0.78	4.11	0.83
知识力	4.39	0.82	4.39	0.86	4.46	0.89
认知力	4.66	0.73	4.62	0.79	4.70	0.81
技能力	4.73	0.74	4.65	0.78	4.76	0.81
情感力	4.66	0.74	4.63	0.79	4.68	0.83

比较三个阶段大学生在学习力各要素的均值可知，学生在 2015 年的学习力表现为技能力的均值最高（M = 4.73, SD = 0.74），其次是认知力（M = 4.66, SD = 0.73）和情感力（M = 4.66, SD = 0.74），紧随其后的是学习驱动力（M = 4.51, SD = 0.69），均值最低的是学习行动力（M = 3.85, SD = 0.79）；在 2016 年的学习力表现为技能力的均值最高（M = 4.65, SD = 0.78），其次是学习驱动力（M = 4.63, SD = 0.80）和情感力（M = 4.63, SD = 0.79），紧随其后的是认知力（M = 4.62, SD = 0.79），均值最低的仍然是学习行动

---

① 样本结构已经在前文详细说明，此处不再赘述。

力（M=3.96，SD=0.78）；在 2017 年的学习力表现为技能力的均值最高（M=4.76，SD=0.81），其次是学习驱动力（M=4.71，SD=0.87），紧随其后的是认知力（M=4.70，SD=0.81），均值最低的依然是学习行动力（M=4.11，SD=0.83），但相比于 2016 年有了较大提高。将 2015—2017 年学习力各要素的均值形成雷达图（见图 6-1），形象地展现了参与追踪调查的大学生在学习力各要素上的均值情况。

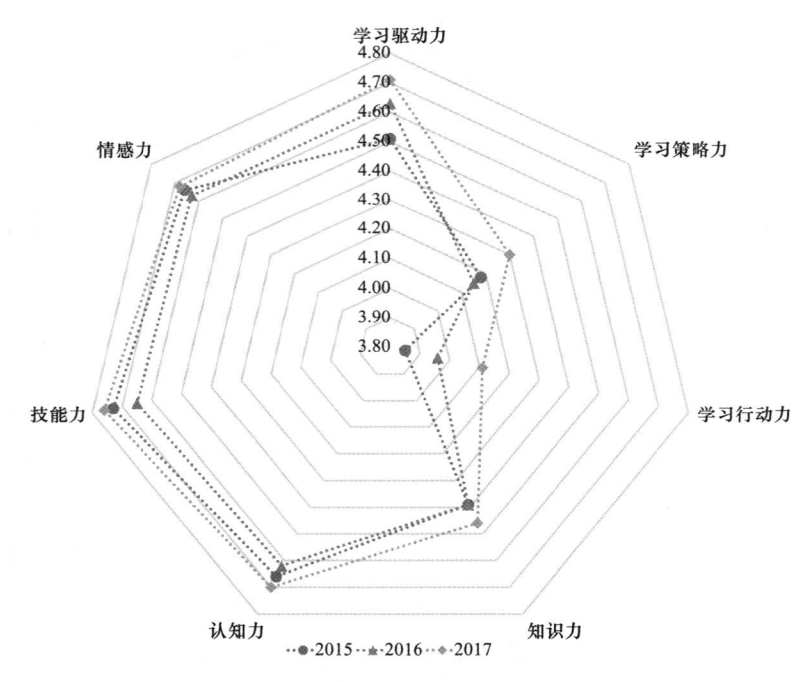

图 6-1　中国大学生学习力要素的动态发展总体特征

二　中国大学生学习力要素动态发展的具体特征

在对中国大学生学习力各要素的动态现状有了总体认识后，本书还将分别对七个要素进行具体分析，主要包括现状描述与聚类分析，通过对各要素的各维度的现状分析，以更全面、深入地了解大学生在学习力各要素上的动态表现。

(一) 中国大学生学习驱动力的动态发展特征分析

表6-2的描述性结果显示,参与追踪调查的大学生的意义驱动力在2015—2017年的均值分别为4.06、4.29、4.45,同意度百分比分别为61.20%、65.80%、69.00%;应用驱动力在2015—2017年的均值均为4.96,同意度百分比也都为79.20%。

表6-2　　　　　中国大学生学习驱动力的动态发展特征

学习驱动力	2015 平均值	标准差	同意度百分比	2016 平均值	标准差	同意度百分比	2017 平均值	标准差	同意度百分比
意义驱动力	4.06	0.85	61.20%	4.29	0.92	65.80%	4.45	0.96	69.00%
应用驱动力	4.96	0.76	79.20%	4.96	0.85	79.20%	4.96	0.92	79.20%

描述性分析的结果表明,参与追踪调查的大学生在2015—2017年,意义驱动力的均值逐年上升,但标准差也逐年增加,说明学生的个体差异也在逐年变大;应用驱动力的均值没有发生变化,标准差却逐年增加,说明学生在应用驱动力上的整体情况没有变化,但个体差异却在逐年变大。总体而言,参与追踪调查的大学生在意义驱动力和应用驱动力的均值都处于比较高的水平,且应用驱动力的均值均高于意义驱动力的均值,但随着大学生活的逐步深入,这种差距也在逐年减小。

为了了解学生在学习驱动力二维度上的具体情况,将意义驱动力和应用驱动力进行快速聚类分析,结果见表6-3。2015—2017年意义驱动力的均值都被聚类为三个组别,均值较高组、均值中间组和均值较低组。从聚类中心来看,均值较高组的聚类中心不断上移,相应的聚类人数不断增加,占总人数的百分比也不断上升;均值较低组的聚类中心不断下移,相应的聚类人数不断减少,占总人数的百分比也不断下降。到2017年,所有参与追踪调查的学生中有46.62%属于均值较高组,49.95%的学生属于均值中间组,3.43%

的学生属于均值较低组。

表 6-3 中国大学生在 2015—2017 年意义驱动力均值的聚类分析结果

	年份	均值较高组	均值中间组	均值较低组
聚类边界	2015	[4.50, 6.00]	[3.25, 4.25]	[1.00, 3.00]
	2016	[4.75, 6.00]	[3.00, 4.50]	[1.00, 2.75]
	2017	[4.75, 6.00]	[2.75, 4.50]	[1.00, 2.50]
聚类中心	2015	4.98	3.84	2.64
	2016	5.18	3.92	2.02
	2017	5.24	3.92	1.57
人数	2015	340	545	136
	2016	380	586	55
	2017	476	510	35
百分比	2015	33.30%	53.38%	13.32%
	2016	37.22%	57.39%	5.39%
	2017	46.62%	49.95%	3.43%

参与追踪调查的大学生在 2015—2017 年应用驱动力的快速聚类分析结果见表 6-4。结合总体情况和聚类分析结果来看，虽然参与追踪调查的大学生应用驱动力的均值在 2015—2017 年没有发生变化，但是聚类分析的结果显示，均值较高组、均值中间组和均值较低组各自的聚类中心、人数和百分比都发生了一些变化。其中，2015—2016 年均值较高组和均值中间组的聚类中心都上移，而均值较低组的聚类中心下移，但是均值较高组的人数减少，而均值中间组的人数增多，2016—2017 年则是均值较高组的聚类中心上移，人数也增多，而均值中间组的聚类中心下移，人数减少，但均值较低组的人数却增加了，且超过了 2015 年的人数，所以在总体情况中，2017 年应用驱动力的标准差增加，个体间的差异变大。

表6-4　中国大学生在2015—2017年应用驱动力均值的聚类分析结果

	年份	均值较高组	均值中间组	均值较低组
聚类边界	2015	[4.80, 6.00]	[3.40, 4.60]	[1.00, 3.20]
	2016	[5.00, 6.00]	[2.80, 4.80]	[1.00, 2.60]
	2017	[5.00, 6.00]	[3.00, 4.80]	[1.00, 2.60]
聚类中心	2015	5.35	4.19	2.50
	2016	5.44	4.27	1.26
	2017	5.46	4.24	1.53
人数	2015	711	287	23
	2016	648	356	17
	2017	669	323	29
百分比	2015	69.64%	28.11%	2.25%
	2016	63.47%	34.87%	1.67%
	2017	65.52%	31.64%	2.84%

（二）中国大学生学习策略力的动态发展特征分析

表6-5的描述性结果显示，参与追踪调查的大学生的认知策略力在2015—2017年的均值分别为4.39、4.39、4.47，同意度百分比分别为67.80%、67.80%、69.40%；调控策略力在2015—2017年的均值分别为3.98、3.92、4.12，同意度百分比分别为59.60%、58.40%、62.40%。

表6-5　中国大学生学习策略力的动态发展特征

学习策略力	2015			2016			2017		
	平均值	标准差	同意度百分比	平均值	标准差	同意度百分比	平均值	标准差	同意度百分比
认知策略力	4.39	0.73	67.80%	4.39	0.78	67.80%	4.47	0.84	69.40%
调控策略力	3.98	0.84	59.60%	3.92	0.91	58.40%	4.12	0.95	62.40%

描述性分析的结果表明，参与追踪调查的大学生在 2015—2017 年，认知策略力的均值总体呈上升趋势，但标准差也逐年增加，说明学生的个体差异也在逐年变大；调控策略力的均值在 2016 年有所下降，但 2017 年又回升且反超了 2015 年的均值，而标准差也是逐年增加，说明学生在调控策略力上的个体差异也是逐年变大。总体而言，参与追踪调查的大学生在认知策略力和调控策略力的均值都处于比较高的水平，且认知策略力的均值都高于调控策略力的均值。

参与追踪调查的大学生在 2015—2017 年认知策略力的快速聚类分析结果见表 6-6。从聚类中心来看，均值较高组的聚类中心不断上移，但聚类人数在 2016 年有所下降，2017 年又反超 2015 年的聚类人数；均值中间组则相反，聚类中心逐年下移，聚类人数在 2016 年大幅增加，2017 年又大幅减少；均值较低组的聚类中心从 2015—2016 年出现大幅下降，2017 年又小幅上升，到 2017 年，所有参与追踪调查的学生中有 44.96% 属于均值较高组，52.69% 的学生属于均值中间组，2.35% 的学生属于均值较低组。

表 6-6　中国大学生在 2015—2017 年认知策略力均值的聚类分析结果

	年份	均值较高组	均值中间组	均值较低组
聚类边界	2015	[4.75, 6.00]	[3.50, 4.50]	[1.00, 3.25]
	2016	[4.75, 6.00]	[2.75, 4.50]	[1.00, 2.50]
	2017	[4.75, 6.00]	[3.00, 4.50]	[1.00, 2.75]
聚类中心	2015	5.13	4.03	2.88
	2016	5.16	3.99	1.42
	2017	5.2	3.97	1.78
人数	2015	395	569	57
	2016	382	624	15
	2017	459	538	24

续表

	年份	均值较高组	均值中间组	均值较低组
百分比	2015	38.69%	55.73%	5.58%
	2016	37.41%	61.12%	1.47%
	2017	44.96%	52.69%	2.35%

参与追踪调查的大学生在 2015—2017 年调控策略力的快速聚类分析结果见表 6-7。从聚类中心上来看，均值较高组的聚类中心在 2016 年有所下降，2017 年又回升且超过了 2015 年，但聚类人数却是逐年增加；均值中间组的聚类中心表现出先下降后上升的特点，而人数则是先增加后减少；均值较低组的聚类中心和人数都表现出先下降后上升的特点。到 2017 年，所有参与追踪调查的学生中有 33.30% 的学生属于均值较高组，53.28% 的学生属于均值中间组，13.42% 的学生属于均值较低组。

表 6-7　中国大学生在 2015—2017 年调控策略力均值的聚类分析结果

	年份	均值较高组	均值中间组	均值较低组
聚类边界	2015	[4.60, 6.00]	[3.40, 4.40]	[1.00, 3.20]
	2016	[4.40, 6.00]	[3.00, 4.20]	[1.00, 2.80]
	2017	[4.60, 6.00]	[3.20, 4.40]	[1.00, 3.00]
聚类中心	2015	5.07	3.90	2.79
	2016	4.94	3.70	2.26
	2017	5.14	3.89	2.51
人数	2015	248	581	192
	2016	311	600	110
	2017	340	544	137
百分比	2015	24.29%	56.90%	18.81%
	2016	30.46%	58.77%	10.77%
	2017	33.30%	53.28%	13.42%

(三) 中国大学生学习行动力的动态发展特征分析

表 6-8 的描述性结果显示，参与追踪调查的大学生的学术性参与在 2015—2017 年的均值分别为 3.20、3.43、3.78，同意度百分比分别为 44.00%、48.60%、55.60%；同伴互动在 2015—2017 年的均值分别为 4.50、4.49、4.45，同意度百分比分别为 70.00%、69.80%、69.00%。

表 6-8 中国大学生学习行动力的动态发展特征

学习行动力	2015 平均值	标准差	同意度百分比	2016 平均值	标准差	同意度百分比	2017 平均值	标准差	同意度百分比
学术性参与	3.20	1.11	44.00%	3.43	1.06	48.60%	3.78	1.03	55.60%
同伴互动	4.50	0.77	70.00%	4.49	0.79	69.80%	4.45	0.84	69.00%

描述性分析的结果表明，参与追踪调查的大学生在 2015—2017 年，学术性参与的均值总体呈上升趋势，标准差也逐年减小，说明学生的个体差异也在逐年减小；同伴互动的均值则呈下降的趋势，而标准差则逐年增加，说明学生在同伴互动上的个体差异也是逐年变大。总体而言，参与追踪调查的大学生在学术性参与上的表现不甚理想，即使是三年中最高的 2017 年同意度百分比也没有超过 60%。相比而言，同伴互动的行动力则要高很多，同伴互动均值处于较高水平。

参与追踪调查的大学生在 2015—2017 年学术性参与的快速聚类分析结果见表 6-9。从聚类中心来看，均值较高组的聚类中心不断上移，但聚类人数在 2016 年减少 1 人，2017 年又反超；均值中间组的聚类中心也不断上移，聚类人数也逐年增加；均值较低组的聚类中心不断上移，但聚类人数逐年减少。到 2017 年，所有参与追踪调查的学生中有 21.74% 属于均值较高组，53.18% 的学生属于均值中间组，25.07% 的学生属于均值较低组。

表6-9 中国大学生在2015—2017年学术性参与均值的聚类分析结果

	年份	均值较高组	均值中间组	均值较低组
聚类边界	2015	[4.20, 6.00]	[2.80, 4.00]	[1.00, 2.60]
	2016	[4.40, 6.00]	[3.00, 4.20]	[1.00, 2.80]
	2017	[4.60, 6.00]	[3.20, 4.40]	[1.00, 3.00]
聚类中心	2015	4.88	3.39	2.08
	2016	5.00	3.57	2.24
	2017	5.15	3.84	2.44
人数	2015	198	452	371
	2016	197	502	322
	2017	222	543	256
百分比	2015	19.39%	44.27%	36.34%
	2016	19.29%	49.17%	31.54%
	2017	21.74%	53.18%	25.07%

参与追踪调查的大学生在2015—2017年同伴互动的快速聚类分析结果见表6-10。从聚类中心来看,均值较高组的聚类中心在2015—2017年变化不大,聚类人数则先下降后又有所回升;均值中间组的聚类中心在2015—2016年略微上升,在2016—2017年间降幅为0.10,而人数则表现出先增多后减少的特征;均值较低组的聚类中心和人数都表现出先下降后上升的特点。到2017年,所有参与追踪调查的学生中有43.58%属于均值较高组,51.71%的学生属于均值中间组,4.70%的学生属于均值较低组。

表6-10 中国大学生在2015—2017年同伴互动均值的聚类分析结果

	年份	均值较高组	均值中间组	均值较低组
聚类边界	2015	[4.75, 6.00]	[3.50, 4.50]	[1.00, 3.25]
	2016	[4.75, 6.00]	[3.25, 4.50]	[1.00, 3.00]
	2017	[4.75, 6.00]	[3.25, 4.50]	[1.00, 3.00]

续表

	年份	均值较高组	均值中间组	均值较低组
聚类中心	2015	5.20	4.07	2.85
	2016	5.20	4.08	2.38
	2017	5.21	3.98	2.51
人数	2015	446	520	55
	2016	436	545	40
	2017	445	528	48
百分比	2015	43.68%	50.93%	5.39%
	2016	42.70%	53.38%	3.92%
	2017	43.58%	51.71%	4.70%

（四）中国大学生知识力的动态发展特征分析

表 6-11 的描述性结果显示，参与追踪调查的大学生的知识力在 2015—2017 年的均值分别为 4.39、4.39、4.46，同意度百分比分别为 67.80%、67.80%、69.20%。

表 6-11　　　　中国大学生知识力的动态发展特征

	2015			2016			2017		
	平均值	标准差	同意度百分比	平均值	标准差	同意度百分比	平均值	标准差	同意度百分比
知识力	4.39	0.82	67.80%	4.39	0.86	67.80%	4.46	0.89	69.20%

描述性分析的结果表明，参与追踪调查的大学生在 2015—2017 年，知识力的均值总体呈上升趋势，标准差却逐年增加，说明学生的个体差异在逐年变大。总体而言，参与追踪调查的大学生在知识力上的均值处于较高水平。

参与追踪调查的大学生在 2015—2017 年知识力的快速聚类分析结果见表 6-12。从聚类中心来看，均值较高组的聚类中心在

2015—2016年变化不大，2016—2017年有所上移，而人数则逐年增加；均值中间组的聚类中心在2015—2016年有所下移，2016—2017年没有发生变化，聚类人数则在2015—2016年增加，在2016—2017年则又有所回落；均值较低组的聚类中心和人数在2015—2016年大幅下移，到2016—2017年的变化不大。到2017年，所有参与追踪调查的学生中有44.07%属于均值较高组，52.50%的学生属于均值中间组，3.43%的学生属于均值较低组。

表6-12　中国大学生在2015—2017年知识力均值的聚类分析结果

	年份	均值较高组	均值中间组	均值较低组
聚类边界	2015	[4.75, 6.00]	[3.50, 4.50]	[1.00, 3.25]
	2016	[4.75, 6.00]	[3.00, 4.50]	[1.00, 2.75]
	2017	[4.75, 6.00]	[3.00, 4.50]	[1.00, 2.75]
聚类中心	2015	5.18	4.05	2.84
	2016	5.17	3.94	2.06
	2017	5.25	3.94	2.06
人数	2015	414	510	97
	2016	425	560	36
	2017	450	536	35
百分比	2015	40.55%	49.95%	9.50%
	2016	41.63%	54.85%	3.53%
	2017	44.07%	52.50%	3.43%

（五）中国大学生认知力的动态发展特征分析

表6-13的描述性结果显示，参与追踪调查的大学生的认知力在2015—2017年的均值分别为4.66、4.62、4.70，同意度百分比分别为73.20%、72.40%、74.00%。

表6-13　　　　　　　中国大学生认知力的动态发展特征

	2015			2016			2017		
	平均值	标准差	同意度百分比	平均值	标准差	同意度百分比	平均值	标准差	同意度百分比
认知力	4.66	0.73	73.20%	4.62	0.79	72.40%	4.70	0.81	74.00%

描述性分析的结果表明，参与追踪调查的大学生在2016年的认知力均值下降，在2017年后又回升并反超了2015年的均值，且标准差呈逐年递增的趋势，说明学生的个体差异在逐年变大。总体而言，参与追踪调查的大学生在认知力上的均值都处于较高水平。

参与追踪调查的大学生在2015—2017年认知力的快速聚类分析结果见表6-14。从聚类中心来看，均值较高组的聚类中心在2015—2016年变化不大，2016—2017年有所上移，而人数则呈现出先减少后增加的特征；均值中间组的聚类中心在2015—2016年有所下移，2016—2017年没有发生变化，聚类人数则在2015—2016年增加，在2016—2017年则又有所回落；均值较低组的聚类中心和人数在2015—2016年大幅下移，到2016—2017年又有所回升。到2017年，所有参与追踪调查的学生中有56.90%属于均值较高组，41.53%的学生属于均值中间组，1.57%的学生属于均值较低组。

表6-14　　中国大学生在2015—2017年认知力均值的聚类分析结果

	年份	均值较高组	均值中间组	均值较低组
聚类边界	2015	[4.75, 6.00]	[3.50, 4.50]	[1.00, 3.25]
	2016	[4.75, 6.00]	[3.00, 4.50]	[1.00, 2.75]
	2017	[4.75, 6.00]	[3.00, 4.50]	[1.00, 2.75]

续表

	年份	均值较高组	均值中间组	均值较低组
聚类中心	2015	5.20	4.09	2.81
	2016	5.20	4.02	1.75
	2017	5.27	4.02	1.84
人数	2015	559	430	32
	2016	545	461	15
	2017	581	424	16
百分比	2015	54.75%	42.12%	3.13%
	2016	53.38%	45.15%	1.47%
	2017	56.90%	41.53%	1.57%

（六）中国大学生技能力的动态发展特征分析

表6-15的描述性结果显示，参与追踪调查的大学生的技能力在2015—2017年的均值分别为4.73、4.65、4.76，同意度百分比分别为74.60%、73.00%、75.20%。

表6-15　　　　中国大学生技能力的动态发展特征

	2015			2016			2017		
	平均值	标准差	同意度百分比	平均值	标准差	同意度百分比	平均值	标准差	同意度百分比
技能力	4.73	0.74	74.60%	4.65	0.78	73.00%	4.76	0.81	75.20%

描述性分析的结果表明，参与追踪调查的大学生在2016年的技能力均值下降，在2017年后又回升并反超了2015年的均值，且标准差呈逐年递增的趋势，说明学生的个体差异在逐年增加。总体而言，参与追踪调查的大学生在技能力上的均值都处于较高水平。

参与追踪调查的大学生在2015—2017年技能力的快速聚类分析结果见表6-16。从聚类中心来看，均值较高组的聚类中心总体上呈上移的趋势，而人数则呈现出先减少后增加的特征；均值中间组的聚类中心则呈下移的趋势，聚类人数则在 2015—2016 年增加，在 2016—2017 年则又有所回落；均值较低组的聚类中心和人数均呈现出下移和减少的趋势。到 2017 年，所有参与追踪调查的学生中有 61.12% 属于均值较高组，37.51% 的学生属于均值中间组，1.37% 的学生属于均值较低组。

表 6 - 16　中国大学生在 2015—2017 年技能力均值的聚类分析结果

	年份	均值较高组	均值中间组	均值较低组
聚类边界	2015	[4.75, 6.00]	[3.50, 4.50]	[1.00, 3.25]
	2016	[4.75, 6.00]	[3.00, 4.50]	[1.00, 2.75]
	2017	[4.75, 6.00]	[3.00, 4.50]	[1.00, 2.75]
聚类中心	2015	5.21	4.10	2.65
	2016	5.22	4.06	1.93
	2017	5.29	4.00	1.86
人数	2015	615	376	30
	2016	558	445	18
	2017	624	383	14
百分比	2015	60.24%	36.83%	2.94%
	2016	54.65%	43.58%	1.76%
	2017	61.12%	37.51%	1.37%

（七）中国大学生情感力的动态发展特征分析

表 6 - 17 的描述性结果显示，参与追踪调查的大学生的情感力在 2015—2017 年的均值分别为 4.66、4.63、4.68，同意度百分比分别为 73.20%、72.60%、73.60%。

描述性分析的结果表明，参与追踪调查的大学生在 2016 年的情感力均值下降，在 2017 年后又回升并反超了 2015 年的均值，且标准差呈逐年递增的趋势，说明学生的个体差异在逐年增加。总体而言，参与追踪调查的大学生在情感力上的均值都处于较高水平。

表6-17　　　　　　中国大学生情感力的动态发展特征

	2015			2016			2017		
	平均值	标准差	同意度百分比	平均值	标准差	同意度百分比	平均值	标准差	同意度百分比
情感力	4.66	0.74	73.20%	4.63	0.79	72.60%	4.68	0.83	73.60%

参与追踪调查的大学生在2015—2017年情感力的快速聚类分析结果见表6-18。从聚类中心上来看，均值较高组的聚类中心总体上呈上移的趋势，而人数则呈现出先减少后增加的特征；均值中间组的聚类中心则呈下移的趋势，聚类人数则在2015—2016年增加，在2016—2017年则又有所回落；均值较低组的聚类中心和人数均呈现出下移和减少的趋势。到2017年，所有参与追踪调查的学生中有55.44%属于均值较高组，43.29%的学生属于均值中间组，1.27%的学生属于均值较低组。

表6-18　　中国大学生在2015—2017年情感力均值的聚类分析结果

	年份	均值较高组	均值中间组	均值较低组
聚类边界	2015	[4.75, 6.00]	[3.50, 4.50]	[1.00, 3.25]
	2016	[4.75, 6.00]	[3.00, 4.50]	[1.00, 2.75]
	2017	[4.75, 6.00]	[2.75, 4.50]	[1.00, 2.50]
聚类中心	2015	5.19	4.09	2.74
	2016	5.20	4.02	1.92
	2017	5.28	4.01	1.48
人数	2015	567	418	36
	2016	558	445	18
	2017	566	442	13

续表

	年份	均值较高组	均值中间组	均值较低组
百分比	2015	55.53%	40.94%	3.53%
	2016	54.65%	43.58%	1.76%
	2017	55.44%	43.29%	1.27%

三　结果与讨论

总体而言，中国大学生学习力要素的动态发展特征如下：首先，学生在第三次调查的表现优于前两次调查的表现。从计算结果来看，学习力七个要素的均值在2016年或不变，或下降，或上升，在2017年的均值都是三次调查最高，说明中国大学生学习力各要素的动态发展呈现较好的发展态势。其次，学生在学习力七个要素上的发展不均衡。学习行动力的均值始终是均值最低的要素，但也是经过大学学习进步最大的要素；技能力的均值则始终是均值最高的要素，连同认知力、情感力都是起始均值较高，但进步空间较小的要素，三个要素的均值在第二次调查时出现了暂时的下降，在第三次回升并略微反超了起始均值，变化范围在0.02—0.04，且个体差异都在逐年增加；学习驱动力和学习行动力都表现出随着学习深入，均值不断升高的趋势；学习策略力的均值在第二次调查出现了小幅下降，第三次回升并反超了起始均值，且提升的幅度较大；知识力的起始均值相较于认知力、技能力和情感力而言较低，在第二次调查时维持不变，而第三次的均值有所提升，但仍低于认知力、技能力和情感力的均值。

具体而言，追踪调查的学生在学习力各要素的具体维度上呈现出不同的发展特征。按照发展的相似性，将学习力七要素的具体维度分为三个类别：第一类呈现出线性上升的特点，包括意义驱动力、认知策略力、学术性参与及知识力。也就是说，随着大学学习的不断深入，越来越多的学生发现学习的兴趣，这一点从聚类分析均值较高组的聚类人数不断增多也可以看出来；越来越多的学生能够在学习过程中运用认知策略，注重知识间的联系，构建自己的认知结构；越来越积极地参与课堂、老师的互动中去；知识的储备也越来越丰富。

第二类呈现出"V"形变化特点，包括调控策略力、认知力、技能力和情感力。这与前文发现的年级差异一致。参加追踪调查的学生为大一或大二的学生，其中又以大一的学生为主，因此，第二次调查于大多数学生而言正是处在他们的大二阶段，而大二阶段在以往的研究中被视为整个大学阶段的薄弱环节，是重要的转折阶段。在这一阶段的学生，面临着学业挑战，还有来自独立性、自我管理和调节等方面的压力。此外，还有研究发现，"在中国的大学培养体制下，大三是深入专业学习的重要阶段，大三学生在某些学习方面表现的不尽如人意"[①]。这些因素都可能是造成第二次调查均值下滑的原因。

第三类呈现出直线无变化的特点，包括应用驱动力和同伴互动。这两个维度在聚类分析中表现出均值较高组的聚类中心先下移后上升的特点。虽然应用驱动力和同伴互动的均值没有发生变化或只是略微下滑，但是均值较高组的聚类中心先下移后上升，说明学生个体间还是产生了一些波动。尤其是同伴互动，虽然均值下滑的幅度不大，但是每次调查都下滑了，这与以往的研究发现相吻合，"随着大学生活的深入，同伴之间难免生出一些矛盾或摩擦，在一定程度上影响着同伴互动的积极性"[②]。

---

① 史秋衡、王芳：《国家大学生学情调查研究：国家大学生学习质量提升路径研究》，厦门大学出版社2018年版。

② 史秋衡、王芳：《国家大学生学情调查研究：国家大学生学习质量提升路径研究》，厦门大学出版社2018年版；邹小勤：《我国大学生学校适应研究》，教育科学出版社2015年版。

第二节 中国大学生学习力的动态发展模型

在完成了对中国大学生学习力追踪调查的基本情况分析之后，本节内容将进一步建构学习力的动态发展模型。因此，本节内容主要包括三个方面的内容：首先，提出中国大学生学习力动态发展模型的研究假设；其次，运用追踪调查数据对研究假设进行检验；最后，总结并讨论中国大学生学习力动态发展模型的特征。

一 中国大学生学习力动态发展模型的研究假设

根据中国大学生学习力的动态发展特征可知，中国大学生学习力要素在不同年度的调查中表现出不同的特点。因此，提出研究假设如下。假设H1：学习驱动力随着时间的变化而显著变化。其中，H1又可分解为H1a：意义驱动力随着时间的变化而显著变化；H1b：应用驱动力随着时间的变化而显著变化。

假设H2：学习策略力随着时间的变化而显著变化。其中，H2又可分解为H2a：认知策略力随着时间的变化而显著变化；H2b：调控策略力随着时间的变化而显著变化。

假设H3：学习行动力随着时间的变化而显著变化。其中，H3又可分解为H3a：学术性参与随着时间的变化而显著变化；H3b：同伴互动随着时间的变化而显著变化。

假设H4：知识力随着时间的变化而显著变化；

假设H5：认知力随着时间的变化而显著变化；

假设H6：技能力随着时间的变化而显著变化；

假设H7：情感力随着时间的变化而显著变化；

假设H8：中国大学生学习力模型会随着时间的变化而显著变化。

二 中国大学生学习力动态发展模型的建构

在学生的追踪调查中,"不同测试点的测量嵌套于同一个个体之内,可采用多水平增长模型来检验结果变量的取值随着时间系统性地变化"①。为了检验上述研究假设,本书采用多水平增长模型分别检验学习驱动力、学习策略力、学习行动力、知识力、认知力、技能力和情感力与时间维度的关系,并运用多水平结构方程模型检验学习力模型与时间维度的关系。

(一) 中国大学生学习驱动力的多水平增长模型

首先,分别对学习驱动力的二维度,意义驱动力和应用驱动力运行无条件均值模型和无条件增长模型,以判断时间对学生个体的意义驱动力和应用驱动力线性变化的解释。

1. 中国大学生意义驱动力的多水平增长模型

以无条件均值模型作为基准模型,将结果变量总方差拆分为个体内方差和个体间方差,由此可计算 ICC,即个体间方差/(个体内方差+个体间方差),由表 6-19 可知,意义驱动力的 ICC 为 0.226/(0.442+0.226)=0.338,意味着意义驱动力的总方差中个体间的方差占 33.8%。在无条件增长模型中,时间效应的系数为 0.182,且统计上显著,研究假设 H1a 成立。说明学生的意义驱动力随着时间的变化而显著增长,且增长速率为 0.182。"通过比较无条件均值模型和无条件增长模型可以呈现出时间变量加入以后个体内部被时间因素解释的方差变化比例"②,具体计算公式为:(个体内方差_无条件均值模型 - 个体内方差_无条件增长模型)/个体内方差_无条件均值模型。经计算,意义驱动力的线性变化中,有 13.6% 可由时间效应来解释。

---

① 王孟成:《潜变量建模与 Mplus 应用·进阶篇》,重庆大学出版社 2018 年版,第 181 页。

② 王孟成:《潜变量建模与 Mplus 应用·进阶篇》,第 189 页。

表 6-19　　　　　中国大学生意义驱动力多水平增长模型

		无条件均值模型	无条件增长模型
时间效应	截距		0.182** (0.017)
方差成分	个体内方差	0.442** (0.027)	0.382** (0.025)
	个体间方差	0.226** (0.028)	0.223** (0.034)

注：* $p<0.05$；** $p<0.01$。

2. 中国大学生应用驱动力的多水平增长模型

由表6-20的结果可计算应用驱动力的ICC为0.192／（0.440＋0.192）＝0.304，意味着应用驱动力的总方差中个体间的方差占30.4%。在无条件增长模型中，时间效应的系数为-0.002，统计上不显著，说明时间效应对应用驱动力的影响并不显著。也就是说，应用驱动力并不会随着时间的变化而显著变化，研究假设H1b不成立。

表 6-20　　　　　中国大学生应用驱动力多水平增长模型

		无条件均值模型	无条件增长模型
时间效应	截距		-0.002 (0.016)
方差成分	个体内方差	0.440** (0.021)	0.406** (0.022)
	个体间方差	0.192** (0.021)	0.142** (0.028)

注：* $p<0.05$；** $p<0.01$。

（二）中国大学生学习策略力的多水平增长模型

首先，分别对学习策略力的二维度，认知策略力和调控策略力运行无条件均值模型和无条件增长模型，以判断时间对学生个体的认知策略力和调控策略力线性变化的解释。

1. 中国大学生认知策略力的多水平增长模型

由表 6-21 的结果可计算认知策略力的 ICC 为 0.191/（0.344 + 0.191）= 0.357，意味着认知策略力的总方差中个体间的方差占 35.7%。在无条件增长模型中，时间效应的系数为 0.038，且统计上显著，研究假设 H2a 成立。说明学生的认知策略力随着时间的变化而增长，且增长速率为 0.038。通过比较无条件均值模型和无条件增长模型得到个体内部被时间因素解释的方差变化比例为 0.052，即认知策略力的线性变化中，有 5.2% 可由时间效应来解释。

表 6-21　　　　　　中国大学生认知策略力多水平增长模型

		无条件均值模型	无条件增长模型
时间效应	截距		0.038** (0.015)
方差成分	个体内方差	0.344** (0.022)	0.326** (0.026)
	个体间方差	0.191** (0.022)	0.165** (0.033)

注：* $p<0.05$；** $p<0.01$。

2. 中国大学生调控策略力的多水平增长模型

由表 6-22 的结果可计算调控策略力的 ICC 为 0.339/（0.389 + 0.339）= 0.466，意味着调控策略力的总方差中个体间的方差占 46.6%。在无条件增长模型中，时间效应的系数为 0.047，且统计上显著，研究假设 H2b 成立。说明学生的调控策略力随着时间的变化而增长，且增长速率为 0.047。通过比较无条件均值模型和无条件增长模型得到个体内部被时间因素解释的方差变化比例为 0.059，即调控策略力的线性变化中，有 5.9% 可由时间效应来解释。

表 6-22　　　　　　　中国大学生调控策略力多水平增长模型

		无条件均值模型	无条件增长模型
时间效应	截距		0.047**
			(0.015)
方差成分	个体内方差	0.389**	0.366**
		(0.023)	(0.024)
	个体间方差	0.339**	0.291**
		(0.032)	(0.039)

注：* $p<0.05$；** $p<0.01$。

（三）中国大学生学习行动力的多水平增长模型

分别对学习行动力的二维度，学术性参与和同伴互动运行无条件均值模型和无条件增长模型，以判断时间对学生个体的学术性参与和同伴互动线性变化的解释。

1. 中国大学生学术性参与的多水平增长模型

由表 6-23 的结果可计算学术性参与的 ICC 为 0.191/（0.811 + 0.191）= 0.191，意味着学术性参与的总方差中个体间的方差占 19.1%。在无条件增长模型中，时间效应的系数为 0.401，且统计上显著，研究假设 H3a 成立。说明学生的学术性参与随着时间的变化而增长，且增长速率为 0.401。通过比较无条件均值模型和无条件增长模型得到个体内部被时间因素解释的方差变化比例为 0.254，即学术性参与的线性变化中，有 25.4% 可由时间效应来解释。

表 6-23　　　　　　　中国大学生学术性参与多水平增长模型

		无条件均值模型	无条件增长模型
时间效应	截距		0.401**
			(0.024)

续表

		无条件均值模型	无条件增长模型
方差成分	个体内方差	0.811** (0.049)	0.605** (0.042)
	个体间方差	0.191** (0.030)	0.408** (0.054)

注：* $p<0.05$；** $p<0.01$。

2. 中国大学生同伴互动的多水平增长模型

由表6-24的结果可计算同伴互动的ICC为0.230/（0.276+0.230）=0.455，意味着同伴互动的总方差中个体间的方差占45.5%。在无条件增长模型中，时间效应的系数为-0.032，且统计上显著，研究假设H3b成立。说明学生的同伴互动随时间的变化而下降，且下降速率为0.032。通过比较无条件均值模型和无条件增长模型得到个体内部被时间因素解释的方差变化比例为0.181，即同伴互动的线性变化中，有18.1%可由时间效应来解释。

表6-24　　　　中国大学生同伴互动多水平增长模型

		无条件均值模型	无条件增长模型
时间效应	截距		-0.032* (0.014)
方差成分	个体内方差	0.276** (0.027)	0.226** (0.018)
	个体间方差	0.230** (0.024)	0.263** (0.029)

注：* $p<0.05$；** $p<0.01$。

（四）中国大学生知识力的多水平增长模型

由表6-25的结果可计算知识力的ICC为0.306/（0.367+

0.306)=0.455，意味着知识力的总方差中个体间的方差占45.5%。在无条件增长模型中，时间效应的系数为0.022，统计上不显著，说明时间效应对知识力的影响并不显著。也就是说，知识力并不会随着时间的变化而显著变化，研究假设H4不成立。

表6-25　　　　　　　中国大学生知识力多水平增长模型

		无条件均值模型	无条件增长模型
时间效应	截距		0.022
			(0.016)
方差成分	个体内方差	0.367**	0.360**
		(0.028)	(0.029)
	个体间方差	0.306**	0.258**
		(0.029)	(0.040)

注：* $p<0.05$；** $p<0.01$。

（五）中国大学生认知力的多水平增长模型

由表6-26的结果可计算认知力的ICC为0.230/(0.257+0.230)=0.472，意味着认知力的总方差中个体间的方差占47.2%。在无条件增长模型中，时间效应的系数为0.017，统计上不显著，说明时间效应对认知力的影响并不显著。也就是说，认知力并不会随着时间的变化而显著变化，研究假设H5不成立。

表6-26　　　　　　　中国大学生认知力多水平增长模型

		无条件均值模型	无条件增长模型
时间效应	截距		0.017
			(0.013)
方差成分	个体内方差	0.257**	0.236**
		(0.016)	(0.017)
	个体间方差	0.230**	0.228**
		(0.022)	(0.029)

注：* $p<0.05$；** $p<0.01$。

(六) 中国大学生技能力的多水平增长模型

由表 6-27 的结果可计算技能力的 ICC 为 0.250/ (0.276 + 0.250) = 0.475, 意味着技能力的总方差中个体间的方差占 47.5%。在无条件增长模型中,时间效应的系数为 0.020, 统计上不显著, 说明时间效应对技能力的影响并不显著。也就是说, 技能力并不会随着时间的变化而显著变化, 研究假设 H6 不成立。

表 6-27　　　　　　中国大学生技能力多水平增长模型

		无条件均值模型	无条件增长模型
时间效应	截距		0.020 (0.013)
方差成分	个体内方差	0.276 ** (0.014)	0.260 ** (0.015)
	个体间方差	0.250 ** (0.019)	0.228 ** (0.27)

注: $^*p<0.05$; $^{**}p<0.01$。

(七) 中国大学生情感力的多水平增长模型

由表 6-28 的结果可计算情感力的 ICC 为 0.205/ (0.289 + 0.205) = 0.415, 意味着情感力的总方差中个体间的方差占 41.5%。在无条件增长模型中, 时间效应的系数为 -0.027, 且统计上显著, 研究假设 H7 成立。说明学生的情感力随时间的变化而下降, 且下降速率为 0.027。通过比较无条件均值模型和无条件增长模型得到个体内部被时间因素解释的方差变化比例为 0.121, 即情感力的线性变化中, 有 12.1% 可由时间效应来解释。

表6-28　　　　　　　中国大学生情感力多水平增长模型

		无条件均值模型	无条件增长模型
时间效应	截距		-0.027 * (0.013)
方差成分	个体内方差	0.289 ** (0.016)	0.254 ** (0.017)
	个体间方差	0.205 ** (0.019)	0.232 ** (0.027)

注：* $p<0.05$；** $p<0.01$。

（八）中国大学生学习力的多水平结构方程模型

为了检验中国大学生学习力模型随着时间的变化而显著变化，本书采用多水平结构方程模型的分析方法对中国大学生学习力模型建构两水平结构方程模型，其中水平-1对应个体内部的学习力结构随着时间的变化而变化，水平-2则对应个体间的学习力结构模型。同时，在水平-1中，对已经在多水平增长模型中检验时间效应为显著的几个要素，意义驱动力、认知策略力、调控策略力、学术性参与、同伴互动、情感力，纳入时间因素的影响，检验时间因素在结构方程模型中是否依然显著影响这些要素。结果见表6-29。

表6-29　　　　　　中国大学生学习力的多水平结构方程模型

因变量	自变量	多水平	
		个体内	个体间
学习行动力			
	意义驱动力	0.059 (0.030)	0.029 (0.104)
	应用驱动力	0.163 ** (0.026)	0.321 ** (0.068)

续表

因变量	自变量	多水平 个体内	多水平 个体间
	认知策略力	0.308** (0.028)	0.341** (0.054)
	调控策略力	0.333** (0.028)	0.362** (0.071)
知识力			
	学习行动力	0.754** (0.014)	0.968** (0.015)
认知力			
	学习行动力	0.788** (0.013)	0.938** (0.015)
技能力			
	学习行动力	0.746** (0.014)	0.899** (0.017)
情感力			
	学习行动力	0.744** (0.014)	0.929** (0.016)
意义驱动力			
	时间	0.230** (0.018)	
认知策略力			
	时间	0.051* (0.021)	
调控策略力			
	时间	0.076** (0.020)	
学术性参与			
	时间	0.347** (0.016)	

续表

因变量	自变量	多水平	
		个体内	个体间
同伴互动			
	时间	-0.080**	
		(0.015)	
情感力			
	时间	-0.073**	
		(0.014)	
Model Fit			
	CFI	0.954	
	TLI	0.950	
	RMSEA	0.059	
	SRMR		
	SRMR – Within	0.037	
	SRMR – Between	0.075	

注：* $p<0.05$；** $p<0.01$；$CFI>0.90$；$TLI>0.90$；$RMSEA<0.08$；$SRMR<0.08$。

由表 6-29 可知，中国大学生学习力多水平结构方程模型的拟合度指标满足拟合条件，说明模型的建立合理。在多水平结构方程模型中，意义驱动力对学习行动力的作用在个体内没有随着时间的变化而变化，在个体间也不存在显著差异；应用驱动力对学习行动力的作用在个体内会随着时间的变化而显著增加，在个体间也存在显著差异，且后者的效应值大概是前者的 2 倍；认知策略力和调控策略力对学习行动力的作用在个体内也会随着时间的变化而显著增加，在个体间也存在显著差异，二者的效应值较为接近。学习行动力对知识力、认知力、技能力和情感力的作用在个体内也会随着时间的变化而显著增加，在个体间也存在显出差异，后者的效应值大于前者的效应值。此外，时间因素对意义驱动力、认知策略力、调控策略力、学术性参与存在显著的正向影响，也就是说学生的意义驱动力、认知策略力、调控策略力和学术性参与随着时间的变化而显著提升,其中以学术性参与的时间效应值最大,其次为意义驱动力;而时间因素对同伴互动和情感力则存在显著的负向影响,也就是说同伴互动和情感力会随着时间的变化而显著下降,二者的效应值较为接近。

三 结果与讨论

通过对中国大学生学习力各要素建构多水平增长模型,并建构大学生学习力的多水平结构方程模型可知,中国大学生学习力模型的动态发展模型存在以下几个特征:第一,时间因素对中国大学生的意义驱动力、认知策略力、调控策略力和学术性参与存在显著的正向影响,且时间效应对上述四要素线性变化的解释分别为13.6%、5.2%、5.9%、25.4%。这与杨立军、韩晓玲的发现一致,他们在对南京某高校学生进行追踪调查时发现,"大学生在学业挑战度、主动合作学习水平、生师互动、教育时间丰富度、校园环境支持度呈显著的增长趋势"[1]。也就是说,大学期间的教育对于学生的学术性参与影响最大,也是大学教育最有可为的方向。同时,大学教育还有利于学生形成意义导向的学习,逐渐发现学习的兴趣与乐趣,还可以适当调节学生的认知策略力和调控策略力。

第二,时间因素对中国大学生同伴互动和情感力存在显著的负向影响,且时间效应对此二要素的解释分别为18.1%、12.1%。也就是说,随着时间的推移,中国大学生参与同伴互动的积极性减退,在理解、尊重他人和社会责任感方面的收获下降。李育辉等人在一项追踪调查中发现"个体在人际关系、自我评价等方面的压力显著高于高中阶段,意味着大学的个体面临着更多的人际关系、自我评价等方面的压力,并且他们更倾向于采取消极的应对方式"[2]。邹小勤在对大学

---

[1] 杨立军、韩晓玲:《大学生学习投入变化趋势及特征——基于校内追踪数据的分析》,《复旦教育论坛》2013年第5期。

[2] 李育辉等:《高中到大学阶段学生的压力和应对变化:一项追踪研究》,《心理科学》2012年第2期。

生访谈时发现"中国大学生的人际压力主要来自于同伴关系,随着相处时间的增多,同伴之间的冲突也不断增加,此外,同伴间的竞争压力也是影响同伴互动的重要因素,大学生在学期间,经常会在竞赛、奖学金评定、三好优干的评选等方面感受到同伴的竞争压力"[1]。中国高校大多为住宿制管理,舍友间的冲突,同学间的竞争压力等都是导致同伴互动积极性降低的可能性原因。此外,沙莲香研究表明,"在影响人际关系前三位的因素中,'不被人理解'这一因素名列榜首"[2]。艾森伯格和米勒以及陈珝、张晓文都发现了"共情能力与社交能力呈正相关"[3]。这在一定程度上说明,同伴互动的积极性减退与情感力收获的下降存在相互影响的可能性。大学生在人际冲突、竞争压力等影响下,对同伴互动的积极性减退,影响大学生的共情能力,而共情能力的下降又进一步影响着同伴互动的积极性。

第三,意义驱动力对学习行动力的作用在个体内没有随着时间的变化而变化,在个体间也不存在显著差异,而应用驱动力对学习行动力的作用则表现出个体内随着时间的变化而显著增加,在个体间也存在显著差异,且在多水平结构方程模型中,意义驱动力会随着时间的变化而显著增加,应用驱动力则不变。这意味着应用驱动力是相对稳定的变量,但是随着大学学习的深入,应用导向的学习会表现出更积极的学术性参与和互动,而意义驱动力在大学期间不断获得提升,即学生经过大学教育,对学习的兴趣、好奇随着时间的推移不断增加,却并没有对学术性参与和互动形成递增式的影响。这可能与大学的课程设置和评价方式有关,笔者在访谈大学生时了

---

① 邹小勤:《我国大学生学校适应研究》,教育科学出版社2015年版。

② 沙莲香:《中国民族性(二)》,中国人民大学出版社1990年版。

③ Eisenberg, N., Miller, P. A., "The Relation of Empathy to Prosocial and Related Behaviors," *Psychological Bulletin*, Vol. 101, No. 1, 1987, pp. 91 – 119;陈珝、张晓文:《大学生共情能力与人际交往的相关研究》,《新疆大学学报》(哲学·人文社会科学版) 2012年第6期。

解到，由于专业课的成绩直接影响学生的绩点，他们往往会选择"给分高"的老师的课程，而兴趣则会放在不影响绩点的校选课上，并且是不太费时（耽误专业学习）的课程。这个案例或许能在某种程度上解释意义驱动力随着时间显著提升，对学习行动力的影响却并没有随着时间的变化而有所改变，反而是比较稳定的应用驱动力会随着时间的变化表现出更积极的学习行动力。

第四，认知策略力和调控策略力对学习力的作用在个体内会随着时间的变化而显著增加，在个体间也存在显著差异，且时间因素对认知策略力和调控策略力存在显著的正向影响。也就是说，学生的认知策略力和调控策略力在大学期间会得到提升，而学生对认知策略和调控策略的使用会积极影响学生的学术性参与和同伴互动，且影响力也在不断增大，形成一种良性循环。在自我调节学习研究中，大量的认知和学习策略被学习者用来帮助自己理解和学习课程知识，许多研究者调查发现"学习者会运用复述、加工和组织等策略来控制和调节他们的认知与学习"[1]。齐默尔曼和马丁内斯—庞斯研究还发现，"自我调节的学习者与高成就者确实会进行时间管理，也会决定学习的努力程度和强度"[2]。因此，当学生在认知策略力和调控策略力都提升的情况下，他们对学习的努力程度和强度，学习的行动力的积极影响也随之增强了。

第五，学习行动力对知识力、认知力、技能力和情感力的作用

---

[1] Pintrich, P. R., & De Groot, E. V., "Motivational and Self-Regulated Learning Components of Classroom Academic Performance," *Journal of Educational Psychology*, Vol. 82, No. 1, 1990, pp. 33 – 40; Pressley, M., & Afflerbach, P., *Verbal Protocols of Reading: The Nature of Constructively Responsive Reading*, New York: Routledge, 1995; Zimmerman, B. J., & Martinez-Pons, M., "Development of a Structured Interview for Assessing Student Use of Self-Regulated Learning Strategies," *American Educational Research Journal*, Vol. 23, No. 4, 1986, pp. 614 – 628.

[2] Zimmerman, B. J., & Martinez-Pons, M., "Development of a Structured Interview for Assessing Student Use of Self-Regulated Learning Strategies," *American Educational Research Journal*, Vol. 23, No. 4, 1986, pp. 614 – 628.

在个体内会随着时间的变化而显著增加，在个体间也存在显著差异，且时间因素对学术性参与存在显著的正向影响，对同伴互动则具有显著的负向影响，但从影响效应来看，时间因素对学术性参与的影响效应远大于对同伴互动的影响效应，总体而言，时间因素对学习行动力存在显著的正向影响。这说明大学教育对学生的学术性参与有十分显著的积极影响，而佩斯发现"学生有意义的学业参与，即在学习、与同伴或老师的互动以及把所学知识引用到具体情境中等付出的努力越多，收获也越大"[①]，廷托、帕斯卡雷拉和特伦兹尼、派克等学者都发现了学生学习努力和时间投入与不同的学习结果之间的关系。本书在他们的基础上发现，学生的努力质量/学习行动力会随着时间的推进而不断提升，且努力质量/学习行动力不仅会积极影响学生在大学期间的收获，而且影响效应会随着时间的推进不断增强。

第三节　本章小结

本章内容主要是回应研究问题中的第三部分问题，即探究中国大学生学习力的动态性，重点在于分析中国大学生学习力会否随着时间的变化而变化。本书先运用描述性统计和聚类分析方法，分析了参与追踪调查的大学生学习力各要素的基本情况，然后运用多水平增长模型和多水平结构方程模型分析了中国大学生学习力模型的动态发展特征，得出以下结论。

第一，中国大学生学习力要素呈现较好的动态发展态势，第三次调查的表现优于前两次的表现，但七个要素的发展并不均衡。具体而言，学习行动力的均值在所有要素中最低，却是进步最大的要

---

① Pace, C. R., *Achievement and the Quality of Student Effort*, National Commission on Excellence in Education, 1982, pp. 1–40.

素，技能力的均值始终是所有要素中最高的，但也是进步空间较小的要素；学习驱动力和学习行动力的均值都表现出不断升高的趋势；学习策略力的均值在第二次出现小幅下降，第三次又回升并反超，且提升的幅度较大；知识力的均值则表现出小幅的平稳上升趋势。

第二，按照发展的相似性，将学习力七要素的具体维度分为三个类别：第一类呈现出线性上升的特点，包括意义驱动力、认知策略力、学术性参与及知识力。第二类呈现出"V"形变化特点，包括调控策略力、认知力、技能力和情感力。第三类呈现出直线无变化的特点，包括应用驱动力和同伴互动。

第三，时间因素对中国大学生的意义驱动力、认知策略力、调控策略力和学术性参与存在显著的正向影响，且对学术性参与的解释力最大，其次为意义驱动力。换言之，学术性参与在大学教育中的可塑性最强，最后为培养学生的学习兴趣，发展意义导向学习，而认知策略力和调控策略力也会在大学教育中得到提升。

第四，时间因素对中国大学生的同伴互动和情感力存在显著的负向影响。即大学生参与同伴互动的积极性以及共情能力随着时间的变化而下降。人际交往压力（又以同伴交往为主）和竞争压力可能是重要的影响因素。

第五，意义驱动力对学习行动力的作用在个体内没有随着时间的变化而变化，在个体间也不存在显著差异，而应用驱动力对学习行动力的作用则表现出个体内随着时间的变化而显著增加，在个体间也存在显著差异。也就是说，随着大学学习的深入，应用导向的学习会表现出更积极的学术性参与和互动，而意义驱动力虽然表现出随着时间的推移而提升，但对学习行动力的影响却并没有表现出递增式的影响。

第六，认知策略力和调控策略力对学习力的作用在个体内会随着时间的变化而显著增加，在个体间也存在显著差异。这意味着大学生的认知策略力和调控策略力在大学期间会得到提升，而学生对认知策略和调控策略的使用会积极影响学生的学术性参与和同伴互动，且影响力随着时间的变化而不断增大，形成良性循环。

  第七，学习行动力对知识力、认知力、技能力和情感力的作用在个体内会随着时间的变化而显著增加，在个体间也存在显著差异，且时间因素对学习行动力存在显著正向影响。这说明学生的学习行动力会随着时间的推进而不断提升，不仅会积极影响学生在大学期间的收获，而且影响效应会随着时间的推进而不断增强。

第 七 章

学习卓越大学生学习力模型的特殊性探索

本章主要回应研究的第四部分问题，即学习卓越大学生学习力的作用机制是什么，有什么特征，引发这些作用机制的原因是什么。在呈现质性研究结果时，陈向明提出了两大处理方式，即"情境型和类属型"[1]。其中情境型非常注重研究的情境和过程，注意按事件发生的时间序列或事件之间的逻辑关联对研究结果进行描述，而类属型则主要将研究结果按照一定的主题进行归类，然后分门别类加以报道。由于情境型和类属型分别有自己的长处和短处，为了扬长避短，研究者通常会采用结合型的方式呈现研究结果。陈向明的博士论文《旅居者与外国人——中国留美学生跨文化人际交往研究》就是结合了这两种方式，在结果分析部分，该论文首先呈现了一位留学生的故事作为一个个案，而这个个案所呈现的主要问题又都与后面的七个主题（类属型）密切相关，通过这样的呈现方式达到"既照顾到研究结果发生时的自然情境，又突出研究结果的主题层次"[2]。因此，本书也主要运用结合型的方式来呈现质性研究的结果。首先，通过个案研究描述某学习卓越大学生的学习经历和感受，

---

[1] 陈向明：《质的研究方法与社会科学研究》，第 345 页。
[2] 陈向明：《质的研究方法与社会科学研究》，第 346 页。

并形成一个初步而粗糙的"理论模式";其次,运用分析归纳法对学习卓越大学生的学习力作用机制进行分析与归纳,呈现出几个重要主题的研究结果;最后,建构学习卓越大学生是如何做到卓越学习的理论模式。在对学习卓越大学生的学习故事进行描述与分析的过程中,笔者还运用了社会科学研究领域有关的理论以及笔者个人的理解对原始材料进行了分析与讨论。

第一节 一位学习卓越大学生的个案调查

前文已经论述了质性资料分析策略的适切性问题。根据本书的实际情况,分析归纳法是与本书较为适切的质性资料分析方法,而"分析归纳法强调第一个个案的信息丰富性和典型性"[1]。以第一个个案为引子,他的学习故事可以比较完整、生动地呈现一位学习卓越大学生的学习经历,使读者对学习卓越大学生的学习有一个比较全面、细致和动态的了解。使用叙述体的方式是为了将故事放在一个比较自然、连贯的语境之中,再现故事本身的时间序列和空间组合,同时也为后面对研究结果的类别分析做一些内容和结构上的铺垫。[2]

"吕斯高提出的 U 型理论是文化适应理论中最具影响力的过程理论"[3],该理论认为"人的文化适应过程经历着 U 型轨迹,即最初感

---

[1] 林小英:《分析归纳法和连续比较法:质性研究的路径探索》,《北京大学教育评论》2015 年第 1 期。

[2] 陈向明:《旅居者和"外国人"——留美中国学生跨文化人际交往研究》,教育科学出版社 2004 年版,第 89 页。

[3] Black, J. S., Mendenhall, M., "The U-Curve Adjustment Hypothesis Revisted: A Review and Theoretical Framework," *Journal of International Business Studies*, Vol. 22, 1991, pp. 225 – 247; Ward, C., "The U – Curve on Trial: A Longitudinal Study of Psychological and Sociocultural Adjustment during Cross-Cultural Transition," *International Journal of Intercultural Relations*, Vol. 22, 1998, pp. 277 – 291.

到适应很容易,接着就会经历一个危机时期,感觉到适应起来很困难,感到有些孤独和不愉快,最后又恢复到适应状态,开始整合到新的文化环境中"①。奥伯格则进一步细致地描述了这个过程,并将这一适应过程概括为四阶段:"蜜月期、文化震惊阶段、调适阶段、掌控阶段。"② 邹小勤也证实了"大学生学校适应存在四个阶段,即蜜月期、震惊期、调适期和掌控期"③。笔者在分析第一个个案④的过程中,也发现了他的学习经历呈现出明显的阶段性。

一 蜜月期

林林生长在华东的一个城市,从小就很独立,学习态度端正,学习习惯良好,成绩优异。高考以文科全省前 250 名的成绩进入所在院系学习。在高考填报志愿的过程中,他全面分析了自己的情况,对意愿和成绩进行交叉匹配,以专业为第一考虑因素,学校为第二考虑因素填报了志愿,并如愿进入志愿专业和学校学习。

(一) 自由——大学初印象

早在高中阶段林林就听老师说过,熬过高考就解放了,就可以自主学习,不用考虑高考成绩,自由决定学习时间和学习内容。所以,林林对大学的初印象就是"自由"。

> 我刚入学的时候觉得很开心,大学生活确实与高中不同。老师基本不管我们,我可以自由地学习。尽管我报了很多社团,但是社团以外的时间都可以泡图书馆。我觉得学习起来很自由。

---

① 刘杨等:《流动儿童城市适应状况及过程——一项质性研究的结果》,《北京师范大学学报》(社会科学版) 2008 年第 3 期。
② Black, J. S., Mendenhall, M., "The U-Curve Adjustment Hypothesis Revisted: A Review and Theoretical Framework," *Journal of International Business Studies*, Vol. 22, 1991, pp. 225–247.
③ 邹小勤:《我国大学生学校适应研究》,教育科学出版社 2015 年版。
④ 文中的人名和地名都为化名。

> 其实，我在高中时最大的希望就是不受老师约束的学习。我想学哪一科就可以花很多时间在这一科上。大一的时候，我还看了《国富论》《资本论》，学了很多东西。［XMU‐Eco‐M‐190105］

奥伯格认为"人来到一个新的文化环境中，首先会被新文化所吸引，对周围新鲜的事物感到激动"[1]。对于林林来说，大学是一个不同于高中的文化环境。在这个环境里，没有了高考的压力，也没有了老师的约束，他可以自由地调节自己的学习时间和学习内容。在这一阶段，林林的学习动力主要来自兴趣、好奇，他自学了《国富论》《资本论》，并且一有时间就泡在图书馆看书。

（二）入学前的优良传统

在描绘自己大一时期的学习情况时，林林表示自己"继承了高中比较优良的传统"，在入学之后依然保持了高中阶段的学习状态，即不断付出努力的状态。上课的时候，认真地听老师讲课，课后到图书馆及时完成作业并消化当天知识。这是经过高中阶段的反复训练得以强化的行为反应。

> 从小培养的学习习惯，并不是高中三年才形成的。但是，高中阶段的学习让这些习惯发挥到了极致。从早到晚的学习，强化了这些学习习惯，使它们内化成我的一部分，成为潜意识的行为。［XMU‐Eco‐M‐190105］

除了保持良好的学习状态以外，林林还有自己的一套学习方法。首先，他会在复习的时候把主干知识提取出来，通过课本的目录来

---

[1] Black, J. S., Mendenhall, M., The U‐Curve Adjustment Hypothesis Revisted: A Review and Theoretical Framework, 转引自刘杨等《流动儿童城市适应状况及过程——一项质性研究的结果》，《北京师范大学学报》（社会科学版）2008年第3期。

回忆课本知识。然后，在做题的时候进行反思，联系已经学过的知识，并搭建自己的知识框架。

> 数学的学习，我觉得课本比较重要，这也是文科生的学习习惯。高中时，我是文科生。我会把一个学期学的知识提取出来，通过课本目录来回顾知识。知识掌握了以后，我经常会在做题的时候反思，比如这道题涉及哪些知识。［XMU – Eco – M – 190105］

很显然，这并不是简单的记忆或背诵知识，也不是狭隘的局限在大纲或者考试的要求，只知道埋头苦记，而是适时的反思，并能在学习时联系先前的知识和经验，在学习过程中理解并记忆，这是一种深层的学习方式，属于本书在理论分析阶段发展的学习策略力范畴。这也意味着学习策略力在入学前就已经形成，并在大学期间的学习活动中得到运用与强化。

（三）分专业前的那些高质量课程

林林所在学院是大一下学期进行专业分流。为了吸引更多的学生，每个专业都会派出自己最好的老师给学生上课。这些老师大都是学校评分比较高，在学生中的口碑比较好的老师。林林觉得这些老师上课水平比较高，兴趣也比较浓。

> 如果老师的上课水平比较高，我就会比较感兴趣。从第一节课开始，我只要跟着老师的上课节奏，就都能听明白。听明白以后，我就会觉得这个课比较有趣，也会更感兴趣。［XMU – Eco – M – 190105］

林林觉得自己到了大学，就是希望听到一些不一样的声音。老师们上课最好能有一些比较新奇的想法。他觉得大学是一个言论自由开放的地方，教授之所以为教授，肯定有自己见识独到的地方，而身为学生的他就希望了解这些独到的地方，来拓宽自己的知识面、增长自己的见识。所以，他比较赞同以老师讲授为主的教学方式，他认为同学间的互动与发现并不能满足自己的需求。

> 我希望大学以老师上课为主。首先，老师能成为教授，说明他的水平很高。我们信任老师，也相信他能讲授一些不一样的内容。我们就是来听这些不一样的内容，而不是来参与一些互动，听其他同学的发言。说实话，其他同学的发言我们也都了解。大家都是同龄人，都明白彼此的一些观点。老师安排的互动、合作，我认为达不到锻炼我们的目的，也不能增长我们的见识。[XMU – Eco – M – 190105]

可能是林林本身对知识掌握的程度和需求比较高，也可能是他向来"挺有主意"，他并不认同"小组讨论""合作学习"等教学组织方式。对他来说，老师的知识储备、思维方式、加工分析是更为重要的内容。如果老师的知识储备丰富，上课的时候对问题的分析足够透彻，有独到的见解，这样的课程才能吸引他的注意力，激发他的学习兴趣。

> 我觉得很多思修（大学生思想道德修养）老师的观点都是比较老旧的观点。有一些知识我们在高中历史课上都学过，而我们更在意的是老师的分析。我们最近在上一门公共政策分析课程，老师讲了很多课本外的"文化大革命"内容。他/她讲这些内容的时候，我们能感受到他/她是真的看了《毛泽东传》、《邓小平选集》《毛泽东选集》等资料，也看了很多"文化大革命"相关的史料。他/她自己分析出来的一些内容，我觉得听起来就会更好一些。[XMU – Eco – M – 190105]

经过大一一年的努力学习，林林在整个年级排到了第五名，他收获了自信，对自己的定位也比较明确。通过与学长、老师的交流，林林综合分析了各专业的竞争压力、就业前景等情况，并结合自己的兴趣，最终选择了一个竞争压力适中的专业。首先，他认为最热门的专业，同学间的竞争压力会很大，并且自己并不是很感兴趣；其次，竞争压力不大的专业未来的就业前景并不是很好。随着专业的确定，林林也分析了自己的未来走向。就像林林自己说的，他是一个很有主意的人。他分析了毕业后的三个去向：读研、工作和出国，分析了每一个去向的利弊，并最终决定在国内读研，而考研的难度系数和变数都较大，综合自己在学年末的排名表现，他认为自己"说不定可以"保研。因此，到大一结束，林林也确定了自己的目标，即获取推荐免试的资格。

综合来说，林林带着入学前就已经形成的良好的学习习惯、学习方式进入大学学习，怀着对"自由"的大学学习氛围的憧憬，广泛地涉猎及学习自己感兴趣的知识。在课堂上，认真聆听老师的讲授，课下及时完成作业和复习任务，合理安排和利用时间，能够有效调节自己的学习行为。独立自主，对自己的未来有明确的规划。

二 震惊与调适期

奥伯格认为"人们经历了蜜月期之后，就会经历文化震惊阶段，这是因为每天都应对新的环境，人们开始体验到挫败、愤怒、恐惧等情感"[1]。邹小勤研究指出"学习压力是引发大学生进入'震惊期'最重要的压力类型"[2]。李虹也发现"大二学生的压力确实是所有学生中最大的"[3]。对于林林来说，开始准备保研以后，就面临着

---

[1] Black, J. S., Mendenhall, M., The U-Curve Adjustment Hypothesis Revisted: A Review and Theoretical Framework, 转引自刘杨等《流动儿童城市适应状况及过程——一项质性研究的结果》，《北京师范大学学报》（社会科学版）2008年第3期。

[2] 邹小勤：《我国大学生学校适应研究》，教育科学出版社2015年版。

[3] 李虹：《大学校园压力的年级和性别差异比较研究》，《清华大学教育研究》2004年第2期。

很大的竞争压力。除了竞争压力以外，林林还要面临专业分流后更加深入的专业学习，课程难度不断增加，课程数量增多，学习压力增大。然而，经历过大一的自由学习，林林的学习状态却是相对散漫。林林也觉得学习有些力不从心。

> 大一结束后，我就开始为保研做准备，也开始有竞争压力，并天天在图书馆学习。这种情况持续了一段时间后，我就产生了一种感觉：大学跟高中真的区别不是很大，感觉又回到高中的状态。这种感觉让我挺失落的。[XMU-Eco-M-190105]
>
> 从大一到大二，学习压力增多，课程难度也在增大。但是相对而言，从高中过来以后，整个生活是越来越散漫的。这种散漫与大二的状态发生了冲突，导致我感觉自己学习越来越力不从心。我一方面知道自己需要像高中那样拼命地学习，另一方面又不想再回到高中的那种状态。所以那段时间可能是我大学期间最难受的一年，也是迷茫的一年。我本来想熬过高中三年就好了，但到了大学还是要这么拼命，就感觉实在是很不值。[XMU-Eco-M-190105]

与文化适应理论观点不同的是，林林并没有出现界限分明的震惊期和调适期，几乎是在同一时间，林林对自己的这些情绪进行了调适。

（一）重压下的策略调整

在竞争压力和学习压力的双重作用下，林林对学习课程进行了分类，并对不同的课程采用不同的学习方法。根据不同的学习方法，林林将所学课程分为两类，一类是以记忆为主的课程，另一类是以理解为主的课程。前者主要是指马克思主义哲学、大学生思想道德修养等课程，后者主要指数学、英语和专业课等课程。在以记忆为主的课程里，他的策略是前期投入时间稍微少一点，考试的时候再投入较多时间背诵记忆。在以理解为主的课程里，他又按感兴趣程度、难易程度和是否"拉分"为标准来决定投入的时间多少。数学是比较难，却是拉分比较大，同时又是林林比较感兴趣的课程，所以他投入了大量时间和精力。主要表现为平时课上认真听讲，当堂理解，课后及时复习，保持对知识的熟悉与欲望，并喜欢钻研难题，在思考的过程中联系许多知识以达到巩固和复习的效果。此外，林林还加了一些"数学群"，在遇到问题的时候寻求伙伴的帮助。除了数学课，专业课也是林林认为需要理解的课程。"专业课与数学课和纯记忆的课程不大一样，它比较偏中性一点，最关键的就是理解。"林林觉得，课本上的很多公式必须依靠课上认真听讲来消化。只有课堂上理解明白了怎么回事，课后的复习才能事半功倍。以上所说的课程都是必修课程，除了努力别无他法。

还有一些选修课，林林采取的选课策略是选择"给分高"的老师。虽然林林也觉得不太公平，但是每个老师给分的标准确实不太一样，而分数高低直接影响保研的绩点。因此，在竞争压力很大的情况下，大家都会选择给分高的老师。林林表示，只有在校选课上会选择跟自己兴趣有关的课程，因为"校选课跟保研成绩的关系不是很大"。即便如此，他也会选择一些不需要投入太多精力的课程。

在期末复习上，林林也是根据课程分类来安排复习顺序。数学和英语是无法速成的课程，他会提前开始巩固一个学期学习的知识，在复习及做题的基础上有了较大把握之后，才开始复习专业课，最后才是需要记忆的课程。

> 我的期末复习会有一个顺序：我会先从最需要投入精力的课程开始，比如数学和英语，这两门课不可能速成，我会提前开始巩固一个学期学的知识；然后在基本有谱了以后开始看专业课；最后，主要推进一些需要记忆的课程，比如思修（大学生思想道德修养）等需要记忆就能考高分的课程。 [XMU-Eco-M-190105]

（二）课外活动的学习与收获

除此之外，为了争取更多的学习时间，林林退出了大一参加的所有社团，并加入学院的一个学术性团体。这个团体主要由学习比较好的学生组成，工作不会很忙，平日主要阅读大量学术文献，可以学到很多专业知识，对于专业思维的训练也比较有帮助。林林觉得这有利于提升自己的学术水平，并且很快得到了验证。大二某个偶然的机会，林林被同专业的学长拉着参加大学生"挑战杯"竞赛，他发现在研究前人的研究论文并展示结果的过程中，自己在社团培养的学术能力很快就派上了用场。由于长期阅读专业大师的学术论文，他已经能够快速地厘清研究思路并掌握观点。此后，林林在跟一个博士生学长交流过程中，发现了一个热门的研究话题，并与同学合作开展了一次社会实践。在这次社会实践中，林林与同学实地调研并主力完成了研究报告，充分发挥了自己在社团和竞赛中收获的学术能力。不仅如此，在调研过程中，林林对所调研的主题产生了兴趣，并发展成为自己在硕士阶段的研究方向。

> 相对来说，课外活动还是锻炼了我的一些能力。虽然我现在写论文仍然是比较初级的水平，但是相比其他同学，我在写文献综述以及论文具体内容的时候还是要好一些。这一方面得益于我在××社团天天看论文的经历，另一方面是大二时参加的大学生挑战杯带来的收获。在研究别人论文的时候，相比在××社团看的大师论文，这些论文的思路我会更明白一些，他们用的方法我也能比较好的掌握，之后做实验的时候也会用到这些方法。就是这样一个积累的过程。其中影响比较大的就是，我在调研过程中确实对这方面产生了兴趣，并且将作为我研究生阶段主要攻读的方向。[XMU-Eco-M-190105]

（三）比较中的调适与满意

自我调适和课堂外的收获让林林逐渐适应了大学的环境。到了大三以后，学习压力逐渐降低，林林对自己未来的出路也逐渐明确。"大三以后就渐渐感觉大学生活还不错。"在这期间，林林也了解了高中同学的一些情况和去向，以及参加了一些学校的夏令营。在与其他学校的对比中，林林发现自己的学校还不错。"她真的挺像一个大学。在这里久了以后，我感觉这里的学术风气、自由程度都还不错。"

在这一阶段，林林一方面要应对自己内心中对压力和学习状态的失落；另一方面又要为了实现自己保研的目标而付出努力。这样看似矛盾的两面，却恰恰体现或者说练就了林林较强的自我调节能力。他将自己对自由、兴趣的驱动力放在了次要位置，将保研的目标驱动力放在了首要位置，并实施相应的策略和行动。在选择社团的时候，也不再像大一的时候任凭兴趣主导，而是考虑对自己是否有利，衡量的标准是"提升自己的学术水平"。

三 掌控期

所谓掌控期"就是个体已经完全适应了新环境，感到在新环境中生活应对自如"[1]。邹小勤发现"大学生在'掌控期'的关键特征是建立起对校园生活的'胜任感'，对大学生活十分满意，心情舒畅"[2]。对于林林来说，这种胜任感主要体现在拿到了保研资格，并顺利地申请到了心仪的学校和专业。之所以没有留在本校，林林考虑的主要因素是地域。虽然与考研的同学相比，林林已经提前实现了读研的目标，但他并没有懈怠。他在完成课程任务之余，也在准备着外语考试，为专业证书考试做准备。同时，为了能将所学知识运用到实践中，他也计划在大四下学期找一个与所学专业相关的单位实习。

经过三年多的大学学习，林林觉得自己更加成熟了，具体表现

---

[1] Black, J. S., Mendenhall, M., The U-Curve Adjustment Hypothesis Revisted: A Review and Theoretical Framework, 转引自刘杨等《流动儿童城市适应状况及过程——一项质性研究的结果》，《北京师范大学学报》（社会科学版）2008年第3期。

[2] 邹小勤：《我国大学生学校适应研究》，教育科学出版社2015年版。

在处理事情的方式、人际交往以及对自己的了解方面。在处理事情的方式上，林林更加明确自己该如何应对不同类型的事情；在人际交往方面，更懂得如何判断什么人可交，什么人不可交；在对自己的了解方面，更加明确自己应该展示给别人什么形象，如何更好地塑造自己，如何扬长避短。除此之外，林林还会反思自己在整个大学生活里获得了些什么，发生了哪些改变，需要向什么方向发展等。在与舍友交往过程中，也会从舍友身上反思自己的性格问题、反思如何与人相处等。

因为我已经确定保研了，就可以有更多的时间去自我反思，发现自己的问题，为研究生的生活做好准备；反思自己在大学三年得到了什么，做了什么改变，需要向什么方向发展。在这个过程中，我与舍友打交道比较多，会从他们身上看到自己的一些问题。这段时间，我留在宿舍的时间比较多，在与他们交流中认识自己，并试着去改变自己。[XMU – Eco – M – 190105]

四 学习卓越大学生学习力模型的初步理论模式

鲍威尔和卡利娜提出"学习就是固有的镶嵌在特定文化环境中的社会互动"①，而促使这个互动过程持续发生的能力与能量就是学习力。林林的学习故事浮现出了学习过程中各种能力与能量的作用，这个过程就是学习力的作用过程，而能力与能量的集合就是学习力系统。在前文中，笔者已经提出了大学生学习力具体包括学习驱动力、学习策略力、学习行动力、知识力、认知力、技能力和情感力等要素，并在此基础上提出了学习力的理论模型。笔者运用已经掌握的学习力要素和理论模型匍匐在林林的资料上提炼出了几个属性的维度，此为轴向编码，在此基础上进行选择编码并发展出学习卓

---

① Powell, K. C., & Kalina, C. J., "Cognitive and Social Constructivism: Developing Tools for an Effective Classroom," *Education*, Vol. 130, No. 2, 2009, pp. 241 – 250.

越大学生学习力模型的初步理论模式：以学习力为核心类属，将核心类属与资料中提炼出的其他支援类属和情境条件联系起来，整合为一个完整的分析图式。

（一）核心类属

在本书中，学习力是毋庸置疑的核心类属，且在前文的理论分析中，笔者已经对学习力的内涵和要素进行了分析与解读，最终提出学习力包括了学习驱动力、学习策略力、学习行动力、知识力、认知力、技能力和情感力七个要素。运用林林提供的信息形成的开放编码与这七个要素的初始概念进行匹配，进行轴心编码，结果如下：

表7-1　　　　　　　　　学习力的轴心编码

类属	属性	维度
学习力	学习驱动力	兴趣—功利
	学习策略力	理解—记忆
		自主调节—被动无向
	学习行动力	时间长—时间短
		精力多—精力少
		认真上课—无心上课
		寻求帮助—自行其是
	知识力	专业思维—专业知识
	认知力	自我—他我
	技能力	组织、沟通能力强—组织、沟通能力弱
	情感力	责任感强—责任感弱

在学习过程中，学习驱动力是最基础的作用力。学习驱动力主要分为兴趣和功利两种。大一时，林林在兴趣的驱使下，学习《国富论》《资本论》，遇到水平高的老师兴趣也会比较浓，学习起来也更带劲儿。此外，兴趣还表现在对校选课的学习上。功利的驱动力

则表现出强烈的目的性。对于林林来说，他的功利驱动力主要从大一结束决定准备保研开始，在其后的学习过程中，无论是学习专业课，还是参加社团与社会实践活动都表现出强烈的功利驱动力。两种驱动力并存，但功利驱动力强于兴趣驱动力，这一点从林林的选课策略可以看出，他把和兴趣有关的课程安排在与保研成绩关系不是很大的校选课上，而且会选择一些不太需要投入太多精力的课程。

学习策略力是为学习活动保驾护航的作用力。学习策略力可以分为认知和调控两种，而调控处于主导位置。在林林的学习故事里，当遇到多重压力作用时，他对自己的课程进行了分类，根据课程的重要程度和难易程度，调节自己的认知策略和学习投入的时间与精力。当课程是比较难且重要的数学、英语和专业课的时候，林林会选择理解的策略，上课认真听讲、当堂理解，课后及时复习，保持对知识的熟悉与欲望，通过钻研难题，联系学过的知识，建构自己的知识体系。当课程是马克思主义哲学、大学生思想道德修养等课程的时候，林林采用的是记忆的策略。

学习行动力是落实学习策略，实现学习目标的重要保障。无论是兴趣驱使的学习，还是功利目的驱使的学习，没有行动力就不可能实现目标，没有行动力，再好的学习策略也得不到落实。对于林林而言，上课认真听讲，课后花大量的时间和精力复习、巩固，在遇到难题的时候寻求同伴的帮助都是为了更好地理解和消化知识，为了实现保研的目的。

知识力、认知力、技能力和情感力既是学习活动收获的果实，又是进一步学习的积累与储备。通过学习活动，林林不仅积累了丰富的专业知识，而且训练了敏捷的专业思维，这主要体现在他参加大学生"挑战杯"竞赛、社会实践时的表现。此外，他对自我的认识、反思，让他知道自己需要向什么方向发展和改变；在与人相处的过程中，时常能够反思自己的问题；在与朋辈交流和学习的过程，组织和交流能力得到了加强，并获得了社会实践的研究主题，且进一步发展成为研究生阶段的主攻方向。同时，朋辈的帮助也使他的责任感获得了提升。这些看似不相关的收获，都成为他学习活动中重要的辅助力量。

(二) 支援类属

在选择编码阶段，笔者发现除了学习力这个核心类属以外，还有入学前的优良传统、课堂教学、第二课堂、人际关系均与学习力有关。因此，笔者将这些类属作为学习力的支援类属。几个支援类属的轴心编码结果如表7-2所示。

表7-2　　　　　　　　　支援类属的轴心编码

类属	属性	维度
入学前的优良传统	学习状态	努力—懈怠
	学习习惯	认真听课—无心听课
		及时复习—突击应付
	学习方法	理解建构—死记硬背
课堂教学	教学水平	高—低
	教学内容	知识渊博、独到见解—照本宣科
	教学方法	讲授法—讨论法
第二课堂	学术社团	专业成长—个人兴趣
	社会实践	知识应用—完成任务
人际关系	朋辈关系	竞争关系—非竞争关系
	师生关系	主动联系—课程关系

第一，入学前的优良传统是跟随学生进入大学学习的重要经验，是影响学生学习策略力和行动力的重要因素。林林在高中阶段不断付出努力的学习状态在大一期间得以延续。从小开始培养的学习习惯经过高中的强化，成为潜意识的行为，使得林林到了大学之后，依然能够认真听课，课后及时复习和消化知识。此外，林林在大学期间所使用的理解策略也是在入学前就已经形成，在大学学习中得到应用与改进。因此，入学前的优良传统为林林大学期间突出的学

业表现奠定了良好的基础。

第二，课堂教学是影响学习力的重要因素。林林觉得老师的上课水平比较高，只要认真听讲就能听明白，当堂理解后就会对课程产生兴趣，课后复习起来也会事半功倍。此外，林林还认为大学的老师有更丰富的知识储备，能够提出独到的见解和分析，而不只是照本宣科，他希望通过高水平的课程来拓宽知识面、增长见识。对于教学方式，他更倾向于讲授法而非讨论法，同学之间的交流并不能给予他足够深度的知识和见解，也无法让他产生注意力和兴趣。

第三，第二课堂是影响学习力的重要因素。林林在大一结束后就退出了因兴趣参加的学生社团，而加入了一个能提高自己学术水平的学术性团体。在参与社团活动的过程中，林林的学术知识得到丰富的同时，学术思维也获得了训练，并在参加大学生"挑战杯"竞赛和社会实践中得以应用。林林在课后参加的这些活动，有力地提升了其在知识、认知、技能和情感方面的收获。此外，林林还在社会实践中发现了感兴趣的研究主题，并发展成为硕士阶段的研究方向，对学习驱动力也有积极的影响。因此，第二课堂的作用不容忽视。

第四，人际关系是影响学习力的重要因素。人际关系主要包括朋辈关系和师生关系。对于林林而言，朋辈关系大体可以分为两大类，有竞争关系和没有竞争关系。他认为同系的同学更多的是竞争关系，而其他非竞争关系的同学或社团的伙伴或高年级的学长学姐都是学习的伙伴或者学习的榜样。在决定保研和专业分流时，学长学姐们分享了亲身经历，是林林做出选择的重要参考内容；参加学术性团体也是受学长学姐的影响，并在加入之后以他们为学习的榜样；参加大学生"挑战杯"竞赛和社会实践都受到学长们的影响；在学习遇到困难的时候，也会通过"互助群"寻求同伴的帮助。因此，同伴关系或直接或间接地影响着学习力。在师生关系层面，也可以分为两类。一类是只有课程关系的老师，"我们有安排导师，但我很少去找导师，跟导师联系不是很紧密。导师除了上课，基本上没有什么联系""到了大学以后,教授们都是上完课就走,我们自己回去学习,最后考完试就道别。而且每年换一批老师,也不会有很深的感情"。对于林林而言,虽然学院设置了导师制,但他也表示导师很忙,并没有时间、精力或感情投注在本科生身上。对于课程老师,林林在能自己解决的情况下,不会主动联系老师。另一类就是会主动联系的师生关系。比如林林某一门课的老师对他们关心有加,被林林选为社会实践的导师,"他是我大学期间感情最深的老师,我会主动与他联系,关系比较好"。

总体而言,入学前的优良传统、课堂教学、第二课堂、人际关系都是影响学习卓越大学生学习力的重要因素,是核心类属——学习力的重要支援类属。

(三)情境条件

在林林的故事里,还有一个类属很重要,即压力的变化。林林会根据学习压力和竞争压力的变化,平衡自己的学习驱动力,调节学习策略和学习行动,进而影响自己在知识、认知、技能和情感方面的变化。因此,笔者将压力的变化作为情境条件。情境条件的轴心编码结果如表7-3所示。

表7-3　　　　　　　　情境条件的轴心编码

类属	属性	维度
压力的变化	学习压力	大—小
	竞争压力	大—小

在准备保研以后,林林就面临着巨大的竞争压力,与此同时,他又进入了更加深入的专业学习,课程难度加大、课程数量增多,学习压力增大。在竞争压力和学习压力的双重作用下,林林很快地调整了自己的学习策略,将课程分为以记忆为主的课程和以理解为主的课程,并根据课程分类调整自己的投入时间和精力。在对学习

驱动力的平衡上，这一时期以功利的驱动力为主。而学习压力和竞争压力都较小的大一和保研形势明朗之后，林林会以兴趣来选择学习内容和学习行动。

经过开放式编码、轴向编码和选择编码，笔者形成了以学习力为核心类属，以入学前的优良传统、课堂教学、第二课堂和人际关系为支撑类属，以学习压力和竞争压力为情境条件，整合成一个完整的分析图式。在整合图式时，笔者借鉴了科宾和施特劳斯的"解释范式矩阵"①，将核心类属、支撑类属和情境条件整合为以下图式，见图7-1。

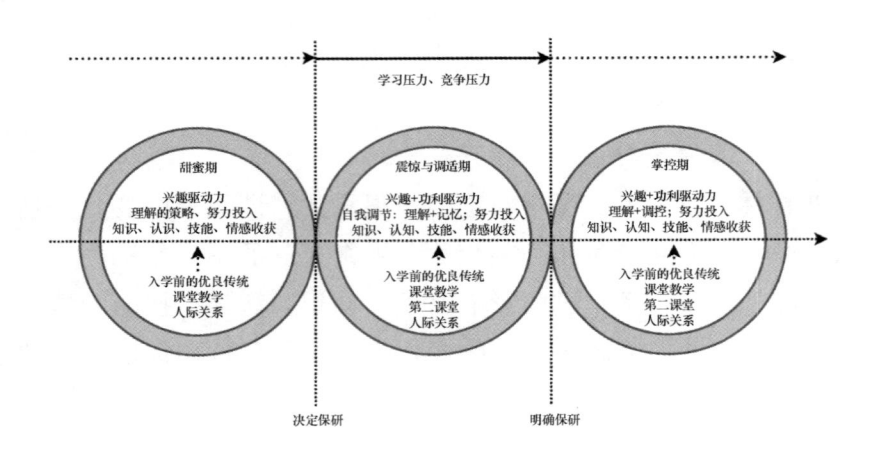

```
                        学习压力、竞争压力
      ┌──────────┐      ┌──────────┐      ┌──────────┐
      │  甜蜜期   │      │震惊与调适期│      │  掌控期   │
      │兴趣驱动力 │      │兴趣+功利驱动力│   │兴趣+功利驱动力│
      │理解的策略、│     │自我调节：理解+记忆；│ │理解+调控；努力投入│
      │努力投入   │      │努力投入   │      │          │
      │知识、认识、│     │知识、认知、│      │知识、认知、│
      │技能、情感收获│    │技能、情感收获│    │技能、情感收获│
      │          │      │          │      │          │
      │入学前的优良传统│  │入学前的优良传统│  │入学前的优良传统│
      │课堂教学   │      │课堂教学   │      │课堂教学   │
      │人际关系   │      │第二课堂   │      │第二课堂   │
      │          │      │人际关系   │      │人际关系   │
      └──────────┘      └──────────┘      └──────────┘
                       决定保研            明确保研
```

图7-1　学习卓越大学生学习力模型的初步理论模式

在图7-1中，按照学习经历的甜蜜期、震惊与调适期和掌控期分成了三个阶段，三个阶段的转折事件分别为决定保研和明确有保研资格。三个阶段的情境条件是压力的变化，其中震惊与调适期的学习压力和竞争压力最大，因此用实线箭头表示；甜蜜期的学习压力和竞争压力是逐渐增大的趋势，用虚线箭头表示；到了掌控期，学习压力和竞争压力逐渐减小，也是用虚线箭头表示。图中穿过每

---

① [美]朱丽叶·M. 科宾、安塞儿姆·L. 施特劳斯：《质性研究的基础：形成扎根理论的程序与方法》，第284页。

个时期的虚线箭头代表大学的时间轴。

　　圆圈内是各个时期学习力的特征及其支援类属。在甜蜜期，学习的驱动力以兴趣为主。在入学前优良传统的影响下，运用理解的学习策略，保持努力学习的状态。在知识、认知、技能和情感等方面均有较大收获。良好的课堂教学进一步激发了兴趣为主的学习驱动力，强化了理解的学习策略和努力投入的行动力，人际关系辅助整个学习过程。在震惊与调适期，学习驱动力以功利为主，兴趣驱动力存在但不是主要驱动力。自我调节策略开始发挥作用，对不同课程分别使用理解和记忆的策略。依然保持努力付出的学习状态，不论是课上认真听讲，还是课后及时复习、巩固，学习行动力得到强化。在知识、认知、技能和情感方面也有较大收获。在这一时期，入学前的优良传统、课堂教学和人际关系依然起到支撑和辅助的作用，且第二课堂的作用开始发挥，学术性社团、竞赛、社会实践等都在不同程度地影响着学习力的不同要素。在掌控期，兴趣和功利的驱动力并驾齐驱，理解和调控学习策略兼而有之，依然是努力投入的学习状态，即使是在保研了以后仍然会为研究生阶段做些准备，知识、认知、技能和情感也有较大收获。在这一阶段，入学前的优良传统有一些残存的影响，课堂教学、第二课堂和人际关系依然在不同程度地影响着学习力。

第二节　学习卓越大学生学习力模型的作用机制

　　根据分析归纳法的步骤，在分析了第一个个案之后，需要纳入辅助性个案来比较分析，而辅助性个案需要与第一个个案的信息相似。于是，笔者选择了同一个学院不同专业的另一个学习卓越的大四学生梅梅，他们具有相同的学院环境，都是在学业上表现突出的学生，都获得了推荐免试攻读硕士研究生的资格，通过比较分析林林与梅梅提供的信息，再结合已有理论的分析，发展出适合学生林林和梅梅的松散的描述性理论。此后，通过目的性抽样，寻找同类现象中的各种"反例"，不断修正理论模型。此后的文文、睿睿、超超等都是以这种方式进行研究，选定新的个案，扩大自己的理论，直到达到理论饱和为止。笔者是在访谈到第七个学习卓越大学生时，感受到信息基本饱和，即目的性抽样而获取的信息没有再提供新的属性，且由前几个个案归纳出的理论模式与新个案的属性均可以吻合。根据所有个案的人口统计特征来看，有男生、女生，有文科、理科还有工科，有保研、工作和出国的，等等。这些个案放在一起，共有的外在特征是他们属于"一流大学"建设高校的学习卓越大四学生。因此，从同例的共有特征入手寻找反例，笔者对"一流大学"建设高校学习非卓越的大四学生进行了访谈，即"故意寻找其他情境中的个案来确证类属所表征的理论边界和范围，解决理论性饱和的问题"[1]。在所有个案资料的基础上，形成了学习卓越大学生学习力模型的理论模式。

一 学习卓越大学生学习力模型的基本形态

在不断修正理论模型的过程中，笔者面临着一个问题就是如何在已有的属性和维度与新发现的属性和维度之间建立新的承接、共存和操作关系，笔者使用了林小英提供的策略"将原有属性与新的属性进行重新组合后，提升概念的抽象程度"[2]。在分析归纳法中，"理论模型与个案的匹配并不要求每个个案都覆盖各个属性的不同维度，而是着重于每个个案在所有属性上的有无"[3]。通过对上述策略

---

[1] 林小英：《分析归纳法和连续比较法：质性研究的路径探析》，《北京大学教育评论》2015 年第 1 期。

[2] 林小英：《分析归纳法和连续比较法：质性研究的路径探析》，《北京大学教育评论》2015 年第 1 期。

[3] 林小英：《分析归纳法和连续比较法：质性研究的路径探析》，《北京大学教育评论》2015 年第 1 期。

的运用，笔者对所有个案的资料进行分析与归纳，最终形成了学习卓越大学生学习力的理论模型。在下文中，笔者按类属型的呈现方式呈现理论模型的各个类属。

（一）学习力

学习力是本书的核心类属。在访谈的所有学习卓越大学生中，学习驱动力、学习策略力、学习行动力、知识力、认知力、技能力和情感力始终是学习力的重要属性。由于类属、属性和维度之间的关系是相对的，笔者将部分抽象的属性当作类属再次进行细分，又提炼出了这些类属的属性，如学习驱动力、学习策略力、学习行动力。

1. 学习驱动力

对于学习卓越大学生而言，学习兴趣是学习的重要驱动力，也是他们发自内心的需要。"我觉得学习自己很感兴趣的东西，是一种很享受的过程。看专业书是一种享受，复习以前的知识是一种享受"（Tongji – NS – M – 190113）。这是超超对自己专业学习的描述，他很喜欢自己的专业。"我为什么选择这个专业？就我个人来讲，还是兴趣，我还是比较喜欢这个专业，恰好这个专业能够作为我以后的一个职业"（TJU – En – M – 190112）。睿睿没有参加高考，通过自主招生进入大学，高中时就表现出对所学专业的兴趣。"我父母就感觉我平时做科研特别累，一两点才回宿舍，但我感觉无所谓，我在实验室特别开心，很有劲儿，特别愿意干"（TJU – En – M – 190112）。"××学真的挺有意思的，跟实际生活交接会特别多"（SCNU – NS – F – 190117）。当学习是受个体内在需要驱动时，如兴趣、爱好、好奇，学习对于个体而言就是特别有意义的事情。因此，内在动力是学习驱动力的重要属性之一。

"早期学习没压力的时候，拿个A看起来很好看，学到后来我还是觉得有点兴趣。比如我对××课就感触很深，学习起来感觉很好，有种从另外一种角度看世界的感觉，那种快乐是促使我后来学习的重要原因"（TJU – Edu – 190111）。文文的学习驱动力除了有兴趣以外，还有对成绩的追逐，她认为拿了A看起来很好，而且她喜欢拿高分的感觉。这与林林的功利性驱动力都可以视为外在的学习动力。因此，外在学习动力也是学习驱动力的重要属性之一。

2. 学习策略力

"自我调节""理解"和"联系建构"是学习卓越大学生学习策略的核心词汇。首先，学习卓越大学生都十分善于自我调节，能够合理规划、调控自己的学习过程。"我做事会先做规划，计划整理性比较强。今天要完成的学习任务，不论多晚我都会完成，因为我知道如果再往后拖，就会影响第二天的计划"（XMU – Eco – F – 190106）。"我对学习的态度取决于这门课对我来说是什么样的。如果是马克思主义原理，它就是一个任务；如果是像高数这样的基础性课程，对我来说就是非常重要的课程，必须得好好学习。这种课程就不仅仅是任务，而是会主动去学习的课程"（XMU – Eco – F – 190106）。在梅梅看来，学习就是自我规划、自我调节的过程。其实，不仅梅梅，超超、文文、睿睿、月月、一一都能合理地规划和调控自己的学习过程。"真正要学习，平时要下足功夫。学过的内容一定要抽时间掌握，尤其是那些很重要的知识就需要及时复习。如果是不感兴趣的知识就暂时不复习，但也要熟悉，至少在以后需要用的时候能想起来在哪里""我觉得时间的计划和管理能力是最重要的，我一般都会提前两三个星期就计划好期末该怎么复习了"（Tongji – NS – M – 190113）。"我的习惯是每天把所学的知识看一遍，复习一遍，定期做事情不要拖延。拖延虽然有巅峰快感，但是我觉得太恼火了。比如我写论文，我会每天找点资料，每天写一部分，绝不会拖到最后搞突击"（TJU – Edu – 190111）。"其实，大学还是有一定的自由度。但是对自我调控能力差的人来说，自由过头就会出现挂科、劝退等情况，我周边就存在这种人"（TJU – En – M – 190112）。睿睿的自我调节和规划性不仅体现在学习过程上，而且体现在他对自己整个学术道路的规划。由于对所学专业十分感兴趣，睿睿大一的时候就申请加入课题组，大二的时候转到另一个更适合的课题组，在实验室锻炼自己的学术能力和学术思维，又分别在大二下学期和大三下学期申请出国交流。其中，第二次出国交流还是完全独立地进行学术实验，独立承担一个课题的研究。月月和一一的表现则与梅梅、超超、文文的策略相类似。"我喜欢的课，平时付出的时间会比较多一些；一些我不喜欢的课或水课，我就到期末的时候突击复习老师给的复习资料"（SCUT – NS – F – 190119）。"学习是有优先级的，在事情特别多的时候我会把优先级排好，做起来就会特别有节奏、有效率"（SCNU – NS – F – 190117）。

其次，学习卓越大学生都十分善于运用理解和联系建构的学习策略，而记忆则作为一种辅助性策略。"我觉得比较重要的就是框架性的东西。一门学科绝对不是一门独立的学科，它有很多分支，并且他跟其他领域有很多交叉跟联系。我在学其他课程的时候就会反复思考和联系，有连续性和拓展性的时候想的就比较多，然后建立他们之间的联系。我目前会专注于课程本身以及他们之间的融会贯通"（XMU – Eco – F – 190106）。"我会先理解知识，再练习，课后还会去找相关的知识巩固一下"（Tongji – NS – M – 190113）。文文的理解、联系与建构可以通过一个例子来体现：她读了两本专业名著，将名著中对同一现象的不同解释放在一起，发现了他们是两种哲学，"它们在认识论和方法论上就是不同的，而这两种不同让我觉得很有意思"（TJU – Edu – F – 190111）。睿睿则表现在对学术文献的理解与建构，融会贯通，"看完这个领域初步的知识，师兄会跟我讲他之前做了什么以及原因和机理。我就想：他做 A，我就做 B。后来发现 AB 是同根同源，我就再看文献，并提出新的方案"（TJU – En – M – 190112）。月月和一一也是表现出较强的理解和融会贯通的能力，"如果对某个点进行深入思考，我会觉得它真的很有趣，会思考它为什么会这样，这个思考的过程让我了解很多新的东西"（SCUT – NS – F – 190119）。"我做实验的时候发现理论跟实际相差很远，但还是会以理论为指导。我们课本上很多知识比较理想化，要想把实验的结果做出来，就会有很多小技巧，要把一些东西放大，才能得到比较好的效果。我遇到问题会先去找文献，看看公式推导是不是有问题；跟实际对不上了会尝试其他方法并改进""听完课之后,我会把结构列出来。我们理科会有一些最基本的公式,我会在这些基本公式的基础上,利用以前学过的知识延伸推导出一系列新的公式"(SCNU - NS - F - 190117)。

根据笔者在前文对学习策略的分析,自我调节学习一般被认为是一种主动性、建构性的过程。在这个过程中,学习者可以主动地监控、调节他们的思维、情感和行为,以实现自我设定的学习目标。佛蒙特和东什总结了学习模式研究的理论框架,指出"大学生学习策略包括了认知加工策略和调控策略,其中,认知加工策略是指学生认知学习活动的组合,这些认知学习活动包括了直接的知识、技能学习,也包括了对主题事件的处理;调控策略是一系列元认知学习活动的组合,这些活动包括学生用来计划、监测、调控和评估他们的认知学习过程"[1]。总体而言,学习卓越大学生对知识的理解、联系与建构属于认知策略范畴,而自我调节则属于调控策略范畴。因此,认知策略力和调控策略力是学习策略力的重要属性。

3. 学习行动力

在学习卓越大学生的学习参与中,学习行动主要表现在课堂上的认真参与,课后投入时间和精力复习和巩固,还包括与同伴互助学习。"首先,上课认真听,认真记笔记,这是必需的。然后,作业认真完成,这是学好课程最基础也是必须要做到的。在参加一些比赛或者完成课程选题时,我不会只用一种方法。我觉得大学的学习90%以上的内容都可以通过努力达到。不努力是绝对不行的,我觉得大学能学好,不一定要很聪明,但一定要很努力"(XMU - Eco - F - 190106)。"我平时上完课之后就会把知识立即消化掉,完成老师要求的作业,还要自己找一些资料巩固一下。这是每天基本都要完成的事情。在期末复习的时候,把一学期学过的东西都过一遍"

---

[1] Vermunt, J. D., & Donche, V., "A Learning Patterns Perspective on Student Learning in Higher Education: State of the Art and Moving Forward," *Educational Psychology Review*, Vol. 29, 2017, pp. 359 - 384.

(Tongji - NS - M - 190113)。"上课肯定得好好听"(TJU - Edu - F - 190111)。睿睿除了对喜欢的课程认真听讲之外,还表现在实验室期间认真求教师兄师姐,参与课题研究。"我跟的一个博士师兄在我进组的第一天就给了我一篇四十六页的英文综述,在看完这个领域初步的知识之后,我提出自己的想法,在师兄点拨之后又再去看文献,研究自己可以做什么"(TJU - En - M - 190112),为了更加顺利地申请出国读博,继续自己的学术事业,睿睿还在大三下学期主动申请出国半年,在国外的半年时间里独立设计实验,完全靠自己的投入和钻研,"回来以后就发现自己不一样了,这个变化是潜移默化的"(TJU - En - M - 190112)。一一也是为了实验或竞赛能够与同伴通宵写程序并感到很快乐的学生。"三个实验室全是在那里通宵的人,会各自交流一下进展,这个过程挺有趣的。我们想要得到比较好的效果就会反复做实验,测很多数据,整个黑板都是今天的数据。明后天的数据也是这样搞出来"(SCNU - NS - F - 190117)。

佩斯认为"学生有意义的学业参与,具体由学生在学习、与同伴或老师的互动以及把所学知识应用到具体情境等付出的时间和努力来衡量"[①]。从学习卓越大学生们的学习参与来看,努力与驱动力和策略密切相关。当睿睿和一一遇到自己感兴趣的专业和课题时,通宵达旦也很快乐。对于梅梅、超超等学生而言,上课认真听讲也是为了让自己的复习更有效率,能够当堂理解,发挥学习策略的作用。综合上述,课堂参与、课后投入时间和精力,包括与同伴老师的互动都是学习行动力的重要维度,进一步提炼为学术性参与和朋辈互动作为学习行动力的重要属性。

4. 知识力

知识力最直接的表现就是知识的应用,运用专业思维思考和解决问题。"我看一些东西的时候,会发现书上的某个知识或理论可以

---

① Pace, C. R., *Achievement and the Quality of Student Effort*, National Commission on Excellence in Education, 1982, pp. 1 - 40.

解释。在完成××课作业时，我就用了另一门课学的理论做了分析"（TJU – Edu – F – 190111）。"专业知识能力肯定是跟高中的时候不一样，毕竟我积累了三年半的专业知识"（SCUT – NS – F – 190119）。梅梅在参加比赛和课题的时候，也会运用不同课程所学知识来解决实际问题，包括思维方式。"保研的时候要做一个课题，其中有合作的部分，我一拿到课题，大框架就完全在脑子里面搭起来了，包括每个步骤要做什么，思路完全理清楚了"（XMU – Eco – F – 190106），这种思维方式就是平时积累下来的，"我觉得思维方式是潜移默化形成的，老师给我们上课的框架结构影响很大。我们院很多老师上课不用书，我们基本都用老师的 PPT，老师的很多顺序、框架跟书本不完全一致，所以我们更多的是跟着老师的思路学习，而老师的思路对我们的影响非常大"（XMU – Eco – F – 190106）。事实上，思维方式的影响大多是潜移默化，却又是对学生学习产生重要影响的力量。

5. 认知力

认知力表现在对自我和外界的认知等。"心智、思想成熟了"（XMU – Eco – F – 190106），梅梅觉得自己在学习过程中，心智、思想也不断成熟。睿睿提到的认知就更为深刻一些，涉及对社会问题的一些认知。"我父母现在特别想让我回去，回到小县城啥也不用愁。上升到一个高度来讲，中国正处在阶级固化的阶段，在阶级完全固化之前，如果我无法实现阶级提升，依然局限在一个小县城，那对个人的未来没什么好处。所以，年轻的时候必须得做一些比较拼的事情"（TJU – En – M – 190112）。这样的认知变化会不会影响学习呢？答案是肯定的。正是因为世界观的变化，让他意识到自己必须努力和付出，完成阶级的提升。文文收获的是看问题的视角，当遇到问题的时候，不是局限在某一个学科，而是多学科视角。一一对自己也有更全面的认识，"我发现我不是很喜欢论文，不想搞科研。我以前也做科研，主要是喜欢建模的竞赛，但我不喜欢把自己的成果总结出来形成论文，所以我不喜欢搞科研"（SCNU – NS –

F-190117），正是有了这样的自我认知，一一放弃了保研资格，直接参加工作。综上所述，学习卓越大学生对自我、世界的认知变化也都会影响着学习活动的开展。

6. 技能力

林林的技能力提取的维度是组织、沟通技能。事实上，技能力主要包括一些通用的技能，如组织沟通技能、信息搜索技能等。"刚开始是自己搜集信息，但这方面的能力很不足。后来我的日语能力提高了，搜集信息的能力也增强了，这方面的困扰就逐渐减少了"（Tongji-NS-M-190113）。"有一门课的老师年纪比较大，上课口齿不怎么清晰，又是照读 PPT，我那门课就完全依靠慕课学习，从网上找视频学习。其实，我觉得现在网课覆盖面非常大，不仅仅是慕课，B 站也可以学习，我就会在学习一些软件的时候，上 B 站搜索视频学习"（XMU-Eco-F-190106）。还有团队合作等技能，"我参加了一个经济类调研比赛，跟我组队的都是理工科学生，而我是社科学生。我就在合作的论文里加入了专业知识，队友们说幸好有我在。我觉得我在团队里做了贡献，最后成果进了全国前百"（TJU-Edu-F-190111）。不管是组织沟通技能，还是信息搜索技能，又或者是合作技能，这些技能在学生的学习过程中都起到了很好的辅助作用。

7. 情感力

情感力主要体现在责任感、尊重他人等方面。"我参加过一些社团，也当过管理层，那个时候支撑我更多的是责任感，如果我不做这个事情就没有人做了。所以，不管是做课题、比赛还是办活动，他们都觉得有我在组里就很放心。我觉得这是我主动选择承担的事情，不完成它，心里会不舒服"（XMU-Eco-F-190106），梅梅在决定保研专业的时候提到"他们做的是国家比较前沿的东西，更多的是跟政府合作解决社会问题，我好像挺关注社会的"（XMU-Eco-F-190106），强烈的社会责任感在一定程度上影响了梅梅的专业方向选择。在相互尊重方面，当看到别人不同的选择时，超超认为"这是他自己的选择，他觉得这样开心，我就觉得他这样做很好。可能现在更会尊重别人的选择了"（Tongji – NS – M –190113）。一一也觉得自己更加包容了，"大学的经历比文凭重要得多，除了很多很厉害的老师，还认识了很多志同道合的同学。在学习的过程中，看到不同人有不同的学习方法，有的同学思考问题的角度很奇特，有的同学虽然不太能跟上，但是很努力。认识的人多了，感觉自己的兼容性变强了，以前不能理解的，现在也都能理解了"（SCNU – NS – F –190117）。正是因为对他人的尊重，让他们在与人相处时更为融洽，更容易从他人身上反思自己，学到更多东西。

（二）入学前的经历

从林林提供的资料中提取的"入学前的优良传统"，在笔者访谈的其他学习卓越大学生中也都有提及。在现行高等教育入学考试的考验下，他们能突出重围，进入"一流大学"建设高校学习，说明他们在入学前的学业表现突出，养成了良好的学习习惯，并积累了良好的学习方法。在梅梅、睿睿、文文和一一的资料中，笔者还发现了家长的职业与教养方式对入学前形成的学习习惯和学习动力具有重要的影响。"我妈妈是数学老师，我从小到大数学就比较好""我爷爷是高中老师，对我整个学习过程影响最大的人就是他。他虽然没有直接带过我哪门课，却是小学阶段管我学习最多的一个人。小学的时候，他还教我写毛笔字，毛笔字的格子都是他带着我画的，我觉得他对我的影响非常大。还有一些学习习惯的养成，小到我画横线一定要用尺子画，画图一定是按厘米度量，严谨到这种程度"（XMU – Eco – F –190106）。正是在这样的家庭中成长，梅梅从小对数学就十分感兴趣，大学的专业也选了相关的方向，而爷爷的教养方式也促成了她良好的学习习惯。"我小时候的学习习惯就是做别的事情之前必须保证学习的事情全部完成，不然我是不会去玩的。""我做什么事情都非常有规律，我觉得它算是我的性格或整个生活习惯的养成，对我的学习是一种促进作用"（XMU – Eco – F –190106）。

对于睿睿来说，家长的职业和教养方式对他的专业兴趣、学习习惯的养成，包括自我认知都有很大的影响。"我家里都是老师。小的时候去学校玩，看见那些五颜六色的试管，我觉得还挺好玩"，所以他从小对化学很感兴趣，大学期间也主攻化学相关的专业。"现在我爸妈对我要求不高，但是我对自己有要求。初中时，我沉迷于游戏，他们帮我强行纠偏，并让我明白哪个阶段哪些事情最重要。父母在大学前对我要求挺高的"（TJU - En - M - 190112）。因为爸妈的引导，让睿睿在大学期间一直很明确自己想要干什么，什么事情对自己最重要。

对于文文和一一来说，家长的教养方式对学习习惯的养成影响较大。"我的童年时代，真正陪我的只有书。我爸妈不太管我们，如果想去图书馆，他们会办好证带我去。我小时候就喜欢去图书馆看书。我喜欢一本书接一本书的看完，并养成了看书的习惯"（TJU - Edu - F - 190111）。所以文文称自己是"书虫"。这个习惯为她储备了大量的知识和视野，能从不同的视角理解知识和解决问题。"我爸妈在为人方面给我最大的帮助，对我的性格养成影响比较大。平时就对我说，学习不要怕吃苦，多听几节课，有比赛就去参加。他们对这些都非常支持。他们对我的学习习惯也有很大的影响。从小学开始，我爸妈下班比较迟，会比较晚来接我，我会在等他们的半个小时里把作业完成。除此之外，他们对我的学习方法有比较高的要求。我爸爸英语特别好，小学、初中的时候还教我根据读音记单词；在数学学习方面，他会教我不要套公式，要理解为什么要这么计算，如果它稍微做一些变化又会怎么样"（SCNU - NS - F - 190117）。在父母的影响与支持下，一一积极参加学校的各类竞赛，并享受其中，大学期间也依然保持下课就完成作业再做其他事情的习惯，在学习过程中注重公式的推导和应用，喜欢钻研。

为此，笔者将入学前的优良传统与家庭因素的影响进行重新组合，提升为更上位的概念"入学前的经历"，包括入学前的优良学习传统和家庭背景。

（三）课堂教学

在林林提供的信息里，教师的教学水平、教学内容和教学方法是课堂教学的重要属性。由于教学水平是从林林信息里提取出的本土概念，是一个笼统的概念，在后续个案的归纳分析中，通过进一步提炼和总结，笔者将其归纳为教学态度和教学效果。

教学态度与教学准备是相辅相成的，认真负责的老师，教学准备也充分，对学生学习的影响也比较大。"那种负责任的老师，我就会比较喜欢他的课，课后也会经常提一些问题，这种老师一般也很乐意帮忙""老师对学生比较关心，比如下课的时候不会玩手机"（Tongji–NS–M–190113）。"我大一的导师，她教我们专业课，经常会问我们，'你们认为什么方式能让你们更好地理解我教的这门课'，很重视我们的反馈，并且会改进教学方法""还有一个老师，从来不用PPT，有的时候会在黑板上写板书，老师已经60多了，但仍然非常认真有激情，而且不断地跟进前沿知识。不是说一定要求老师用多么先进的教学方法，而是那种态度，他是不是真的想教给学生们东西，很明显就能看出来""另一个老师就很程序化，问我们'大家会了吗？''好，下一个'。对这类老师的课，大家不是在课堂上睡觉，就是索性翘课"（TJU–En–M–190112）。"有一个老师的教学质量很堪忧，我感觉他就是在混日子。他上课跟我们聊天，但是我认为没有质量的聊天很耽误时间，也浪费我们的精力。我到后期就看自己的书，不想再听他讲课。他的PPT内容都比他讲的要多。我也理解他，他可能也不是故意想这样，只是没有那么重视教学"（TJU–Edu–F–190111）。"上课一看就知道哪些老师准备得更充分一些，我觉得我们能看得懂哪些老师是在认真对待我们"（SCUT–NS–F190119）。老师对课程的准备是否充分，老师是不是真心想要教给学生知识，在这些学生眼里都十分明确。一些老师上课的时候照读PPT，一些老师准备不充分而跟学生聊天，当遇到这类老师的时候，学习卓越的大学生们都是选择看自己的书，或者自学课程。

教学效果其实就是学生觉得教得好，对学生的影响很大。"我觉得有一门课的老师教得很好，前半个学期他讲了很多，最后五分之一的时间由我们独立展示。我觉得这样很合理。如果纯让我们自己钻研，效率非常低。我觉得老师的引导作用必不可少"（XMU-Eco-F-190106）。"老师上课很有条理，就能把学生教得很好。听完这类老师的课之后，我就能搞清楚到底怎么回事""老师讲得很有条理，这样学起来最快。老师讲授就好比别人带着你上电梯，自己自学就好比走楼梯，两者的速度是不一样的""有的老师讲得不好，不知道他在讲什么，我觉得还不如自己自学"（Tongji-NS-M-190113）。"好的老师就像是前辈，他们把自己的学习经历，非常好的经验教给我们，引导我们去阅读，去发现。每门课程都有非常精彩的一面，老师的引导就是把精彩给了你，然后你自己走进去，去发现它的精彩"（TJU-Edu-F-190111）。"有很喜欢的老师，专业功底特别深，讲到关键点的时候，我们很快就能理解。他讲课的趣味性也特别高。我们学校好几年评选出来的最受欢迎的老师都有他。上他的课，大家的学习热情都很高"（SCNU-NS-F-190117）。总结学生们认为课上得好的老师有一个共同特征，就是能够对学生起到引导作用。

教师的教学内容与其教学态度和教学准备密切相关。内容充实是基础，对学生思维方式的训练对学生的影响则更为深远。梅梅就认为自己的思维方式在老师的教学过程中得到了训练，她眼中的好老师是能告诉她"为什么"而不仅仅告诉"是什么"的老师。"首先，老师肯定要讲很多。如果他不讲，我自己自学就会走很多弯路""我觉得思维方式是潜移默化形成的，我上课都是跟着老师的思路，而不是跟着书本的节奏。老师的思路对我们影响非常大""如果一个老师课本上有什么就跟你讲什么，你自己看书就好了。好的老师，在一个定理或问题提出来之前，会跟我们分析为什么要这么做，如果出现这样的问题，我们应该怎么解决。他会让我们自己先思考，然后才会引出要讨论的内容。他会带着我们一起思考。我觉得这样的老师就是在教我们批判思考的过程，会有一个'WHY'在过程里"（XMU-Eco-F-190106）。月月喜欢的老师是能够启发她多思考的老师，她觉得老师只有启发自己思考了，知识才能变为自己的。"我们班比较喜欢的那个老师，会想方设法让我们提出问题，启发我们思考。我觉得就算老师讲得再好，你不去思考，你对这个知识就没有深入的了解。好老师是教思考的方法，会真正帮你去理解某些知识"（SCUT - NS - F - 190119）。——和大家一样，也希望老师能够告诉自己为什么这么推理，为什么是这样的思路来解决这类问题，只有这样她才能在遇到类似问题的时候知道解决办法。"我觉得他有一个特别的地方，他的专业史学的特别好，他在讲公式的时候会告诉我们是哪个年代的哪个人，他是怎么研究出来的，趣味性特别高""讲得好的老师会告诉我们为什么要做这些逻辑推理，为什么要分析这一块，会带着逻辑思路"（SCNU - NS - F - 190117）。

在教学方法方面，同林林一样，学生们并不介意教师采用讲授法，学生在意的是讲授的质量，在意自己是否能真的学到东西。这一点在教学态度、教学效果和教学内容上都有涉及。"其实他的教学方法不必很创新，讲清楚就很好，但是这个讲述是要有意义的"（TJU - Edu - F - 190111）。

（四）第二课堂

在林林提供的信息里，第二课堂的影响主要来自学术性社团和社会实践，在后续个案的资料分析中，又出现了比赛和科学研究两个属性。由于社会实践和比赛有利于学生对理论知识的应用，而学术性社团和科学研究活动则侧重于科研能力的提升，笔者将这四个属性提炼为两个属性，应用活动和科研活动。

学习卓越大学生对比赛、社会实践都较为热衷。因为参加比赛和社会实践的过程本身就是将所学知识运用于具体实践，解决实际问题的过程，有利于提升学生的能力。"比赛对能力提升的帮助非常大。你不能光知道理论，还要知道怎么去用它，我觉得通过比赛让我知道怎么去解决问题。我们平时做得更多的是，老师给一个特定的问题，我们去解决它。比赛的时候，我们首先要判定它属于哪一类问题，然后综合运用一门课甚至是几门课的知识来解决"

(XMU–Eco–F–190106)。在梅梅看来，比赛是能够促进她调用自己所有学过的知识来解决问题的方式，是综合、系统地运用知识，比赛的过程既是调用知识的过程，更是发挥主观能动性的过程。"大二的时候做了一个国家级的大学生创业项目，运用了课程上学的相关知识，学以致用的感觉很不一样，就是有了所学知识是有实际用途的感觉"（TJU–Edu–F–190111）。文文也认为，比赛或者做项目是一个学以致用的过程，能够把所学知识应用到解决实际问题上。一一也是这样的想法，她认为理论与实际是有差距的，课本上的东西比较理想化，而实际情况可能大相径庭。除此之外，比赛还能发现自己平时发现不了的问题，"比赛的时候会有指导老师，他们可以看出我们的很多问题。我们在课堂上学习理论知识的时候，推导公式可能存在一些不好的习惯。如果只是通过考试，很难看出自己存在的问题；但比赛的时候，指导老师会看我们的研究过程，会指出我们存在的很多问题"（SCNU–NS–F–190117）。

本科生科研是笔者在分析之前从未考虑过的因素，所以在分析林林的资料时，只是将他参加的学术性团体作为第二课堂的属性。随着对后续个案的访谈，本科生科研的属性渐渐浮现出来。笔者才意识到，本科生有提高自己科研能力的需求和渠道，并且他们参加的科研活动确实提升了他们的科研能力。"参加科研活动锻炼后，我在一些课堂上展示的前沿问题都做得比较好。因为我在实验室接受的一些知识肯定要比课本上更前沿一些。我个人认为现在课本上那些知识都是几十年前盖棺定论的，没有太多创新价值在里面。前沿创新的东西要自己去摸索。老师们就非常惊讶，他们认为本科生了解不到什么前沿的东西。当然，他们也开始反思这些问题，开始赞同让本科生也去接触一些顶尖的研究"（TJU–En–M–190112）。"我参加过一个经济类的调研，当时觉得同伴们掌握的研究方法很堪忧，我就提议用我们学过的调查法而不是他们擅长的实验法。当时我的学术培养已经进展到研究方法阶段，这让我在调研小组里显得更为专业"（TJU–Edu–F–190111）。

(五) 人际关系

在林林的资料分析中，人际关系的属性包括了朋辈关系和师生关系。其中朋辈关系又分为竞争和非竞争两个维度。对于非竞争关系的朋辈，是可以相互讨论与学习的关系，而竞争关系的朋辈（一般为同学）则会有所保留。"我们宿舍的同学专业都不一样，不存在竞争问题，关系非常和谐。大家在写论文的时候会互相讨论。有时候可能跟有竞争关系的同学不会那么毫无保留。有一些竞争非常激烈的系就听说有恶性竞争的情况，什么都藏着掖着不往外说""我跟别院的同学交流还挺多的，我觉得他们都好厉害，我从他们身上学到非常多的东西，跟他们讨论的问题都很有深度"（XMU – Eco – F – 190106）。在梅梅的表述中，不论是不是恶性竞争的关系，存在竞争关系的同学之间都不会毫无保留的交流，反而是那些没有竞争关系的同学可以交流得有深度，影响也比较大。"同系的大部分同学都是陌生人，我会故意把自己内心封闭起来，不想他们对我造成太多干扰"（Tongji – NS – M – 190113），"保研夏令营的时候，我也没有跟同班同学交流，因为班内存在竞争关系"（TJU – Edu – F – 190111）。超超和文文都提到了系（班）内的竞争关系，大家的交流并不多，也会有所保留。超超甚至到了将同系同学视为陌生人的程度，这种竞争关系已经影响到了他的学习状态。"主要依靠师兄师姐的帮衬""我是靠师兄手把手带起来的。我们关系特别好，科研上遇到的一些问题都会向他请教解决办法"（TJU – En – M – 190112）。"在保研的时候，同班同学之间存在一些竞争因素，大家都对这个问题避而不谈。对我帮助比较大的是另一个非同学关系的朋友。他也一起准备保研，有很多信息会及时分享给我。我也基本上都是从他那里获取信息。比如，我最初并没有想着去了解保研这件事，他提醒我要开始了解，要怎么写简历，让我开始准备。在他的提醒下，我才开始查资料，做准备""我在班级里并没有特别要好的朋友，即使有，也因为竞争关系的存在而不能说一些话题。但是，我在社团里认识的朋友就可以什么都交流"（SCUT – NS – F – 190119）。"我在比赛时认识了一个对自己专业研究特别有兴趣的同学，她想问题比较深入，角度也比较新奇，我有一些问题会向她请教，跟她在一起会感觉自己学有不足，也会鞭策自己更加努力学习"（SCNU - NS - F - 190117）。对于多数学习卓越大学生而言，同学之间的竞争关系似乎是难以避免的存在，所以他们更多的是与不存在竞争关系的朋辈交流、学习、请教，这些朋辈对学习的影响都有相当的促进作用。

师生关系多为课程关系，师生之间的交流以课堂教学为主。"很多大学老师只上一门课程，结课后可能都不会再见面，导致师生间的交流很少。课后的交流也仅限于课下十分钟的提问，之后就不会再有很多交流""其实，很多老师并不记得我。都说大学老师只认学号不认人，可能我一个学期都坐同一个位置，上课跟老师也有眼神交流，甚至还会向他提问，但他并不知道我是谁"（XMU - Eco - F - 190106），梅梅觉得这样的师生关系很影响学习。这种情况也适用于其他学习卓越大学生，他们都认为自己跟老师的课外交流很少，一方面是因为老师太忙，另一方面是因为信息化时代，他们可以自己寻求问题的解决办法，也并不需要完全依靠老师。

（六）自我定位

在学习卓越大学生学习力模型的初步理论模式里，笔者提炼出了一个情境条件是压力变化，导致这种压力变化的一个重要原因是"决定保研"。在后续个案的资料分析中，先后出现了出国攻博、工作等原因。同时，笔者发现，无论是出国攻博，还是选择工作，都体现了学习卓越大学生对自我的定位，而这些自我定位在学生整个学习过程中扮演着十分重要的角色，是学生调整学习驱动力、策略力、行动力的重要原因。因此，笔者认为自我定位属于更上位的概念，将"自我定位"作为新的类属，是导致学习力各个属性发生变化的因果条件，同时，学习力又会促进自我定位的变化。

所谓自我定位，用梅梅的话就是"知道我自己想要干什么"（XMU - Eco - F - 190106）。林林知道自己想要工作，但他又了解到自己的专业只有拿到硕士学位才比较有竞争力，所以决定读研。而考研又太难了，所以决定保研，这才有了压力的变化。梅梅在上大学之前，只是觉得所学专业不是她讨厌的专业，专业分流的时候，她根据自己的兴趣选择了方向，然后发现选到了一个适合自己的专业。在大学学习过程中，她学得越多就觉得自己知道得越少，所以非常想继续学习，在保研的时候申请了直博。"我大一、大二的时候还想去读专硕，因为我的目标是工作。后来觉得两年专硕学到的东西实在是太少了，我就想再多读几年。我觉得既然在这个领域学习了，为什么不把最深、最精华的东西学到。尽管我现在的目标还是工作，但我觉得一个博士进入市场的话，对经济的发展应该更具有推动作用"（XMU-Eco-F-190106）。在大学的学习过程中，她逐步明确了自己想要的是什么，对自己有了更加明确的定位。这种自我定位来自逐步深入的学习，同时又促进她的深入学习。超超跟梅梅相似，从最初对专业一无所知，经过大学的学习，他对自己的专业产生了浓厚的兴趣，并明确了自己出国攻读研究生的目标。"我来自农村，受家庭环境的限制，我们不懂什么专业会比较好，在高中的时候只知道一件事就是高考。所以我上大学之前并不知道在大学可以干什么，毕业后要干什么，对这些都一无所知，到大二以后才开始考虑自己的出路""出国攻读本专业研究生的原因，我觉得首先是兴趣，然后有几个方面的原因要考虑，第一是出国对未来职业发展不可或缺，第二是去的这个国家奖学金比较高，第三是对那个国家比较喜欢"（Tongji-NS-M-190113）。

与他们都不同的是睿睿、月月和一一。他们都是在进入大学以前就基本确定了自己的兴趣，所以他们在大学所学的专业也都与兴趣相吻合。对于他们而言，大学阶段就是自我定位后的努力期，为实现自己的目标做着准备。睿睿是要从事科研工作，所以他大一就加入了课题组，在实验室里锻炼自己的科研能力，并为申请出国攻读博士学位做准备。"我高三保送以后就离校去了西安交通大学。在那里的半年时间，我经常会去一些实验室，渐渐发现想在领域内做好，国外的学术氛围会更好一些（不是国内不好）。于是，我上大学以后就开始准备出国了""上大学以后，我发现我们那一届，凡是能上985高校的同学，对自己的未来和职业规划都有比较明确的方向""虽然出国对成绩有比较高的要求，但是我逐渐意识到科研对我今后发展的影响更大一些，所以我大学四年都把主业放在科研上"（TJU - En - M - 190112）。为了能够更顺利地申请到国外的学校，睿睿还在大三下学期主动申请到国外一所大学的实验室交流了半年。月月也是从高中就定了方向。"我从高中就定了生物方向，当时觉得生物是能研究本质类的学科。比如，某种疾病到底是什么原因造成的，医学是针对已经产生的疾病进行治疗，但是生物能解释为什么，发现根源在哪里。所以我就想往这个方面发展，高考的志愿都是跟生物相关的方向""上大学以后，我听很多老师说如果想在这个领域做出成就，只读到本科是肯定不够的。所以我想继续往下读，保研的时候就选择了硕博连读""进入到现在所学方向之后，我更加坚定了往这个方向发展的决心。如果真的能深究事物的本质起源，就能解决很多问题，以后就真的能帮助别人。我很庆幸自己选择了这个方向""我从一开始目标就很明确"（SCUT - NS - F - 190119）。——从高中开始就想当老师，喜欢物理，所以学了物理师范，大学期间十分享受学习的过程，实习的时候也感受到做老师的幸福感很强烈。所以，当面临保研和工作的选择时，她还是选择了工作。"想当老师，从高中开始就想当老师""我有好几次保研机会，辅导员也找过我多次。但我还是比较想当老师，并不是很想搞研究，所以就选择不保研，直接找工作了""我发现自己如果继续做研究的话，好像没有很迫切的动力，我很清楚以后想做什么，我觉得没有必要为了文凭去读研。做老师能让我快乐，我感觉实习的时候幸福感很强烈"（SCNU - NS - F - 190117）。无论是睿睿、月月还是——，都是在入学之前就明确了自己的兴趣，甚至有的明确了自己的未来规划，这也使得他们在大学期间没有经历迷茫期，没有进入新环境的震惊期。

二 学习卓越大学生学习力模型的整合图式分析

为了确定类属的边界和范围，笔者分析了"非同类现象"中的个案。从同类学校的非学习卓越大学生提供的信息发现,他一直不太明确自我发展的方向,学习的习惯也没有养成。"我第一学期的学习成绩还挺好,但第二学期就有点跟不上。因为我参加的学生组织比较多,耗费了很多精力,对学习也没那么上心,学习习惯也没养成,学习进度越落越多,现在就赶不上了""我一开始还没有意识到问题的严重性,因为大一下学期与第一学期的差距并没有很大,但大二上学期就明显感觉到差距在拉大,也意识到学习的重要性,但已经来不及了""我记得大学时有很长一段时间都比较迷茫,不知道以后该干什么""我就是不知道该干什么。两年过去了,感觉什么也没做,有一种'这几年都荒废了'的感觉"(Tongji - Lit - M - 190113)。从这些信息可以看出,当他"不知道自己以后要干什么"的时候,他是缺少学习驱动力的,即无向学习,这直接影响了他的学习行动力,学习不那么上心,牺牲掉了很多精力,也没有形成良好的学习策略。"我的学习能力没有得到提高,甚至还不如高中。高中阶段的学习能力真的很难超越",对自己在大学期间学习能力的提升也持否定态度。根据非同类个案提供的"镜像",笔者调整了各属性的关系。因为有了反例的映照之后,自我定位的情境条件就凸显出来。至此,研究的资料分析过程结束,最终的但也是"可修正的"理论模式成型,见图7-2。

  图7-2展现了学习力模型的"解释性的情境条件过程"。对于学习卓越大学生而言,他们或者在入学前对自我定位就已经明确,或者在大学学习的探索过程中,很快就明确了自我定位,并在入学前的经历、课堂教学、第二课堂和人际关系的共同影响下,促进学习力模型发生作用。具体表现为,明确的自我定位会影响学习驱动力的变化,在学习驱动力与高中阶段就形成的良好学习策略力的双重作用下,通过付诸行动,投入时间与精力,与教师和朋辈发生互动,收获知识、认知、技能和情感等方面发生的变化。在大学期间,这一作用机制形成良性的循环作用,如学习的深入产生更多的兴趣驱动力等,进一步提升学习行动力,从而获取更多的知识、技能以

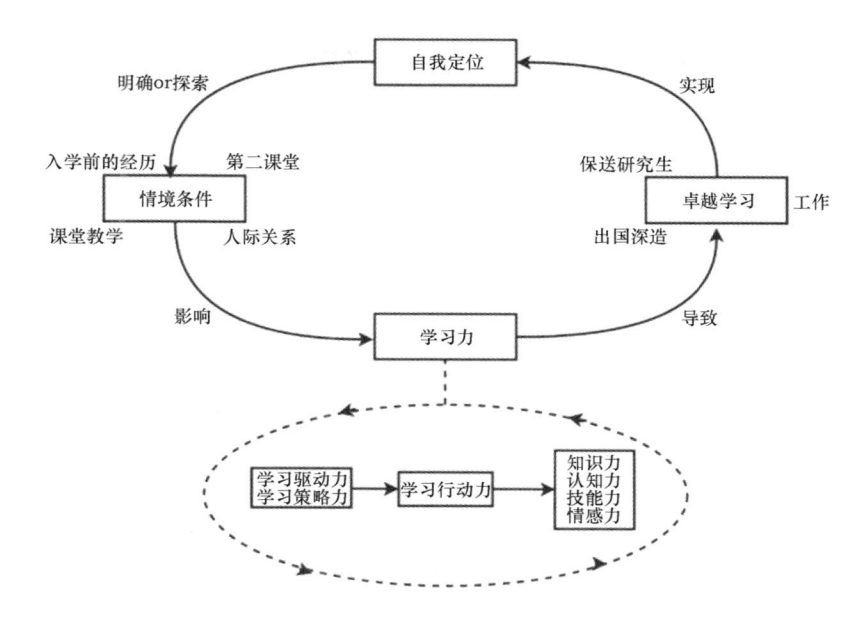

图 7-2　学习卓越大学生学习力模型的整合图式

及认知和情感。这一良性的循环模式促使学生的学习力充分发挥作用，并最终表现为卓越的学业表现。而学习卓越的表现形式又因为自我定位的不同而呈现出不同的特点，有直接保送国内研究生继续深造，也有申请出国攻读学位，还有放弃保研直接参加工作等形式，最终实现了本科学习这一阶段的自我定位。

三　学习卓越大学生学习力模型的理论模式解析

基于前文的论述，接下来要分析学习卓越大学生学习力模型究竟如何发生作用。一方面，学习卓越大学生的学习力有其内部的作用机制；另一方面，学习力模型又置于学生个体和大学环境之中，受外部情境条件的影响。学习卓越大学生正是在内外部作用机制的运行下，达成了卓越学习的结果。下文将分别分析学习卓越大学生学习力模型的内外部作用机制。

(一) 学习卓越大学生学习力模型的内部作用机制

准确来说，只要有学习活动发生，学习力模型的内部作用机制就会发挥作用。尤其是学习卓越大学生，他们在进入大学之前也存在学习力模型的作用，进入研究生阶段，学习力模型依然存在。那么，学习卓越大学生的学习力模型究竟如何作用呢？

从其内部结构而言，质性资料与理论分析得出的结构要素基本一致。学习卓越大学生都有强烈的学习驱动力，具体表现为以兴趣、爱好、好奇为主的内在驱动力和以成绩或功利性目标为主的外在驱动力。不论是内在还是外在驱动力，学习卓越大学生都表现出强烈的学习需要。于是，他们愿意为此付出行动来满足自己的需要。付出行动之前，他们会对整个学习过程有一些规划和策略，比如对所学的课程分类，对不同课程采取不同的学习策略，过程中也会根据需要对自己的学习行为加以调节。从心理学的角度来分析，学习是学习卓越大学生主动建构的过程。在这个过程中，学生可以主动地监控、调节他们的思维、情感和行为，以实现自我设定的学习目标。在本书中即为满足自我学习的需要，不论是内在的驱动力还是外在的驱动力。

一分耕耘一分收获。付出行动的学生们自然能够收获知识、认知、技能和情感等方面的提高。平崔克和调所、齐默尔曼、登特和科恩卡均发现，"那些能够自我调节的学习者们，即自主设定适当的学习目标和计划，监督这些目标的进展并适时调节他们的思维、动机以及学习习惯的学生比那些不能自我调节学习的学生更有可能获得学业上的成功"[1]。本书进一步提出，这种收获又会促进学习力模

---

[1] Pintrich, P. R., & Zusho, A., "Motivation and Self-Regulated Learning in the College Classroom," in Perry, R., & Smart, J., eds. *Handbook on Teaching and Learning in Higher Education*. Dordrecht: Springer Publishers, 2007; Zimmerman, B. J., "Investigating Self-Regulation and Motivation: Historical Background, Methodological Developments, and Future Prospects" *American Educational Research Journal*, Vol. 45, No. 1, 2008, pp. 166–183; Dent, A. L., & Koenka, A. C., "The Relation between Self-Regulated Learning and Academic Achievement across Childhood and Adolescence: A Meta-Analysis," *Educational Psychology Review*, Vol. 28, 2016, pp. 425–474.

型的良性循环，即知识和技能的积累会增加学生的求知欲，也会改进学习策略的使用，认知的发展会促进学生进行更多的自我反思与批判，共情的能力促使学生更能从他人的镜像中反思自己，也更容易接纳他人，与他人互助学习，从而进一步促进学习力的提升。

总体而言，学习卓越大学生学习力模型的内部作用机制具有以下特征：第一，具有强烈的学习驱动力；第二，自主调节学习能力强，能够自主调节学习策略的使用和学习行动力；第三，学习行动力强，愿意为了满足自己的学习需要付出努力，无论是课堂还是课后，无论是独立探索还是寻求朋辈帮助；第四，在知识、认知、技能和情感方面的收获都会转化成新的学习驱动力，改进学习策略，从而开始新一轮学习力模型的作用机制，形成良性循环。

（二）学习卓越大学生学习力模型的外部作用机制

入学前经历是学习卓越大学生学习力模型的重要情境条件。本书的学习卓越大学生都来自"一流大学"建设高校的大四学生，他们在进入大学之前就已经是学习上的佼佼者。他们经受住了残酷的高等教育入学考试或高手如云的自主招生考试，突出重围，成为"一流大学"建设高校的学生。他们在入学之前的学业表现就比较突出，养成了良好的学习习惯，积累了良好的学习方法。在大学影响理论中，阿斯廷、廷托、特伦兹尼等人都提出学生入学前的学习经历会影响学生在大学期间的表现，鲍威、李珊也发现"学生在大学期间的学术融入受到其高中阶段课内外学习经历的显著影响"[1]。因此，入学前良好的学习经历成为学习卓越大学生学习力模型的重要情境条件。此外，本书还发现，家长的职业与教养方式对他们形成专业兴趣、养成良好的学习习惯，甚至于自我认知都有很大的影响。宋志一等人研究发现"受教育程度越高的家长，其子女求知欲越强，不贪图物质享受；行为自觉、善于自我控制，具有积极向上的进取

---

[1] 鲍威、李珊：《高中学习经历对大学生学术融入的影响——聚焦高中与大学的教育衔接》，《清华大学教育研究》2016年第6期。

精神"①。李锋亮等人也指出"教育程度较高的父母从小就注意培养子女的自我控制，使其形成良好的学习习惯，子女在进入大学之后，依然能够自主地努力学习，并且影响着子女在高校的社会活动行为"②。本书认为父母受教育程度对大学生学习存在一定影响，且这种影响在群体性研究中更显著，即从整体而言，父母受教育程度越高，其子女越有可能形成良好的学习习惯或性格特征。但笔者并不认为父母受教育程度与良好的教养方式存在绝对的因果关系，即父母的受教育程度高并不意味着其教养方式就一定好。在本书中，笔者倾向于认为家庭教养方式是影响学习卓越大学生形成专业兴趣、良好学习习惯，甚至心理特征和性格等方面更直接的因素。综合以上，受家庭教养方式的影响，学习卓越大学生在入学前形成了良好的学习习惯、学习策略和学习状态，在入学之后运用到学习过程中，影响着入学后学习力模型的内部作用机制。这就是学习卓越大学生入学前经历对学习力模型的影响机制。

课堂教学是学习卓越大学生学习力模型的情境条件。所有受访的学习卓越大学生都提到了良好教学对自己学习的影响。当老师认真负责且教学准备充分时，即老师真心想要教给学生知识，教学内容充实且注重启发学生思考，往往能给予学生良好的引导作用。学生在这种引导作用下，能及时地理解、消化和掌握知识。良好的教学效果还会对学生的思维方式产生潜移默化的影响。当然，良好的课堂教学发挥作用的前提是，学生认真听讲，积极地参与到课堂中。因此，良好的课堂教学只是一个情境条件，它的作用发挥需要结合学生的学习行动力。也就是说，教师良好的教学态度，充分的教学准备，充实且有意义的教学内容与学习卓越大学生良好的学习态度和积极主动的学习参与发生碰撞，才能形成良好的教学效果与学习

---

① 宋志一等：《父母受教育程度对子女心理素质发展影响的测验研究》，《云南师范大学学报》（教育科学版）2001年第3期。

② 李锋亮等：《父母教育背景对子女在高校中学习与社会活动的影响》，《社会》2006年第1期。

效果。肯伯等人发现"教师的教学观会影响课程设计、教师所采用的教学方式,进而影响学生的学习方式与结果"[1],且"促进学习型教学方式会鼓励学生采用意义导向的学习方式"[2]。拉姆斯登发现"学生感知的教学情景对他们的学习方式有显著影响"[3],特里格威尔和普罗瑟、威尔逊等人也证实"深层学习方式与良好教学、合适的评价和强调学生独立性的教学之间存在最强的联系"[4]。笔者部分认同以上研究发现,即教学两个主体之一的教师需要具备的条件:良好的教学态度、充分的教学准备、充实且有意义的教学内容。但教学是否能达到良好的效果,还需要学生这一主体发挥作用。通过分析学习卓越大学生提供的信息,笔者能够跳出学生的视角,反思这些量化研究的结果:光从学生的视角对教师提出要求是片面的,教学是由教师和学生两个主体组成的活动,只有同时发挥教师的主导作用和学生的主体作用,教与学的效果才能得到保证。这也凸显了学习卓越大学生在学习力模型中的特点,即学习卓越大学生在学习行动力上拥有绝对的主动性,除了投入大量的时间和精力以外,积极主动地参与到教学活动中是不可忽略的优势之一。

第二课堂是学习卓越大学生学习力模型的情境条件。从前文提取的信息可知,第二课堂的活动可以分为应用活动和科研活动。其中应用活动对学习力模型的影响在于对知识综合、系统地运用。参

---

[1] Kember, D. Kwan, K., "Lecturers' Approaches to Teaching and Their Relationship to Conceptions of Good Teaching," *Instructional Science*, Vol. 28, 2000, pp. 469–490.

[2] Kember, D. Gow, L., "Orientations to Teaching and Their Effect on the Quality of Student Learning," *Journal of Higher Education*, Vol. 65, No. 1, 1994, pp. 58–74.

[3] Ramsden, P. A., "Performance Indicator of Teaching Quality in Higher Education: The Course Experience Questionnaire," *Studies in Higher Education*, Vol. 16, 1991, pp. 129–150.

[4] Trigwell, K., Prosser, M., "Improving the Quality of Student Learning: The Influence of Learning Context and Student Approaches to Learning on Learning Outcomes," *Higher Education*, Vol. 22, No. 3, 1991, pp. 251–266; Wilson, K. L., Lizzio, A., Ramsden, P., "The Development, Validation and Application of the Course Experience Questionnaire," *Studies in Higher Education*, Vol. 22, 1997, pp. 33–53.

加应用活动一方面可以调用所学知识来解决实际问题,另一方面增强了对理论知识的理解。既收获了知识和技能力,又促进了学习驱动力的增强、学习策略运用能力的提升和学习行动力的加强。对学习力模型的良性循环起到有效的促进作用。科研活动则是满足学生对学术能力的需求和渠道,对于提升他们的科研能力,增强他们对科研参与的驱动力和学习行动力也具有重要的促进作用。事实上,"在世界一流大学中,本科生科研已日益融入本科教育体系中"[1],"在中国也有部分大学将本科生科研训练纳入正规的课程体系"[2]。这虽然与本书在访谈中发现科研活动主要表现为第二课堂活动的结论有所不同,但无不凸显了本科生科研的重要性。邓晶在研究中也发现"高校第二课堂的学术科技创新活动弥补了第一课堂的不足,为大学生的中介认知调节机制的形成和培养积极学习动机、采用深层学习方式进行学习提供了平台与可能性"[3]。因此,无论是以提升科研能力为主的科研活动,还是以学以致用为主的应用活动,都对学习力模型的各要素有着积极的促进作用。综合而言,第二课堂是促进学习卓越大学生学习力模型良性循环的重要情境条件。

人际关系也是学习卓越大学生学习力模型的情境条件。首先,在人际关系中,几乎所有受访的学习卓越大学生都表示师生关系主要以课程关系为主。大学老师"只认学号不认人"的现实决定了师生关系不可能太过亲密,对学习力模型的影响主要体现在课堂教学上(前文已述,此处不再赘述)。其次,在朋辈关系的影响中,又以非竞争关系的朋辈关系影响为主。对于非竞争关系的同学、学长/学姐或者参加第二课堂活动认识的伙伴,都对学生的学习力模型有较

---

[1] 刘宝存:《美国大学的创新人才培养与本科生科研》,《外国教育研究》2005年第12期。

[2] 曹建等:《以本科生科研促进创新能力培养——北京大学的个案研究》,《中国高校科技》2013年第Z1期。

[3] 邓晶:《高校第二课堂对大学生学习方式的影响研究——以"985高校"学术科技创新活动为例》,《高教探索》2018年第1期。

大的促进作用。稽艳、汪雅霜研究发现"同伴互动是最主要的互动类型，且人际互动在学习动机和学习投入之间存在部分中介效应，学习动机和人际互动对自主性学习投入的影响效应显著"[1]。昂巴克和瓦夫任斯基、伦德伯格、肯伯等人均发现"人际互动对大学生的学习投入均有正向的影响作用"[2]。在本书中，笔者进一步发现对学习卓越大学生学习力模型具有促进作用的是非竞争关系朋辈互动，当他们在学习上遇到问题，或者是需要有人指导，他们会寻求非竞争关系朋辈的帮助，在与他们的交流互动中获得知识、认知、技能以及情感方面的成长。同时，一些朋辈也起到了榜样的作用，影响着学生们的学习驱动力，促进学习策略和学习行动力的改进。综合而言，人际关系是影响学习卓越大学生学习力模型的重要情境条件。

最后，自我定位是影响学习卓越大学生学习力模型最重要的因素。自我定位仿佛一根透明的线，牵引着学习力模型的变化与发展。自我定位与入学前的经历有关。如果学生入学前的经历就已经引导着学生形成了明确的自我定位，那么，学生入学后就有着超强的学习驱动力，并且所有的学习活动都会围绕着这一定位来展开：以该定位调节学习策略力和学习行动力的作用，充分发挥课堂教学、第二课堂和人际关系的作用来促进学习力发挥最大的作用，并在收获了知识、认知、技能和情感之后，调节下一步的学习活动。如果自我定位在入学前并没有明确，学习卓越大学生也会在入学之后借助

---

[1] 稽艳、汪雅霜：《学习动机对大学生学习投入的影响：人际互动的中介效应》，《高教探索》2016 年第 12 期。

[2] Umbach, P. D., Wawrzynski, M. R., "Faculty do Matter: The Role of College Faculty in Student Learning and Engagement," *Research in Higher Education*, Vol. 46, No. 2, 2005, pp. 153 – 184; Lundberg, C. A., "Peers and Faculty as Predictors of Learning for Community College Students," *Community College Review*, Vol. 42, No. 2, 2014, pp. 79 – 98; Kember, D., Biggs, J., Leung, D. Y. P., "Examining the Multidimensionality of Approaches to Learning through the Development of a Revised Version of the Learning Process Questionnaire," *British Journal of Educational Psychology*, Vol. 74, 2004, pp. 261 – 280.

入学前的经历、课堂教学、第二课堂和人际关系的作用，实现学习力模型的良性循环，并在较短的时间内探索和明确自我定位。学习力模型在整个大学期间是一个良性的循环过程，促使学习卓越大学生在学习上表现卓越，实现自我定位在本科阶段所能达到的目标。在以往的研究中，无论是大学生学习研究，还是学习力研究，对自我定位的强调都较为罕见。通过对学习卓越大学生学习故事的分析，笔者发现这是不可忽视的情境条件。自我定位的明确对学习力模型具有十分重要的促进作用。最通俗的解释就是"只有知道自己想干什么，才知道努力的方向在哪里"。只有自我定位明确了，其他的情境条件才能更好地发挥作用。

总体而言，学习卓越大学生学习力模型的外部作用机制是学习卓越大学生在探索与明确自我定位的过程中，借助入学前的经历、课堂教学、第二课堂、人际关系的积极作用，促进学习力模型的良性循环，最终实现卓越的学习表现和自我定位在本科阶段的目标。至此，笔者完成了与已有研究的对话，形成了本书的"可修正的"学习卓越大学生学习力模型的理论模式。

第三节　本章小结

本章主要回应本研究的第四部分问题，即学习卓越大学生学习力模型的作用机制、主要特征和情境条件。研究以"一流大学"建设高校大四的学习卓越大学生作为调查对象，遵循最大目的抽样原则抽取能为本书提供最大信息量的样本，通过深度访谈法收集资料，运用分析归纳法对资料进行分析。最终以结合型的方式呈现研究结果。首先，通过个案研究描述某学习卓越大学生的学习经历和感受，并形成了学习卓越大学生学习力模型的初步理论模式；其次，运用分析归纳法提取了学习卓越大学生学习力模型的几个重要类属，并呈现出了这几个重要类属的研究结果；最后，通过整合图式的方式形成了学习卓越大学生学习力模型的理论模式。

中国学习卓越大学生学习力模型的作用机制呈现出如下特征：

第一，在学习力模型的内部作用机制上：①学习卓越大学生具有强烈的学习驱动力；②自主调节学习能力强，能够自主调节学习策略的使用和学习行动力；③学习行动力强，为了满足自己的学习需要愿意付出努力，无论是课堂还是课后，无论是独立探索还是寻求朋辈帮助；④在知识、认知、技能和情感方面的收获都会转化成新的学习驱动力，改进学习策略，从而开始新一轮的学习力模型的作用机制，形成良性循环。

第二，在学习力模型的外部作用机制上：学习卓越大学生在探索与明确自我定位的过程中，借助入学前的经历、课堂教学、第二课堂、人际关系的积极作用，促进学习力模型的良性循环，最终实现卓越的学习表现和自我定位在本科阶段的目标。

第八章

研究结论与建议

　　本书参考了建构主义学习理论对学习的隐喻，结合学习力已有的研究，遵循大学生学习研究的发展趋势，提出了本书对大学生学习力的内涵界定，分解了大学生学习力的结构要素，并以系统动力学为理论基础，提出了大学生学习力的理论模型。在此基础上，运用系统动力学的基本原理及批判性地借鉴大学影响理论，形成了大学生学习力理论研究的分析框架：以大学生学习力模型为核心，运用横向数据从个体层面、中微观学习环境和宏观学校环境三个层面分析中国大学生学习力模型的影响因素；从纵深的追踪调查探索中国大学生学习力模型的动态发展特征；并以大学生学习力模型为初始概念，通过深度访谈收集学习卓越大学生的学习故事，运用分析归纳法探索学习卓越大学生学习力模型的特殊性。

　　本章的主要内容是：在总结的基础上提出本书的结论；基于结论，提出相应的对策与建议。

第一节　中国大学生学习力模型　　　　　　研究的基本结论

　　在分析框架的基础上，笔者选择了与研究目的最为适切的混合方法研究中的聚敛式设计来解决本书的四部分研究问题。在开展分析之前，笔者充分参考了国内外相关的研究成果，结合中国大学生学习的实际情况，依托"国家大学生学习情况调查（NCSS）"平台，自主编制了信效度合理的《中国大学生学习力量表》。经过全国大规模的实证调查，收集了量化分析的横纵向数据。遵循聚敛式设计的取样原则，以参与调查院校的所有学生为质性抽样的总体，基于适合本书的最大目的抽样原则，在参与问卷调查的五所"一流大学"建设高校中，抽取能为本书提供最大信息量的大四的学习卓越大学生，对调查对象进行深度访谈，完成质性资料的收集。

在完成了量化与质性资料的收集之后，本书展开了四部分的分析。第一，使用描述性分析、聚类分析与结构方程模型等量化分析方法探索了中国大学生学习力各要素的现状，并验证了理论分析提出的大学生学习力理论模型，构建了中国大学生学习力的实证模型；第二，通过多群组结构方程模型、结构方程模型等量化分析方法对中国大学生学习力模型的影响因素展开分析，主要探究学生入学前的经历、专业与课堂环境因素以及学校环境等多层次因素对大学生学习力模型的影响；第三，通过收集追踪数据，运用描述性分析、聚类分析、多水平增长模型和多水平结构方程模型等量化分析方法探索了中国大学生学习力模型的动态发展特征；第四，以个案研究为质性研究策略，通过深度访谈收集数据，运用三级编码首先提出了学习卓越大学生学习力模型的初步理论模式，其后运用分析归纳法形成了中国学习卓越大学生学习力模型的理论模式。本书的基本结论呈现如下。

一　中国大学生学习力模型的基本特征

大学生学习力模型是由各要素以一定关系组合而成。因此，本书首先分析了中国大学生学习力各要素的基本特征，其次探索各要素的相互关系，建构中国大学生学习力模型。

（一）中国大学生学习力各要素的基本特征

中国大学生学习力的整体面貌呈现积极的态势，但各要素的发展不均衡。首先，根据理论分析已知，学习力的七要素分别为学习驱动力、学习策略力、学习行动力、知识力、认知力、技能力和情感力。其中，学习驱动力包含意义驱动力和应用驱动力二维度，学习策略力包含认知策略力和调控策略力二维度，学习行动力包含学术性参与和同伴互动二维度。根据七要素及其具体维度的分析结果，本书将学习力的七要素十维度划分为三个层次：第一层次是学生的技能力、认知力、情感力和应用驱动力；第二层次是意义驱动力、认知策略力、调控策略力、学习行动力的同伴互动和知识力；第三层次是学习行动力中的学术性参与。总体而言，中国大学生在学习行动力上的表现差强人意，尤其是在学术性参与方面有待进一步改进，而其他要素也有进一步改进的空间。

（二）中国大学生学习力模型的基本特征

中国大学生学习力模型是集认知、行为、情感为一体的综合模型。学习力各要素呈现出结构性特征：大学生的学习驱动力、学习策略力都对学习行动力具有正向的预测作用，而学习行动力又对知识力、认知力、技能力和情感力具有正向的预测作用。具体而言，学习驱动力的二维度——意义驱动力和应用驱动力对学习行动力均具有显著的正向影响作用，且意义驱动力的影响效应大于应用驱动力的影响效应；学习策略力的二维度——认知策略力和调控策略力对学习行动力均具有显著的正向影响作用，且调控策略力的影响效应大于认知策略力的影响效应；学习行动力对知识力、认知力、技能力和情感力均具有显著的正向影响作用。

迪金·克里克曾形容"学习力是一种无形的能量，不可见却又客观存在，像是电力通过灯泡来发光一样，学习力会通过个体的行为、认知、情感等方式表现出来"[1]。本书运用学习驱动力、学习策

---

[1] Deakin Crick, R., *Learning Power in Practice: A Guide for Teachers*, p.1.

略力、学习行动力、知识力、认知力、技能力和情感力及其相互关系，形象地展示了学习力模型是一个集认知、行为、情感等方面的综合模型。在这个模型中，学习驱动力和学习策略力共同作用于学习行动力，并通过学习行动力作用于知识力、认知力、技能力和情感力。这既顺应了大学生研究的发展趋势，又使学习力研究实现质的飞跃，即从静态的要素研究到动态的结构模型研究。

二 中国大学生学习力模型的影响因素

中国大学生学习力模型的影响因素主要包括个体层面的家庭背景因素和高中阶段的学业表现、微观层面的课堂教学环境和宏观层面的学校环境满意度。具体结论呈现如下。

第一，中国大学生的家庭背景因素与高中阶段的学业表现显著影响中国大学生的学习力模型。其中，在家庭背景因素下，父母受教育程度对大学生的意义驱动力、认知策略力、调控策略力具有显著的正向预测作用，且母亲受教育程度在这三个维度的预测力大于父亲受教育程度；父亲受教育程度与家庭经济收入对应用驱动力具有显著的正向预测作用，且父亲受教育程度的预测力大于家庭经济收入的预测力；家庭经济收入对调控策略力具有显著的负向预测作用；在学习行动力上，只有母亲受教育程度具有显著的正向预测作用；在知识力上，只有家庭经济收入具有显著的正向预测作用；在认知力、技能力和情感力上，父亲受教育程度和家庭经济收入均有显著的正向预测作用，而母亲受教育程度则具有显著的负向预测作用。在高中阶段的学业表现中，中国大学生在高中阶段的学业表现分别显著正向影响大学生的意义驱动力、应用驱动力、认知策略力、调控策略力、学习行动力、知识力、认知力、技能力和情感力，其中对应用驱动力和认知策略力的预测作用最大。

第二，中国大学生对课堂教学环境的体验对其学习力模型具有十分显著的正向影响。具体而言，大学生对课堂教学环境的体验分别显著正向影响大学生的意义驱动力、应用驱动力、认知策略力、调控策略力和学习行动力。其中对学习行动力的预测力最大,对调控策略力的预测力次之,而对意义驱动力的预测力则最小。此外,大学生对课堂教学环境的体验还减弱了学习驱动力与学习策略力对学习行动力的影响。

第三,中国大学生对学校环境的满意度显著正向影响大学生学习力模型。一方面,学校环境满意度对大学生学习力模型具有调节作用,表现为大学生学习力模型各要素的路径系数在校园支持满意度和人际环境满意度的综合作用下发生了变化,降低了意义驱动力、应用驱动力和认知策略力对学习行动力的影响效应,提升了调控策略力对学习行动力以及学习行动力对知识力、认知力、技能力和情感力的影响效应;另一方面,校园支持满意度和人际环境满意度分别显著正向影响大学生的学习驱动力、学习策略力和学习行动力。

第四,综合比较各层面的影响效应,家庭背景因素和高中阶段的学业表现虽然影响显著,但是预测力较小;学生对课堂教学环境体验的影响最大;学生对学校环境的满意度也是不容忽视的因素,其预测力虽然不及课堂教学环境体验,但也十分显著。此外,不论是课堂教学环境体验还是学校环境满意度都对学习力模型具有调节作用。

三 中国大学生学习力模型的动态发展特征

通过追踪调查分析发现,中国大学生学习力模型的动态发展呈现出以下特征。

第一,中国大学生学习力各要素呈现较好的动态发展态势,但七个要素的发展趋势并不均衡。按照发展的相似性,将学习力七要素的具体维度分为三个类别:第一类呈现出线性上升的趋势,包括意义驱动力、认知策略力、学术性参与及知识力。第二类呈现出"V"形变化特点,包括调控策略力、认知力、技能力和情感力。第三类呈现出直线无变化特点,包括应用驱动力和同伴互动。

第二,时间因素对中国大学生的意义驱动力、认知策略力、调控策略力和学术性参与存在显著的正向影响，且对学术性参与的解释力最大，其次为意义驱动力；时间因素对中国大学生的同伴互动和情感力存在显著的负向影响。

第三，大学生学习力模型各结构要素的相互关系会随时间的变化呈现出不同的特征。首先，在学习驱动力对学习行动力的影响上，意义驱动力对学习行动力的影响在个体内不会随着时间的变化而变化，在个体间也不存在显著差异；应用驱动力对学习行动力的影响则表现出个体内随着时间的变化而显著增强，在个体间也存在显著差异。其次，在学习策略力对学习行动力的影响上，认知策略力和调控策略力对学习力的影响在个体内会随着时间的变化而显著增强，在个体间也存在显著差异。最后，学习行动力对知识力、认知力、技能力和情感力的影响在个体内会随着时间的变化而显著增强，在个体间也存在显著差异。此外，时间因素对学习行动力存在显著的正向影响，说明学生的学习行动力不仅会随着时间的推进而不断提升，而且会积极影响学生在大学期间的收获，影响效应也会随着时间的推进而不断增强。

四 学习卓越大学生学习力模型的特殊性

中国学习卓越大学生学习力模型的特殊性主要体现在以下两个方面。

首先，在学习力模型的内部作用机制上：第一，学习卓越大学生具有强烈的学习驱动力；第二，自主调节学习能力强，能够自主调节学习策略的使用和学习行动力；第三，学习行动力强，为了满足自己的学习需要愿意付出努力，无论是课堂还是课后，无论是独立探索还是寻求朋辈帮助；第四，在知识、认知、技能和情感方面的收获都会转化成新的学习驱动力，改进学习策略，从而影响新一轮的学习力模型的作用，形成良性循环。

其次，在学习力模型的外部作用机制上：学习卓越大学生能够在较短的时间内完成自我定位的探索与明确；在自我定位的探索与明确过程中，能够有效地借助入学前的经历、课堂教学、第二课堂、人际关系的积极作用，促进学习力模型的良性循环，做到学习表现卓越，并最终实现自我定位在本科阶段的目标。

第二节　中国大学生学习力模型研究的综合结论

前文所述的是本书经过混合方法研究得出的基本结论，其呈现顺序主要围绕研究问题展开。本节将融合量化研究与质性研究的所有基本结论，提出中国大学生学习力模型研究的综合结论。

第一，学习行动力是学习力模型的桥梁性要素，在大学教育的可塑性最强。在大学生学习力模型中，无论是学习驱动力还是学习策略力，都要通过学习行动力才能收获知识、认知、技能和情感方面的变化。中国大学生学习力的实证模型证实了这一点，学习驱动力和学习策略力显著正向影响学习行动力，而学习行动力又显著正向影响知识力、认知力、技能力和情感力，所以学习行动力是学习力模型的桥梁性要素。这与本书在学习卓越大学生学习力模型内在作用机制中得出的结论一致。学生首先要对学习有强烈的需要，不论是内在的兴趣、爱好，还是外在的功利性或应用性的需要，驱动力是最基础的作用力。学习策略力则对学习行动力起到保驾护航的作用，理解、联系结构等认知策略力的使用可以使学习行动事半功倍，调控策略力的使用则可以使学习者自如应对不同的学习任务，采取不同的学习行动。而学习行动力是满足学习需要、落实学习策略的重要保障，有付出才会有回报，行动力的结果就是获得知识力、认知力、技能力和情感力的提升，形成学习力模型的良性循环。强驱动、擅策略、勤行动是学习卓越大学生实现卓越学习的重要法宝。

此外，在中国大学生学习力模型动态发展特征的分析中发现，时间因素对学术性参与的影响效应最大，说明学习行动力在大学教育中的可塑性最强。这一点无论是在学习力模型影响因素分析中，还是在学习卓越大学生学习力模型特殊性的分析中都得以体现。在学习力模型影响因素的分析中发现，学生对课堂环境的体验对学习行动力的影响效应最大（相比学习驱动力和学习策略力），在学习卓越大学生提供的信息也显示，教师教学的态度、效果均会影响他们参与课堂的积极性。

第二，高中阶段的学业表现和家庭教养方式是入学前经历影响大学生学习力模型的主要因素，其中学业表现又具体表现为学习习惯、学习策略和学习状态。中国大学生学习力模型的影响因素分析发现，高中阶段的学业表现与父母受教育程度和家庭经济收入对大学生学习力模型影响显著，但相较于大学环境的影响效应而言，预测力较小。在学习卓越大学生学习力模型的质性分析中，大学生入学前的经历也是学习力模型的重要情境条件，并具体揭示了高中阶段的学习习惯、学习策略以及学习状态都是影响学生进入大学后的学习策略力、学习行动力的重要影响因素。在家庭因素方面，相较于父母受教育程度和家庭经济收入的影响，家庭的教养方式是影响学习卓越大学生学习力模型的深层次因素。积极的家庭教养方式对于学习卓越大学生在入学前形成学习兴趣，养成良好的学习习惯，健康的心理特征和性格等方面都有直接的影响。对于许多家长而言，改变社会经济地位或许不易，却可以通过转变教养观念、改进教养方式来帮助孩子形成良好的学习习惯，增加学习投入。

第三，课堂教学环境是影响大学生学习力模型最重要的因素，也是大学教育最有可为的环节。不论是中国大学生学习力模型的影响因素分析，还是学习卓越大学生学习力模型的特殊性分析，均发现了课堂教学环境对于大学生学习力模型具有显著影响。在学习力模型的影响因素分析中，学生对课堂教学环境的体验分别显著正向影响意义驱动力、应用驱动力、认知策略力、调控策略力和学习行动力，且对学习行动力的预测力最大，调控策略力次之。而学习卓越大学生的质性研究则进一步指出，认真负责且教学准备充分的老师，即真心要教给学生知识，教学内容充实且注重启发学生思考的老师能够给予学生良好的引导作用。在这样的教学环境中，学生能够及时地理解、消化和掌握知识，还能够对学生的思维方式产生潜移默化的影响。尽管不同的学生有不同的教学风格偏好，但总体而言，认真负责的教学态度、充分的教学准备、充实且有意义的教学内容是良好教学效果的基本条件。而良好教学效果又能激发学生的学习驱动力，积极正向地影响学习策略力、学习行动力、知识力、认知力、技能力和情感力，是大学教育增强大学生学习力最有效的途径之一。

第四，第二课堂是影响大学生学习力模型的重要环境因素，本科生对科研的需求凸显，需同时发挥正规课堂和第二课堂的作用。在中国大学生学习力模型的影响因素分析中，大学生的校园支持满意度对大学生学习力模型具有显著的调节作用，并正向影响学习驱动力、学习策略力和学习行动力，其中校园支持也包括了学校提供的校园活动。在学习卓越大学生学习力模型的质性研究则具体发现，竞赛、社会实践等活动对大学生应用理论知识，提升各方面能力有十分积极的作用，对学习力模型的良性循环起到有效的促进作用。除此之外，学习卓越大学生还表现出对提升科研能力的需求并自行探索了实现渠道，即参加学术性团体或加入老师的课题组或实验室。本科生对科研活动的参与，可以增强科研能力的同时，也有利于提升他们的学习驱动力和学习行动力，对于学习力模型的良性循环也有重要的促进作用。已有研究发现"本科生科研对于学生高阶认知能力的发展以及多种学术技能和社会性能力的获得有重要作用"[1]。事实上，北京大学在借鉴了加州大学伯克利分校相关制度后，"将本科生科研纳入正规课程体系，并建立了一套以'研究课程'为核心

---

[1] Lopatto, D., Undergraduate Research as a Catalyst for Liberal Learning, 转引自郭卉、韩婷《大学生科研学习投入对学习收获影响的实证研究》，《教育研究》2018 年第 6 期。

的管理制度"①，郭卉、韩婷也建议"将本科生科研纳入人才培养的正式制度，通过个性化课程的设置或改造现有课程为本科生科研训练项目等来发挥本科生科研的作用"②。因此，要发挥本科生科研对大学生学习力模型的促进作用需要第一课堂和第二课堂的通力合作。

第五，人际关系是影响大学生学习力模型不可忽视的情境因素。无论是大学生学习力模型的量化研究分析，还是学习卓越大学生学习力模型的质性研究分析，均发现了人际关系对大学生学习力模型的重要性。首先，中国大学生学习力模型的影响因素分析发现，学生对人际环境的满意度对学习力模型具有调节作用，且显著正向影响大学生的学习驱动力、学习策略力和学习行动力。这说明学生对人际环境越满意，学生的学习驱动力、学习策略力和学习行动力就会越高。然而，现实却有着残酷的一面。在中国大学生学习力模型的动态发展分析中发现，时间因素对大学生的同伴互动存在显著的负向影响，即大学生参与同伴互动的积极性随着时间的推进而下降。这在学习卓越大学生提供的信息中可以获得解释。在学习卓越大学生眼里，同伴可以分为两类，一类为竞争关系，另一类为非竞争关系。对于竞争关系的同伴们，交流与互动几乎很少，"有一些竞争非常激烈的系就听说有恶性竞争的情况，什么都藏着掖着不往外说"（XMU-Eco-F-190106），"同系的大部分同学都是陌生人，我会故意把自己内心封闭起来，不想他们对我造成太多干扰"（Tongji-NS-M-190113）。当然，人际环境满意度并不只有同伴互动满意度，所以人际环境满意度最终是正向积极的影响，这是因为还有非竞争关系的其他人际关系，比如前辈、其他学院的同学，大学生会通过与非竞争关系的朋辈交流、请教，从而获得学习能力的提升。总体而言，非竞争的人际关系对大学生学习力模型的良性循环具有

---

① 曹建等：《以本科生科研促进创新能力培养——北京大学的个案研究》，《中国高校科技》2013年第Z1期。

② 郭卉、韩婷：《大学生科研学习投入对学习收获影响的实证研究》，《教育研究》2018年第6期。

促进作用，而竞争的人际关系则可能存在负向影响。因此，如何规避或减小竞争关系对大学生学习力模型的负向影响是值得进一步思考的问题。

第六，"自我定位"是量化研究中不曾发现，却是影响学习卓越大学生学习力模型特殊性的关键性因素。在分析学习卓越大学生学习力模型时，"自我定位"逐渐浮现，仿佛一根透明的线在牵引着学习力模型的变化与发展。这是量化研究所不曾发现的因素，在已有的研究中也并未获得重视。"只有知道自己想干什么，才知道努力的方向在哪里"是学习卓越大学生对自我定位作用最好的诠释。对于学习卓越大学生而言，通常能在较短的时间内完成自我定位的探索与明确，同时会借助入学前的经历，充分发挥课堂教学、第二课堂和人际关系的作用，促进学习力模型的良性循环，并实现卓越学习，达成自我定位在本科阶段所能达到的目标。对绝大多数的学生而言，如何尽早明确自我定位是联结学习力各要素和各情境条件，充分发挥学习力模型作用的关键。

第三节　对策与建议

本书的核心内容是大学生的学习力模型，通过运用量化和质性相结合的混合方法研究将大学生的认知、行为、情感等方面联系起来，形成了大学生学习的综合模型。经过横纵向数据的分析，探索了中国大学生学习力模型的特征、影响因素和动态发展特征，通过深度访谈的方式深入挖掘了学习卓越大学生学习力模型的内外作用机制，为中国大学生学习力模型树立了良好的典范。在量化与质性研究结论的相互观照下，笔者意识到大学生的有效学习是系统性的任务，是学生、教师、学校共同作用的结果。根据系统动力学的原理，大学生学习力模型还是一个不断循环的系统，有反馈才会有改进，如何促进大学生学习力模型的良性循环，需要学生、教师和学校的共同努力。根据本书的结论，笔者绘制了学生、教师和学校三者的关系（见图8-1），以下内容将进一步论述本书的对策与建议。

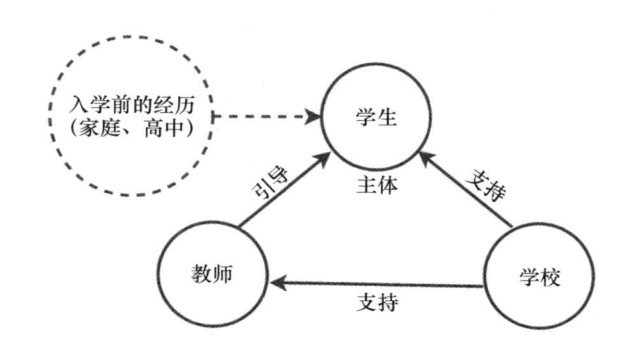

图8-1 大学生学习力模型相关主体关系

在图8-1中，学生毫无疑问是主体，学生的主体作用发挥是学习力模型得以作用的前提；教师在大学生学习过程中发挥着重要的引导作用；学校主要为教师和学生提供制度性支持和环境支持，良好的教学环境是大学生学习力模型作用的重要保障。入学前的经历，包括家庭因素的作用和高中阶段的学业表现，对于在校大学生而言是无法改变的过去，但对尚未走进大学的学生、家长乃至整个社会都是重要的启示。本书的结论提醒着广大家长们转变教养观念和教养方式，以积极的教养方式促进孩子养成良好的学习习惯；对于高中阶段的教育而言，如何做好高中教育和大学教育的衔接，为学生明确自我定位打好基础是高中教育需要反思的问题。由于本书只是调查了大学生的学习情况，对高中阶段和家庭教育并没有深入的研究（图8-1中用虚线表示的原因），不便对这两方面提供相应的对策与建议，只是根据研究结论提出反思。下文将从大学教育中涉及的三个重要主体提出本书的对策与建议。

一 学生层面

学生是大学生学习过程的绝对主体，只有大学生充分发挥主观能动性，积极参与学习过程，学习力模型才能充分发挥作用，良性的循环机制才能被激发。根据研究结论，本书从三个方面对大学生提出建议。

（一）拓宽信息渠道，明确自我定位

自我定位是影响大学生学习力模型作用的关键性因素，仿佛一根透明的线，牵引着学习力模型的变化与发展。学习卓越大学生在较短时间内完成自我定位的探索与明确是其特殊性所在。那么，学习卓越大学生是如何在较短时间内完成自我定位的探索与明确的呢？在本书访谈的学习卓越大学生中，他们的自我定位各不相同，有工作导向攻读专业硕士学位的林林，有工作导向攻读博士学位的梅梅，有工作导向拒绝保研的一一，还有科研导向申请出国攻博的睿睿……他们有的在高中阶段就发现了自己的兴趣方向，有的到大学后才考虑好自己要做什么，甚至在明确了之后还会发生变化。比如梅梅，"我大一、大二的时候还想去读专硕，因为我的目标是工作。后来觉得两年专硕学到的东西实在是太少了，我就想再多读几年。我觉得既然在这个领域学习了，为什么不把最深、最精华的东西学到。尽管我现在的目标还是工作，但我觉得一个博士进入市场的话，对经济的发展应该更具有推动作用"（XMU - Eco - F - 190106）。因此，自我定位并不意味着确定了自己未来的走向就不可改变，而是要有自我定位的意识，从各种信息渠道了解自己可选择的道路，并保持努力的状态，为自己的选择做好准备。

（二）注重学习力要素特征，推进自我建设

本书发现，学习行动力是学习力模型的桥梁性要素，学习驱动力和学习策略力通过学习行动力发挥作用，同时学习行动力又会影响知识力、认知力、技能力和情感力。对于学习卓越大学生而言，他们具有强烈的学习驱动力，并且擅于使用学习策略，能够自主规划和调节学习的行为和过程，最终影响知识、认知、技能和情感等方面的提高。所以，对大学生而言，明确了自我定位就意味着学习的驱动力被激发，接下来要完成的就是推进自我建设。自我建设包

括：提高对学习策略的使用，加强自我管理与时间管理；加大学习投入，积极主动地参与课堂、课后活动，提升学习行动力，充分发挥学习行动力的桥梁作用，为自己收获更多的知识力、认知力、技能力和情感力付出努力。

（三）寻求朋辈帮助，实现自我超越

本书发现，人际关系是影响大学生学习力模型不可忽视的情境因素。虽然竞争性的同伴关系对大学生学习有一定阻碍作用，但非竞争的朋辈关系却对大学生学习有显著的促进作用。"我们宿舍的同学专业都不一样，不存在竞争问题，关系非常和谐。大家在写论文的时候会互相讨论""我跟别院的同学交流还挺多的，我觉得他们都好厉害，我从他们身上学到非常多的东西，跟他们讨论的问题都很有深度"（XMU-Eco-F-190106），"主要依靠师兄师姐的帮衬""我是靠师兄手把手带起来的。我们关系特别好，科研上遇到的一些问题都会向他请教解决办法"（TJU-En-M-190112）。有些学习卓越大学生表示，朋辈关系"会鞭策自己更加努力学习"（SCNU-NS-F-190117）。毫无疑问，寻求朋辈帮助是实现自我建设和自我超越的有效途径，大学生的学习驱动力、学习策略力和学习行动力都可以获得有效提升。

二 教师层面

本书发现，课堂教学环境是影响大学生学习力模型最重要的因素，也是大学教育最有可为的环节。学生对课堂教学环境的体验分别显著正向影响学习驱动力、学习策略力和学习行动力，且对学习行动力的预测力最大。因此，打造良好的课堂教学环境，提升教学效果是大学教师促进大学生学习力模型作用发挥需要努力的方向。

（一）认可教师身份，保持反思性审查

事实上，每个老师的教学态度是否认真负责，学生都有清晰的认知。"他是不是真的想教给学生们东西，很明显就能看出来"（TJU-En-M-190112），"有一个老师的教学质量很堪忧，我感觉他就是在混日子。他上课跟我们聊天，但是我认为没有质量的聊天很耽误时间，也浪费我们的精力。我到后期就看自己的书，不想再听他讲课。他的PPT内容都比他讲的要多。我也理解他，他可能也不是故意想这样，只是没有那么重视教学"（TJU - Edu - F - 190111）。"上课一看就知道哪些老师准备得更充分一些，我觉得我们能看得懂哪些老师是在认真对待我们"（SCUT - NS - F190119）。因此，教师需要端正教学态度，增加教学投入，做好充分的教学准备。林小英、宋鑫对"卓越教学"的教师的特点进行了描绘，认为"卓越教学的教师对自己的教学工作表现出强大的自主性，权威、金钱和荣誉称号似乎都不是有效的刺激物，投入教学是'理应如此'的行为"[1]。当然，做到"卓越教学"显然不只是教师的责任，还涉及学校的制度等。[2] 但对于教师而言，认同自己的教师身份，对自己的教学行为，包括教学态度、教学准备、教学方式、教学效果都能保持反思性审查的习惯，并通过这些习惯来获得对教学的认可，才能不断提高教学质量。

（二）充实教学内容，加强思维引导

通过分析学习卓越大学生提供的信息，充实的内容和思维引导是学习卓越大学生们希望获取的教学内容。"首先，老师肯定要讲很多。如果他不讲，我自己自学就会走很多弯路""如果一个老师课本上有什么就跟你讲什么，你自己看书就好了。好的老师，在一个定理或问题提出来之前，会跟我们分析为什么要这么做，如果出现这样的问题，我们应该怎么解决。他会让我们自己先思考，然后才会引出要讨论的内容。他会带着我们一起思考。我觉得这样的老师就是在教我们批判思考的过程，会有一个'WHY'在过程里"（XMU - Eco - F - 190106），"讲得好的老师会告诉我们为什么要做这些逻辑推理，

---

[1] 林小英、宋鑫：《促进大学教师的"卓越教学"：从行为主义走向反思性认可》，《北京大学教育评论》2014年第2期。

[2] 只从教师的角度提出建议，后文会对学校提出相关建议。

为什么要分析这一块，会带着逻辑思路"（SCNU‑NS‑F‑190117），"其实他的教学方法不必很创新，讲清楚就很好，但是这个讲述是要有意义的"（TJU‑Edu‑F‑190111）。事实上，学生的需求与教学卓越的教师的想法如出一辙。有学者就教学数量与质量关系对教学卓越的教师进行了访谈，有教师表示"文科教师水平提高只有靠自己多读书，其他都没意义""多给教师独处和自由的空间，使之有机会多读书，长进学问""我总认为讨论课是老师懒得不得了的一种做法。教学方式需要看学生的基础，很多同学基础不行，就需要老师去指点。人是要逐渐成长的，不是你一讨论就能把他启发得好，这要看教师在教学过程中给他引出什么样的案例，哪些案例是值得思索的"[①]。换言之，教师要注重自己水平的提升，充实教学内容，加强对学生的引导，并且在日常教学中保持对教学的反思，如此才能提升教学的质量。

（三）加强师生交流，倾听学生声音

在学习卓越大学生的资料分析中，可以说除去课程的交流，其他方式的师生对话几乎是缺位的。"大学老师只认学号不认人"成为大学老师的标签之一。"很多大学老师只上一门课程，结课后可能都不会再见面，导致师生间的交流很少。课后的交流也仅限于课下十分钟的提问，之后就不会再有很多交流""其实，很多老师并不记得我。都说大学老师只认学号不认人，可能我一个学期都坐同一个位置，上课跟老师也有眼神交流，甚至还会向他提问，但他并不知道我是谁"（XMU‑Eco‑F‑190106）。事实上，教学卓越的教师在教学过程中建立的师生关系应当是双边的。教师的教学内容是否能够激发学生的学习兴趣，教学的效果是否得到学生的强烈反响，让学生学有收获……这些问题都需要通过师生交流来获知。换言之，加强师生交流，倾听学生真实声音，是促进教师反思教学，提升教学

---

① 林小英、宋鑫：《促进大学教师的"卓越教学"：从行为主义走向反思性认可》，《北京大学教育评论》2014年第2期。

质量的重要途径。

三　学校层面

在大学生学习力模型的相关主体中，学校发挥的是"支持"的功能。不仅体现在对学生学习的支持作用，还体现在对教师的支持作用。只有学校营造出良好的学习环境和教学环境，才能使学习力模型的作用得到最充分的发挥。

（一）加强对大学生的制度性支持，创造良好的第二课堂环境

第一，在前文的分析中，本书提出自我定位的关键性作用。为此，学校应当加强对新生的入学引导，丰富引导的方式与渠道，通过朋辈交流分享会、素质拓展等方式为学生自我探索和定位提供支持性环境。第二，本书与前人的研究一致，大二学生的压力是所有学生中最大的，无论是学习压力、竞争压力还是心理压力。因此，学校应当格外重视这一阶段的学生情况。通过改革课程设置与评价体系等方式，均衡各年级的学业压力。第三，本书还发现第二课堂是促进大学生学习力模型良性循环发展的有效途径，且部分本科生对科研活动有着强烈的兴趣。因此，学校可以借鉴世界一流大学的相关制度，"将本科生科研纳入正规课程体系"[1] 或 "人才培养的正式制度"[2] 中，"健全大学生科研管理机制"[3]，为本科生参与科研提供机会与平台，同时，鼓励学生积极参与竞赛、社会实践等第二课堂活动。"大二的时候做了一个国家级的大学生创业项目，运用了课程上学的相关知识，学以致用的感觉很不一样，就是有了所学知识

---

[1] 曹建等：《以本科生科研促进创新能力培养——北京大学的个案研究》，《中国高校科技》2013年第Z1期。

[2] 郭卉、韩婷：《大学生科研学习投入对学习收获影响的实证研究》，《教育研究》2018年第6期。

[3] 朱红：《建构一流本科生科研参与的大学环境——基于挑战与支持视角的质性研究》，《国家教育行政学院学报》2019年第4期。

是有实际用途的感觉"（TJU – Edu – F – 190111），"参加科研活动锻炼后，我在一些课堂上展示的前沿问题都做得比较好。因为我在实验室接受的一些知识肯定要比课本上更前沿一些。我个人认为现在课本上那些知识都是几十年前盖棺定论的，没有太多创新价值在里面。前沿创新的东西要自己去摸索。老师们就非常惊讶，他们认为本科生了解不到什么前沿的东西。当然，他们也开始反思这些问题，开始赞同让本科生也去接触一些顶尖的研究"（TJU – En – M – 190112）。将本科生科研纳入人才培养制度中，同时创造良好的第二课堂环境对于学生而言，既是学以致用的机会，也有利于培养学生的创新意识和创新能力。

（二）完善教师考核制度，为教师创造良好的教学环境

在现实的大学中，教学与科研似乎是很难平衡的关系，就连学生都这样认为："我也理解他，他可能也不是故意想这样，只是没有那么重视教学"（TJU – Edu – F – 190111）。而这一现象与当前的教师考核制度直接相关。在林小英、宋鑫的调查中指出，不少教师在问卷中呼吁"教学与科研并不是对立的；如果说科研的产出是出版的文章，那么教学就是用声音在写作"，因此，从制度上确认教学与科研的差别待遇是站不住脚的，至少应该是等量齐观。除了需要平衡教学与科研的关系，在教学的数量与质量上的考核也是学校需要关注的重点制度内容。在现有的教学评价上，课时量往往是比较容易获取的测评指标；在教学能力培养上，学校对于教学技能培训、如何制作课件、如何运用网络平台组织教学等似乎更为重视，包括近些年兴起的慕课、小班讨论、翻转课堂等教学模式的变革都是学校层面对提升教学质量所采用的方式。然而，这些在教学卓越的教师看来都是无用功，"希望学校不要搞太多这个培训、那个培训，对文科教学用处不大。希望学校把心思放在如何鼓励教师多将时间和精力投入一线教学工作，别让学校的制度伤害到认真投入一线教学

的老师"①。那么，如何平衡教学与科研、教学质量与数量的关系呢？外在的约束制度、激励措施或荣誉或许能起到一定的刺激作用，但更重要的是给予教师进行反思性认可的空间，促进教师形成相互尊重为前提的学术共同体，在教学与科研、使命与任务等关系的平衡中找到自己的定位，而这才是学校在促进大学教师"卓越教学"所需要创造的制度与教学环境。

综合上述，要使大学生学习力模型的作用最大化，需要学生、教师和学校共同努力。

---

① 林小英、宋鑫：《促进大学教师的"卓越教学"：从行为主义走向反思性认可》，《北京大学教育评论》2014 年第 2 期。

附录　受访者信息与代码表

所有受访者均为"双一流"建设大学的学习卓越的大四学生，以下为受访者的信息与代码表。

编号	化名	访谈方式	毕业方向
XMU – Eco – M – 190105	林林	面谈	（保送）专业硕士
XMU – Eco – F – 190106	梅梅	面谈	（保送）硕博连读
TJU – Edu – F – 190111	文文	面谈	（保送）学术硕士
TJU – En – M – 190112	睿睿	面谈	国外博士（已被美国名校录取）
Tongji – NS – M – 190113	超超	面谈	国外硕士（已被日本名校录取）
Tongji – Lit – M – 190113	涛涛	面谈	本校工作保研
SCNU – NS – F – 190117	一一	面谈	拒绝保送，高中教师
SCUT – NS – F – 190119	月月	面谈	（保送）硕博连读

参考文献

一 中文文献

（一）中文图书

陈维维：《技术生存视域中的学习力》，教育科学出版社 2010 年版。

陈向明：《旅居者和"外国人"——留美中国学生跨文化人际交往研究》，教育科学出版社 2004 年版。

陈向明：《质的研究方法与社会科学研究》，教育科学出版社 2000 年版。

侯杰泰等：《结构方程模型及其应用》，教育科学出版社 2004 年版。

黄健：《造就组织学习力》，上海三联书店 2003 年版。

李旭：《社会系统动力学：政策研究的原理、方法和应用》，复旦大学出版社 2009 年版。

刘海燕：《本科教育质量提升研究——基于就读经验的视角》，高等教育出版社 2017 年版。

刘儒德主编：《学习心理学》，高等教育出版社 2010 年版。

吕达、周满生：《当代外国教育改革著名文献（美国卷·第一册）》，人民教育出版社 2004 年版。

欧用生：《质的研究》，台北：师大书苑 1998 年版。

潘金林：《守护本科教育的灵魂——欧内斯特·博耶高等教育思想探微》，高等教育出版社 2017 年版。

邱皓政、林碧芳：《结构方程模型的原理与应用》，中国轻工业出版社 2009 年版。

荣泰生：《AMOS 与研究方法》，重庆大学出版社 2010 年版。

沙莲香：《中国民族性（二）》，中国人民大学出版社 1990 年版。

史秋衡、汪雅霜：《大学生学习情况调查研究》，教育科学出版社 2015 年版。

史秋衡、王芳：《国家大学生学情调查研究：国家大学生学习质量提升路径研究》，厦门大学出版社 2018 年版。

王保进：《多变量分析：统计软件与数据分析》，北京大学出版社 2007 年版。

王孟成：《潜变量建模与 Mplus 应用·基础篇》，重庆大学出版社 2014 年版。

王孟成：《潜变量建模与 Mplus 应用·进阶篇》，重庆大学出版社 2018 年版。

王孝玲：《教育统计学》，华东师范大学出版社 2006 年版。

王有智：《学习心理学》，中国社会科学出版社 2010 年版。

吴明隆：《结构方程模型——AMOS 实务进阶》，重庆大学出版社 2013 年版。

吴明隆：《问卷统计分析实务——SPSS 操作与应用》，重庆大学出版社 2010 年版。

杨朝仲等：《系统动力学：思维与应用》，（台北）五南图书出版公司 2007 年版。

张声雄：《〈第五项修炼〉导读》，上海三联书店 2001 年版。

张湘韵：《我国大学生人际交往对学习力的影响研究》，人民出版社 2017 年版。

张兆芹等：《学习型学校的创建——教师组织学习力新视角》，教育科学出版社 2011 年版。

邹小勤：《我国大学生学校适应研究》，教育科学出版社 2015 年版。

［美］埃文·塞德曼：《访谈研究法》，李政贤译，（台北）五南图书出版股份有限公司 2009 年版。

［美］伯顿·克拉克：《高等教育新论——多学科的研究》，王承绪等

译，浙江教育出版社 1988 年版。

［美］彼得·圣吉：《第五项修炼——学习型组织的艺术与实》，郭进隆译，上海三联书店 2002 年版。

［美］博格：《高等教育中的质量与问责》，毛亚庆等译，北京师范大学出版社 2008 年版。

［美］德雷克·博克：《回归大学之道：对美国大学本科教育的反思与展望（第二版）》，侯定凯等译，华东师范大学出版社 2014 年版。

［美］德里斯科尔：《学习心理学：面向教学的取向》，王小明等译，华东师范大学出版社 2008 年版。

［美］哈瑞·刘易斯：《失去灵魂的卓越：哈佛是如何忘记教育宗旨的》，侯定凯译，华东师范大学出版社 2007 年版。

［美］赫伯特·鲁宾、艾琳·鲁宾：《质性访谈方法：聆听与提问的艺术》，卢晖临等译，重庆大学出版社 2010 年版。

［美］柯比：《学习力》，金粒译，南方出版社 2005 年版。

［美］凯瑟琳·马歇尔、格雷琴·罗斯曼：《设计质性研究：有效研究计划的全程指导（第 5 版）》，何江穗译，重庆大学出版社 2015 年版。

［美］罗伯特·金·默顿：《论理论社会学》，何凡兴等译，华夏出版社 1990 年版。

［美］罗伯特·K. 殷：《案例研究：设计与方法》，周海涛等译，重庆大学出版社 2004 年版。

［美］史蒂芬·迪夫：《学习力》，常桦译，延边人民出版社 2003 年版。

［美］桑代克·E. L.：《人类的学习》，李月甫译，浙江教育出版社 1999 年版。

［美］约翰·W. 克雷斯威尔：《混合方法研究导论》，李敏谊译，上海格致出版社：上海人民出版社 2015 年版。

［美］朱丽叶·M. 科宾、安塞儿姆·L. 施特劳斯：《质性研究的基

础：形成扎根理论的程序与方法》，重庆大学出版社 2015 年版。

［英］霍恩比：《牛津高阶英汉双解词典（第四版增补本）》，李北达译，商务印书馆 2002 年版。

［英］罗纳德·巴尼特：《高等教育理念》，蓝劲松等译，北京大学出版社 2012 年版。

Bogdan, R. & Biklen, S.：《质性教育研究：理论与方法》，李奉儒等译，（台湾嘉义）涛石文化 2001 年版。

Miles & Huberman：《质性研究资料分析》，张芬芬译，（台北）双叶书廊 2006 年版。

（二）中文期刊

鲍威：《高校学生院校满意度的测量及其影响因素分析》，《教育发展研究》2014 年第 3 期。

鲍威、李珊：《高中学习经历对大学生学术融入的影响——聚焦高中与大学的教育衔接》，《清华大学教育研究》2016 年第 6 期。

鲍威：《未完成的转型——普及化阶段首都高等教育的人才培养与学生发展》，《北京大学教育评论》2010 年第 1 期。

鲍威：《学生严重的高等院校教学质量：高校学生教学评估的分析》，《现代大学教育》2007 年第 4 期。

曹建等：《以本科生科研促进创新能力培养——北京大学的个案研究》，《中国高校科技》2013 年第 Z1 期。

曹立人等：《高中生学习力的探索研究》，《心理与行为研究》2016 年第 5 期。

邓晶：《高校第二课堂对大学生学习方式的影响研究——以"985 高校"学术科技创新活动为例》，《高教探索》2018 年第 1 期。

傅承哲：《本土化学生学习调查工具的开发初探》，《复旦教育论坛》2012 年第 3 期。

高文：《面向新千年的学习理论创新》，《全球教育展望》2003 年第 4 期。

高志敏：《人力资源开发中的学习力构架研究》，《河北师范大学学报》（教育科学版）2002 年第 11 期。

龚放：《本科教育质量：体制制约、内涵界定与维度补缺》，《大学教育科学》2012 年第 5 期。

龚放：《聚焦本科教育质量：重视"学生满意度"调查》，《江苏高教》2012 年第 1 期。

龚放、吕林海：《中美研究型大学本科生学习参与差异的研究——基于南京大学和加州大学伯克利分校的问卷调查》，《高等教育研究》2012 年第 9 期。

龚放：《守护大学教育之魂：欧内斯特·博耶高等教育思想的最新解读》，《复旦教育论坛》2018 年第 2 期。

谷力：《学习力——个体与环境相互作用的产物》，《上海教育科研》2009 年第 7 期。

郭芳芳、史静寰：《区域认证中的学生评价："奉子成婚"抑或"天作之合"？——美国高等教育质量保障机制研究》，《外国教育研究》2012 年第 10 期。

郭卉、韩婷：《大学生科研学习投入对学习收获影响的实证研究》，《教育研究》2018 年第 6 期。

贺文洁等：《中学生学习力：结构、类型与影响因素研究》，《教育学报》2017 年第 4 期。

胡万山：《北京市属高校大学生学习活动质量实证研究》，《北京社会科学》2018 年第 6 期。

稽艳、汪雅霜：《学习动机对大学生学习投入的影响：人际互动的中介效应》，《高教探索》2016 年第 12 期。

蒋凯：《提高质量：高等教育发展的核心任务——对〈教育规划纲要〉"高等教育"部分的分析》，《大学》（学术版）2011 年第 3 期。

蒋文昭：《谈在反思中提升大学生的学习力》，《教育与职业》2006 年第 11 期。

瞿静：《论学习力理念从管理学向教育学领域的迁移》，《教育与职业》2008 年第 3 期。

李蓓蕾等：《学校类型对初中生班级环境与核心自我评价关系的调节作用——北京市城市公立初中和打工子弟初中的多群组结构方程模型分析》，《教育学报》2018 年第 6 期。

李锋亮等：《父母教育背景对子女在高校中学习与社会活动的影响》，《社会》2006 年第 1 期。

李虹：《大学校园压力的年级和性别差异比较研究》，《清华大学教育研究》2004 年第 2 期。

李育辉等：《高中到大学阶段学生的压力和应对变化：一项追踪研究》，《心理科学》2012 年第 2 期。

林小英：《分析归纳法和连续比较法：质性研究的路径探析》，《北京大学教育评论》2015 年第 1 期。

林小英、宋鑫：《促进大学教师的"卓越教学"：从行为主义走向反思性认可》，《北京大学教育评论》2014 年第 2 期。

刘杨等：《流动儿童城市适应状况及过程——一项质性研究的结果》，《北京师范大学学报》（社会科学版）2008 年第 3 期。

陆根书：《大学生感知的课堂学习环境对齐学习方式的影响》，《复旦教育论坛》2010 年第 4 期。

陆根书等：《大学生学习经历：概念模型与基本特征——基于西安交通大学本科生学习经历的调查研究》，《高等教育研究》2013 年第 8 期。

陆根书：《课堂学习环境、学习方式与大学生发展》，《复旦教育论坛》2012 年第 4 期。

吕林海：《大学生学习参与的理论缘起、概念延展及测量方法争议》，《教育发展研究》2016 年第 21 期。

吕林海、龚放：《大学学习方法研究：缘起、观点及发展趋势》，《高等教育研究》2012 年第 2 期。

吕林海、龚放：《美国本科教育的基本理念、改革思路及其启示——基于 AAC&U 的相关研究》，《教育发展研究》2012 年第 3 期。

马莉萍、刘彦林:《大学教育如何促进地区代际流动?——对大学生生源地、院校地和就业地城市级别的实证研究》,《华东师范大学学报》(教育科学版) 2018 年第 5 期。

穆兰兰、魏红:《大学生自我报告的学习结果和学校满意度的关系研究》,《复旦教育论坛》2015 年第 13 期。

裴娣娜:《学习力:诠释学生学习与发展的新视野》,《课程·教材·教法》2016 年第 7 期。

权小娟、边燕杰:《城乡大学生在校表现比较研究》,《中国青年研究》2017 年第 3 期。

任凯、鲁思·迪肯·克瑞克:《探索有效终身学习之指标:"学习能量"及其动态测评》,《教育学报》2011 年第 6 期。

沈书生、杨欢:《构建学习力:教育技术实践新视角》,《电化教育研究》2009 年第 6 期。

史静寰、王文:《以学为本,提高质量,内涵发展:中国大学生学情研究的学术涵义与政策价值》,《华东师范大学学报》(教育科学版) 2018 年第 4 期。

史静寰:《现代大学制度建设需要"根""魂"及"骨架"》,《中国高教研究》2014 年第 4 期。

史秋衡、郭建鹏:《我国大学生学情状态与影响机制的实证分析》,《教育研究》2012 年第 2 期。

宋志一等:《父母受教育程度对子女心理素质发展影响的测验研究》,《云南师范大学学报》(教育科学版) 2001 年第 3 期。

谭娅等:《家庭经济背景对大学生在校发展的影响——基于北京 17 所高校追踪调查数据的定量研究》,《教育理论与实践》2018 年第 27 期。

汪雅霜、杨晓江:《高水平大学学生满意度的实证研究——基于"国家大学生学习情况调查"数据分析》,《国家教育行政学院学报》2015 年第 2 期。

魏署光、陈敏:《本科生学习效果影响机制研究——基于华中科技大学 SSLD 的分析》,《高等工程教育研究》2016 年第 2 期。

温忠麟等:《调节效应与中介效应的比较和应用》,《心理学报》2005 年第 2 期。

文东茅:《我国高等教育机会、学业及就业的性别比较》,《清华大学教育研究》2005 年第 5 期。

文静:《大学生学习满意度的模型修订与动向检测》,《教育研究》2018 年第 5 期。

吴福元:《大学生的智力发展与智力结构》,《教育研究》1983 年第 4 期。

吴秋翔、崔盛:《鲤鱼跃龙门:农村学生的大学"逆袭"之路——基于首都大学生成长跟踪调查的实证研究》,《华东师范大学学报》(教育科学版) 2019 年第 1 期。

吴太胜:《大学生学科学习力及其生成和发展的教育范式》,《辽宁教育研究》2007 年第 8 期。

杨立军、韩晓玲:《大学生学习投入变化趋势及特征——基于校内追踪数据的分析》,《复旦教育论坛》2013 年第 5 期。

杨钋等:《"转折":二年级学生发展的主题词——基于北京高校学生发展调查数据的实证分析》,《清华大学教育研究》2013 年第 3 期。

尹弘飚:《大学生学习投入的研究路径及其转型》,《高等教育研究》2016 年第 11 期。

张会平、李虹:《大学生动机缺失状况的调查研究》,《清华大学教育研究》2006 年第 S1 期。

张绘:《混合研究方法的形成、研究设计与应用价值——对"第三种教育研究范式"的探析》,《复旦教育论坛》2012 年第 5 期。

张林、周国韬:《自我调节学习理论的研究综述》,《心理科学》2003 年第 5 期。

张娜:《国内外学习投入及其学校影响因素研究综述》,《心理研究》2012 年第 2 期。

张玉婷:《象牙塔里有高墙——基于大学生高等教育体验的质性研究》,《教育学术月刊》2017年第8期。

赵琳等:《高等教育质量的院校类型及区域差异分析——兼论我国高等教育资源配置格局与质量格局》,《清华大学教育研究》2012年第5期。

郑磊、张鼎权:《中国教育性别差异的经济学研究述评》,《妇女研究论丛》2013年第2期。

钟启泉:《学力理论的历史发展》,《全球教育展望》2001年第12期。

周廷勇等:《大学生发展的影响因素模型:一个理论构想》,《教育学报》2016年第5期。

朱斌:《文化再生产还是文化流动?——中国大学生的教育成就获得不平等研究》,《社会学研究》2018年第1期。

朱红:《高校学生参与度及其成长的影响机制——十年首都大学生发展数据分析》,《清华大学教育研究》2010年第6期。

朱红:《建构一流本科生科研参与的大学环境——基于挑战与支持视角的质性研究》,《国家教育行政学院学报》2019年第4期。

朱唤民:《发展学习力:教学管理应有之义》,《中国教育学刊》2011年第10期。

(三) 硕博论文

廖青:《逆流而上:上海精英大学中农村大学生的阶层身份协商》,博士学位论文,香港中文大学,2016年。

吴凡:《我国研究型大学本科人才培养质量研究——基于"985工程"高校大学生学习经验调查》,博士学位论文,厦门大学,2013年。

徐岚:《中国大陆教师的学术责任建构:两所研究型大学之个案研究》,博士学位论文,香港中文大学,2008年。

杨莉:《大学生自我调节学习的研究——心理维度与培养策略》,博士后研究工作报告,厦门大学,2009年。

杨院:《我国大学生学习方式研究:基于学习观与课堂学习环境的探

讨》，博士学位论文，厦门大学，2012年。

张文霄：《课堂评估对学生自主学习的影响》，博士学位论文，香港中文大学，2015年。

二 外文文献

（一）外文图书

A. AC. & V., *College Learning for the New Global Century*, Washington DC: Association of American Colleges and Universities, 2007.

Astin, A. W., *What Matters in College: Four Critical Years Revisited*, San Francisco: Jossey-Bass, 1993.

Biggs, J. B., *Student Approaches to Learning and Studying*, Melbourne: Australian Council for Educational Research, 1987.

Biggs, J., *Teaching for Quality Learning at University: What the Student Does*, London: SRHE, Open University Press, 1999.

Biggs, J. B., *Teaching for Quality Learning at University: What the Student Does* (2nd eds.), Buckingham: Society for Research into Higher Education, Open University Press, 2003.

Boekaerts, M., Pintrich, P. R., & Zeidner, M. (eds.), *Handbook of Self-Regulation*. San Diego, CA: Academic Press, 2000.

Bowen, W. G., Bok, D., *The Shape of the River: Long-Term Consequences of Considering Race in College and University Admissions*, Princeton, NJ: Princeton University Press, 1999.

Bowyer, E. L., *Selected Speeches*, 1979–1995, San Francisco: Jossey-Bass Inc., 1997.

Carnochan, W. B., *The Battleground of the Curriculum: Liberal Education and the American Experience*, Stanford: Stanford University Press, 1994.

Christenson, S., Reschly, A. L., & Wylie, C. (Eds.), *Handbook of Research on Student Engagement*, New York: Springer, 2012.

Claxton, G. L., *Building Learning Power: Helping Young People Become Better Leaners*, Bristol: TLO Ltd, 2002.

Coffield, F. et al., *Learning Style and Pedagogy in Post – 16 Learning: A Systematic and Critical Review*, London: Learning and Skills Research Centre, 2004.

Creswell, J. W., *Research Design: Qualitative, Quantitative, and Mixed Methods Approaches*, Los Angeles, Calif: Sage publications, 2013.

De Corte, E., Verschaffel, L. Entwistle, N., & van Merrienboer, J. (eds.), *Powerful Learning Environments: Unravelling Basic Components and Dimensions (1st ed.)*, Amsterdam: Pergamon, 2003.

Deakin Crick, R., *Learning Power in Practice: A Guide for Teachers*, London: Paul Chapman Publishing, 2006.

Deakin Crick, R., et al., *The Learning Futures Evaluation Report*, London: Paul Hamlyn Foundation, 2010.

Deakin Crick, et al., *The Learning Futures Evaluation Final Report*, London: Paul Hamlyn Foundation, 2011.

Entwistle, N. (eds), *Strategies for Research and Development in Higher Education*, Amsterdam: Swets & Zeitlinger, 1976.

Entwistle N., & Ramsden, P., *Understanding Student Learning*, London: Croom Helm, 1983.

Feldman, K. A., Newcomb, T. M., *The Impact of College on Student*, San Francisco: Jossey-Bass, 1969.

Gijbels, D., Donche, V., Richardson, J. T., & Vermunt, J. D. (Eds.), *Learning Patterns in Higher Education: Dimensions and Research Perspectives*, London: Routledge, 2013.

Gijbels, D., et al. (eds.), *Learning Patterns in Higher Education: Dimensions and Research Perspective*, New York: Routledge, 2014.

Gunstone, R. (eds.), *Encyclopedia of Science Education*, Dordrecht: Springer, 2015.

Hacker, D., Dunlosky, J., & Graesser, A. (eds), *Metacognition in Educational Theory and Practice*, Mahwah, New Jersey: Lawrence Erlbaum Associates, Inc. 1998.

Harding, J., and Thompson, J., *Dispositions to Stay and to Succeed: Final Report*. Bristol: Higher Education Academy, 2011.

Hunter, M. S., et al., *Helping Sophomores Succeed: Understanding and Improving the Secondyear Experience*, San Francisco: Jossey-Bass Publishers, 2009.

Jehangir, R. R., *Higher Education and First-Generation Students: Cultivating Community, Voice, and Place for the New Majority (1st ed.)*, New York, NY: Palgrave Macmillan, 2010.

Karabenick, S. (eds.), *Strategic Help-Seeking: Implications for Learning and Teaching*, New York: Routledge: 1998.

King, P. M., Kitchener, K. S., *Developing Reflective Judgment: Understanding and Promoting Intellectual Growth and Critical Thinking in Adolescents and Adults*, San Francisco: Jossey-Bass, 1994.

Malocom, T., *The Routledge International Handbook of Higher Education*, London: Routledge, 2009.

Marton, F., Booth, S., *The Educational Psychology Series. Learning and Awareness*, New Jersey: Lawrence Erlbaum Associates Publishers, 1997.

Marton, F., Hounsell, D., Entwistle, N., *The Experience of Learning: Implications for Teaching and Studying in Higher Education*, Edinburgh: Scottish Academic Press, 1997.

Merriam, S. B., *Case Study Research in Education: A Qualitative Approach*, San Francisco: Jossey-Bass, 1988.

Merriam, S. B., *Qualitative Research and Case Study Application in Education: Revised and Expanded from Case Study Research in Education*, San Francisco: Jossey-Bass, 1998.

Merriam, S. B., *Qualitative Research in Practice: Examples for Discussion and Analysis*, San Francisco: Jossey-Bass, 2002.

Pace, C. R., *Achievement and the Quality of Student Effort*, National Commission on Excellence in Education, 1982.

Pascarella, E. T., Terenzini, P. T., *How College Affects Students*, San Francisco: Jossey-Bass, 1991.

Pascarella, E. T., &Terenzini, P. T., *How College Affects Student: A Third Decade of Research*, San Francisco: Jossey-Bass Publishers, 2005.

Perry, R., & Smart, J. (eds.), *Handbook on Teaching and Learning in Higher Education*, Dordrecht: Springer Publishers, 2007.

Pintrich, P. R., Brown, D. R., & Weinstein, C. E. (eds.), *Student Motivation, Cognition, and Learning: Essays in Honor of Wilbert J. McKeachie.*, New York: Routledge. 1994.

Plaulsen, M. B., *Higher Education: Handbook of Theory and Research*, Dordrecht: Springer, 2013.

Pressley, M., & Afflerbach, P., *Verbal Protocols of Reading: The Nature of Constructively Responsive Reading*, New York: Routledge, 1995.

Prosser, M., &Trigwell, K., *Understanding Learning and Teaching: The Experience in Higher Education*, Buckingham: Society for Research into Higher Education, 1999.

Richardson, J. T. E., *Researching Student Learning: Approaches to Studying in Campus-Based and Distance Education*, Buckingham: Open University Press and SRHE, 2000.

Rubin, H. J., & Rubin, I. S., *Qualitative Interviewing: The Art of Hearing Data*, London: Sage, 2011.

Schunk, D. H., & Zimmerman, B. J. (eds.), *Self-Regulated Learning: From Teaching to Self-Reflective Practice*, New York: Guilford Press, 1998.

Shin, J. C., Postiglione, G. A., & Huang, F. (eds.)., *Mass Higher

Education Development in East Asia: *Strategy*, *Quality*, *and Challenges*, Cham: Springer International Publishing, 2015.

Smart, J. C. (ed.), *Higher Education*: *Handbook of Theory and Research*, New York: Agathon, 1985.

Smart, J. (ed.), *Higher Education*: *Handbook of Theory and Research*, New York: Agathon Press, 1989.

Tight, M., *The Routledge International Handbook of Higher Education*, New York: Routledge Taylor & Francis Group, 2009.

Tinto, V., *Leaving college*: *Rethinking the Causes and Cures of Student Attrition*, Chicago: University of Chicago Press, 1987.

Tinto, V., *Leaving College*: *Rethinking the Causes and Cures of Student Attrition* (2nd ed.), Chicago, IL: University of Chicago Press, 1993.

Tyler, R. L. (ed.), *Educational Evaluation*: *New Roles*, *New Methods*: *The Sixty-Eighth Yearbook of the National Society for the Study of Educaton*, *Part* Ⅱ, Chicago: University of Chicago Press, 1969.

Weinstein, C., Goetz, E., & Alexander, P. (eds.), *Learning and Studying Strategies*: *Issues in Assessment*, *Instruction*, *and Evaluation*, San Diego, CA: Academic Press, 1988.

Wilson, N., & McClean, S. I., *Questionnaire Design*: *A Practical Introduction*, Coleraine: University of Ulster Press, 1994.

（二）外文期刊

Astin, Alexander W., "Student Involvement: A Developmental Theory for Higher Education," *Journal of College Student Personnel*, Vol. 25, 1984.

Ben-Eliyahu, A., &Bernacki, M., "Addressing Complexities in Self-Regulated Learning: A Focus on Contextual Factors, Contingencies, and Dynamic Relations," *Metacognition and Learning*, Vol. 10, 2015.

Biemans, H., & Van Mil, M., "LearningStyles of Chinese and Dutch Students Compared within the Context of Dutch Higher Education in Life

Sciences," *Journal of Agricultural Education and Extension*, Vol. 14, 2008.

Biggs, John, "What do Inventories of Students' Learning Processes Really Measure? A Theoretical Review and Clarification," *British Journal of Educational Psychology*, Vol. 63, 1993.

Black, John, S., Mendenhall, M., "The U-Curve Adjustment Hypothesis Revisted: A Review and Theoretical Framework," *Journal of International Business Studies*, Vol. 22, 1991.

Boekaerts, Monique, "Being Concerned with Well-Being and with Learning," *Educational Psychologist*, Vol. 28, No. 2, 1993.

Burke, R., & Weir, T., "SexDifferences in Adolescent Life Stress, Social Support, and Well-Being," *The Journal of Psychology*, Vol. 98, 1978.

Busato, V. V., et al., "Learning Styles: A Cross-Sectional and Longitudinal Study in Higher Education," *British Journal of Educational Psychology*, Vol. 68, No. 3, 1998.

Cassdy S., "Learning Styles: An Overview of Theories, Models and Measures," *Educational Psychology*, Vol. 24, No. 4, 2004.

Chen, F. F., Sousa, K. H., & West, S. G., "Teacher's Corner: TestingMeasurement Invariance of Second-Order Factor Models," *Structural Equation Modeling*, Vol. 12, 2005.

Cheung, G. W., Rensvold, R. B., "Evaluating Goodness-of-Fit Indexes for Testing Measurement Invariance," *Structural Equation Modeling*, Vol. 9, 2002.

Coates, Hamish, "A Model of Online and General Campus-Based Student Engagement," *Assessment & Evaluation in Hihger Education*, Vol. 32, No. 2, 2007.

Coates, H., "Development of the Australasian Survey of Student Engagement (AUSSE)," *Higher Education: The International Journal of*

Higher Education and Educational Planning, Vol. 60, No. 1, 2010.

Deakin Crick, R., "LearningHow to Learn: The Dynamic Assessment of Learning Power," *The Curriculum Journal*, Vol. 18, No. 2, 2007.

Deakin Crick, R. & Yu, G., "AssessingLearning Dispositions: Is the Effective Lifelong Learning Inventory Valid and Reliable as a Measurement Tool?" *Educational Research*, Vol. 50, No. 4, 2008.

Deakin Crick, R., et al., "LearningPower in the Workplace: The Effective Lifelong Learning Inventory and Its Reliability and Validity and Implications for Learning and Development," *The International Journal of Human Resource Management*, Vol. 24, No. 11, 2013.

Dent, A. L., &Koenka, A. C., "The Relation between Self-Regulated Learning and Academic Achievement across Childhood and Adolescence: A Meta-Analysis," *Educational Psychology Review*, Vol. 28, 2016.

Ducan, T. G., & McKaechie, W. J., "The Making of the Motivated Strategies for Learning Questionnaire," *Educational Psychologist*, Vol. 40, No. 2, 2005.

Dyer, H., "SchoolFactors and Equal Educational Opportunity," *Harvard Educational Review*, Vol. 37, 1968.

Dyne, A., Taylor, P., & Boulton-Lewis, G., "InformationProcessing and the Learning Context: An Analysis from Recent Perspectives in Cognitive Psychology," *British Journal of Educational Psychology*, Vol. 64, 1994.

Eisenberg, N., Miller, P. A., "TheRelation of Empathy to Prosocial and Related Behaviors," *Psychological Bulletin*, Vol. 101, No. 1, 1987.

Entwistle, N., & Waterston, S., "Approaches toStudying and Levels of Processing in University Students," *British Journal of Educational Psychology*, Vol. 58, 1988.

Entwistle N., & Peterson E., "Conceptions of Learning and Knowledge in

Higher Education: Relationship with Study Behavior and Influences of Learning Environments," *International Journal of Educational Research*, Vol. 41, No. 4, 2004.

Evans, C., &Vermunt, J. D., "Styles, Approaches and Patterns in Student Learning," *British Journal of Educational Psychology*, Vol. 83, 2013.

Fazey, D. M. A., & Fazey, J. A., "The Potential for Autonomy in Learning: Perceptions of Competence, Motivation and Locus of Control in First-Year Undergraduate Student," *Studies in Higher Education*, Vol. 26, 2001.

Fornell, C. G., & Larcker, D. F., "Evaluating Structural Equation Model with Unobservable Variables and Measurement Erro," *Journal of Marketing Research*, Vol. 18, No. 1, 1981.

Forrester, J. W., "A New Corporate Design," *Industrial Management Review*, Vol. 7, No. 1, 1965.

Fredricks, J. A., Blumenfeld, P. C., & Paris, A., "School Engagement: Potential of the Concept, State of the Evidence," *Review of Educational Research*, Vol. 74, 2004.

Fryer, L., & Gijbels, D., "Student Learning in Higher Education: Where We Are and Paths Forward" *Educational Psychology Review*, Vol. 29, 2017.

Gahagan, J., Hunter, M. S., "TheSecond-Year Experience: Turning Attention to the Academy's Middle Children," *About Campus*, Vol. 3, 2006.

Godfrey, P., Deakin Crick, R., & Huang, S., "Systems Thinking, Systems Design and Learning Power in Engineering Education," *International Journal of Engineering Education*, Vol. 30, 2014.

Kahu, E. R., "FramingStudent Engagement in Higher Education," *Studies in Higher Education*, Vol. 38, 2013.

Karabenick, S. A., & Zusho, A., "Examining Approaches to Research on Self-Regulated Learning: Conceptual and Methodological Considerations," *Metacognition and Learning*, Vol. 10, 2015.

Kember, D. Gow, L., "Orientations to Teaching and Their Effect on the Quality of Student Learning," *Journal of Higher Education*, Vol. 65, No. 1, 1994.

Kember, D. Kwan, K., "Lecturers' Approaches to Teaching and Their Relationship to Conceptions of Good Teaching," *Instructional Science*, Vol. 28, 2000.

Kember, D., Biggs, J., Leung, D. Y. P., "Examining the Multidimensionality of Approaches to Learning through the Development of a Revised Version of the Learning Process Questionnaire," *British Journal of Educational Psychology*, Vol. 74, 2004.

Khan, P. E., "Theorising Student Engagement in Higher Education," *British Educational Research Journal*, Vol. 40, 2014.

Kirsti L., &Erkki O., & Jarkko M., "Aspects and Prospects of Measuring Studying and Learning in Higher Education," *Educational Psychology Review*, Vol. 16, No. 4, 2004.

Kuh, G. D., et al., "Unmasking the Effects of Student Engagement on First-Year College Grades and Persistence," *Journal of Higher Education*, Vol. 79, No. 5, 2008.

Kuh, G. D., "The National Survey of Student Engagement: Conceptual and Empirical Foundations," *New Directions for Institutional Research*, Vol. 141, 2009.

Lincoln, Y. S., & Guba, E. G., "Judging theQuality of Case Study Reports," *International Journal of Qualitative Studies in Education*, Vol. 3, 1990.

Lindblom-Ylanne, S., & Lonka, K., "Individual Ways of Interacting with the Learning Environment – Are They Relate to Study Success?"

Learning and Instruction, Vol. 9, 1999.

Lonka K, Olkinuora E, Makinen J., "Aspects and Prospects of Measuring Studying and Leaning in Higher Education," *Educational Psychology Review*, Vol. 16, No. 4, 2004.

Lopatto, D., "Undergraduate Research as a Catalyst for Liberal Learning," *Peer Review*, Vol. 8, 2006.

Lundberg, C. A., "Peers andFaculty as Predictors of Learning for Community College Students," *Community College Review*, Vol. 42, No. 2, 2014.

Marton, F., & Säljö, R., "On Qualitative Differences in Learning Ⅰ: Outcome and Process," *British Journal of Educational Psychology*, Vol. 46, No. 1, 1976a.

Marton, F., & Säljö, R., "On Qualitative Differences in Learning Ⅱ: Outcome and Process," *British Journal of Educational Psychology*, Vol. 46, No. 2, 1976b.

McCormick, A. C., Gonyea, R. M., Kinzie, J., "Refreshing Engagement: NSSE at 13," *Change: The Magazine of Higher Learning*, Vol. 45, No. 3, 2013.

Meade, A. W., Johnson, E. C., &Braddy, P. W., "Power and Sensitivity of Alternative Fit Indices in Tests of Measurement Invariance," *Journal of Applied Psychology*, Vol. 93, 2008.

Parpala, A. et al., "Students' Approaches to Learning and Their Experiences of the Teaching-Learning Environment in Different Disciplines," *British Journal of Educational Psychology*, Vol. 80, No. 2, 2010.

Parsons, S. A., Nuland, L. R., & Parsons, A. W., "The ABCs ofStudent Engagement," *Phi Delta Kappan*, Vol. 95, No. 8, 2014.

Pike, G. R., "TheConvergent and Discriminant Validity of NSSE Scalelet Scores," *Journal of College Student Development*, Vol. 47, No. 5, 2006.

Pintrich, P. R., McKeachie, W., & Lin, Y. G., "Teaching a Course in

Learning to Learn," *Teaching of Psychology*, Vol. 14, No. 2, 1987.

Pintrich, P. R., & De Groot, E. V., "Motivational and Self-Regulated Learning Components of Classroom Academic Performance," *Journal of Educational Psychology*, Vol. 82, No. 1, 1990.

Pintrich, P. R., Smith, D., Garcia, T., & McKeachie, W., "Reliability and Validity of the Motivated Strategies for Learning Questionnaire (MSLQ)," *Educational Psychology Measurement*, Vol. 53, 1993.

Pintrich, P. R., "A Conceptual Framework for Assessing Motivation and Self-Regulated Learning in College Students," *Educational Psychology Review*, Vol. 16, No. 4, 2004.

Poropat, A., "A Meta-Analysis of the Five-Factor Model of Personality and Academic Performance," *Psychological Bulletin*, Vol. 135, 2009.

Porter, S. R., "DoCollege Student Surveys have Any Validity?" *Review of Higher Education*, Vol. 35, No. 1, 2011.

Powell, K. C., &Kalina, C. J., "Cognitive and Social Constructivism: Developing Tools for an Effective Classroom," *Education*, Vol. 130, No. 2, 2009.

Ramsden, P. A., "PerformanceIndicator of Teaching Quality in Higher Education: The Course Experience Questionnaire," *Studies in Higher Education*, Vol. 16, 1991.

Richardson, J. T. E., "Students'Perceptions of Academic Quality and Approaches to Studying in Distance Education," *British Educational Research Journal*, Vol. 31, No. 1, 2005.

Richardson, J. T. E., "Investigating theRelationship between Variations in Students' Perceptions of Their Academic Environment and Variations in Study Behavior in Distance Education," *British Journal of Educational Psychology*, Vol. 76, No. 4, 2006.

Ryan, A., &Pintrich, P. R., "Should I Ask for Help? The Role of Motivation and Attitudes in Adolescents' Help Seeking in Math Class,"

Journal of Educational Psychology, Vol. 89, 1997.

Sansone, C., et al., "Once aBoring Task, Always a Boring Task? The Role of Interest as a Self-Regulatory Mechanism," *Journal of Personality and Social Psychology*, Vol. 63, No. 3, 1992.

Smith, R., "AnOverview of Research on Student Support: Helping Students to Achieve or Achieving Institutional Targets? Nature or De-Nature?" *Teaching in Higher Education*, Vol. 12, 2007.

Svensson, L., "On Qualitative Differences in Learning Ⅲ: Study Skill and Learning," *British Journal of Educational Psychology*, Vol. 47, No. 4, 1977.

Terenzini, P. T., Pascarella, E. T., Biliming, G. S., "Students' Out-of-Class Experiences and Their Influence on Learning and Cognitive Development: A Literature Review," *Journal of College Student Development*, Vol. 37, No. 2, 1996.

Torkzadeh, G., Koufteros, X., & Pflughoeft, K., "Confirmatory Analysis of Computer Self-Efficacy," *Structural Equation Modeling*, Vol. 10, 2003.

Trigwell, K., Prosser, M., "Improving the Quality of Student Learning: The Influence of Learning Context and Student Approaches to Learning on Learning Outcomes," *Higher Education*, Vol. 22, No. 3, 1991.

Umbach, P. D., Wawrzynski, M. R., "Faculty do Matter: The Role of College Faculty in Student Learning and Engagement," *Research in Higher Education*, Vol. 46, No. 2, 2005.

Van R., & Schenk S., "TheRelationship between Learning Conception, Study Strategy and Learning Outcomes," *British Journal of Educational Psychology*, Vol. 54, No. 1, 1984.

Vermunt, J. D., & van Rijswijk, F. A., "Analysis and Development of Students' Skill in Self-Regulated Learning," *Higher Education*, Vol. 17, 1988.

Vermunt, J. D. , "Metacognitive, Cognitive and Affective Aspects of Learning Styles and Strategies: A Phenomenographic Analysis," *Higher Education*, Vol. 30, 1996.

Vermunt, J. D. , "The Regulation of Constructive Learning Processes," *British Journal of Educational Psychology*, Vol. 68, 1998.

Vermunt, J. D. , & Vermetten, Y. J. , "Patterns in Student Learning: Relationships between Learning Strategies, Conceptions of Learning, and Learning Orientations," *Educational Psychology Review*, Vol. 16, No. 4, 2004.

Vermunt, J. D. , & Donche, V. , "A Learning Patterns Perspective on Student Learning in Higher Education: State of the Art and Moving Forward," *Educational Psychology Review*, Vol. 29, 2017.

Ward, C. , "The U-Curve on Trial: A Longitudinal Study of Psychological and Sociocultural Adjustment during Cross-Cultural Transition," *International Journal of Intercultural Relations*, Vol. 22, 1998.

Wentworth, P. A. , & Peterson, B. E. , "Crossing theLine: Case Studies of Identity Development in First-Generation College Women," *Journal of Adult Development*, Vol. 8, 2001.

Wilson, K. L. , Lizzio, A. , Ramsden, P. , "The Development, Validation and Application of the Course Experience Questionnaire," *Studies in Higher Education*, Vol. 22, 1997.

Wolters, C. , &Pintrich, P. R. , "Contextual Differences in Student Motivation and Self-Regulated Learning in Mathematics, English, and Social Studies Classrooms," *Instructional Science*, Vol. 26, 1998.

Yorke, M. , & Knight, P. , "Self-Theories: Some Implications for Teaching and Learning in Higher Education," *Studies in Higher Education*, Vol. 29, 2004.

Zepke, N. , "Student Engagement Research in Higher Education: Questioning an Academic Orthodoxy," *Teaching in Higher Education*,

Vol. 19, 2014.

Zimmerman, B. J., & Martinez-Pons, M., "Development of aStructured Interview for Assessing Student Use of Self-Regulated Learning Strategies," *American Educational Research Journal*, Vol. 23, No. 4, 1986.

Zimmerman, B. J., "Investigating Self-Regulation and Motivation: Historical Background, Methodological Developments, and Future Prospects," *American Educational Research Journal*, Vol. 45, No. 1, 2008.

Zhao, C., &Kuh, G., "Adding Value: Learning Communities and Student Engagement," *Research in Higher Education*, Vol. 45, 2004.

Zusho, A., Pintrich, P. R., & Coppola, B., "Skill and Will: The Role of Motivation and Cognition in the Learning of College Chemistry," *International Journal of Science Education*, Vol. 25, 2003.

Zusho, A., "Toward an Integrated Model of Student Learning in the College Classroom" *Educational Psychology Review*, Vol. 29, 2017.

（三）硕博论文

Huang, S. Imposed or Emergent? A Critical Exploration of Authentic Pedagogy from a Complexity Perspective, Ph. D. Dissertation, University of Bristol, 2014.

Ren, K., 'Could do Better, So Why not?': Empowering Underachieving Adolescents, Ph. D. Dissertation, University of Bristol, 2010.

Wang Q. Coaching Psychology for Learning: A Case Study on Enquiry-Based Learning and Learning Power Development in Secondary Education in the UK Using Participatory Research Methodology, Ph. D. Dissertation, University of Bristol, 2013.

索　引

B

本科生科研　283，294，306，307，314，315

D

大二现象　146，152，155
大学影响理论　68，70—72，74—76，81，89，168，169，194，195，202—204，291，298
第二课堂　265—269，282，283，288，293—297，304，306—308，314，315
动态系统　32，69，158，166，198
多群组结构方程模型　81，111，168，170—172，196，197，213，299
多水平结构方程模型　81，111，216，235，242，244—246，248，299
多水平增长模型　81，111，216，235—242，245，248，299

F

分析归纳法　81，112—115，118，252，269，270，296，298，299

G

个体—环境匹配理论　75，204

H

混合方法研究　83—85，108，114，298，304，308

J

家庭教养方式　292，305
教学质量　3，4，6，7，10，90，280，311—313，315，316
结构方程模型　81，111，120，160，162，163，166，168，

170—172，174，177，179，182，185，188，196—199，202，204，205，207，209，213，242，299

聚敛式设计　85，108，299

K

课堂教学环境体验　90，91，101，102，196，203，215，302

R

人际关系　30，31，59，91，245，246，265—269，283，288，294—297，304，307，308，311

入学前的经历　73，77，80，82，168，170，191，213，278，279，288，295—297，299，304，305，308，309

S

社会建构主义学习理论　66

X

系统动力学　20，21，63，69，70，81，298，308

学习型组织　14，18，20，21

学校环境满意度　91，92，101—103，204，209—215，301，302

Z

终身学习　14，22，24，27，31，54，57，59，68，89

自我定位　285，286，288，289，295—297，303，304，308—310，314

自主调节学习　55，58，67，291，297，303

后　　记

　　行文至此，博士论文的研究与写作也暂告一个段落，但学术研究的道路没有止境，止于至善是学术研究该有的境界。细品此刻的心情，没有想象中的如释重负，也没有欣喜若狂的激动。于我，这是一段紧张而又焦灼的时光，是一次涅槃重生的历练，人生能有几回搏？感恩论文写作的时光，让我遨游在知识的海洋里探索研究的乐趣，让我享受与不同时空的学者对话，完成自我研究旨趣的探索。令我成长，让我快乐。"文章不写半句空"是我在行文过程中对自己的要求，而这受惠于我所遇到的那些人。

　　好似沉浸在研究里不可自拔。"Learning Power"是我的研究主题，而给予我的 learning power 最大支持的是导师史秋衡教授。师姐曾说史老师是小威廉姆·E. 多尔描述的"平等中的首席"，我认为十分贴切。史老师在我的学术与人生成长道路上，给予了最大的发展空间和支持力度。承蒙史老师不弃，总是在我失意的时候为我打气，安慰我、鼓励我，让我有动力和勇气继续前行。我想，也许在 2010 年 10 月 3 日的那个早上，当我打开教育研究院网站看到史老师简介的那一刻，我与史老师的不解之缘就已经注定。在跟随史老师学习的这八年间，深感史老师渊博的学识和极广的见识，思想更是独到而深远。在学术研究上，史老师以其严谨的治学态度影响和要求我们，让我也形成了"文章不写半句空"的治学态度。平日里经常与我交流研究和学习心得，探讨最新的研究近况，在尊重我的观点和想法的同时，总是能够从更高处指导我不断向前，令我受益匪浅，在学术道路上不敢懈怠。生活中的史老师是一个笑起来很可爱的"父亲"。俗话说"一日为师，终身为父"，这是学生视角的说法。史老师却做到"一日为生，终身为子"，对待学生总是能想我们之所想，倾尽所能帮助我们，把我们当成孩子般关心与爱护，用他的人生哲学教导我们为人处世的道理。能成为史老师的学生实在是三生有幸。

在教育研究院学习期间，已近百岁高龄的潘懋元先生亲自为我们传道、授业、解惑，倍感荣幸。虽然先生年近百岁，却依然坚守在教学一线，亲自带领我们前往三亚学院调研，为我们手写反馈作业，令我们十分感动。每次在课堂、沙龙和学术例会上听先生的点评，总有一种醍醐灌顶之感。"学为人师，行为世范"是对先生最好的诠释，是吾辈学习的楷模。

刘海峰老师是开创科举学、引领高考改革的知名专家，是学识渊博、信手拈来的儒雅学者，每学期开学典礼的小故事总是不失幽默与内涵，引起大家的共鸣与思考。邬大光老师对高等教育的独特见解，让我们看到了中国高等教育改革与发展的新画卷。武毅英老师优雅而不失严苛，无论是高等教育经济学课堂上的指点，还是作为评审委员点评他人博士论文，她都能一针见血地指出思想的短板和核心问题所在，令人幡然醒悟。郭建鹏老师深厚的学术修养和对学术的热爱与执着，让我深感敬佩，在大学生学习研究方面也给予了我许多支持与帮助。徐岚老师对我的质性研究方法学习有很大的帮助，虽然理论和范式学习在硕士阶段显得晦涩难懂，但当我深入了解质性研究方法后才理解老师的良苦用心。此外，徐老师还在我申请田野基金项目时给予了支持和指导，她的美丽大方和严谨治学都是我学习的榜样。周序老师看似严苛实则热心和关爱，在我求学过程中也给予了大力的支持和鼓励，于我而言是重要的鞭策力量。同时，感谢别敦荣老师在三亚学院调研期间的指导，感谢王洪才老师在学术例会的指导，感谢覃红霞老师、李国强老师、吴薇老师、张彤老师在我硕士期间对我课程学习的指导，在博士期间以一种无形的力量支持着我，也感谢院里其他老师对我的关心与照顾。

  一直以自己是史门大家庭的一员感到无比骄傲和幸运。在这里，有美丽优雅的师母，时常对我嘘寒问暖，关心我的生活和学业，给予我母亲般的关心与爱护。有文静师姐对我的关怀备至，无论是学术上还是生活中都倾注大量心力帮助我、指导我。有周蕾师姐时常的挂怀，邀我改善伙食，与师姐的聊天总是能够领略另一种豁达的人生态度；有汪雅霜师兄远在南京的时时鞭策，在我人生道路上给予重要意见；有杨院师兄、李玲玲师姐、陈勤老师在我寻求访谈对象时的及时帮助与支持，每每与师兄师姐聊天，都能收获另一种问题视角，令我获益不少；有矫怡程师姐适时的"电话粥"，每当遇到问题时，两个小时的"电话粥"总能帮我化解疑难问题；有康敏师妹时不时的打气点心，还有犀利的观点帮我厘清思路；有杨双羽师姐的陪伴与鼓励；还有陈恒敏师弟、柯安琪、陈璐蓉、孙希幔、杨玉婷、余丹、季玟希、谢玲等师妹在我写论文过程中对我的关心与支持，感激之情难以言表。还要感谢陈琼娥、陈占芳、宋妙君和李凯歌的关心和爱护，你们无条件的信任和支持是我的重要动力；还有刘红垒、刘海涛和郭红霞，难忘我们一起吃吃喝喝的四年时光，有你们陪伴真好！

  特别感谢我的家人。感谢辛苦培育我的爸爸和妈妈，因为你们无条件的支持、包容和爱护，我才能顺利走到今天。你们是我最重要的动力来源。因为你们，我知道自己走到哪里都会有温馨的港湾供我停靠，你们给予了我追逐梦想的底气、勇气和力气，谢谢你们！感谢我的妹妹李萍和外甥黄应泽，你们给我的学习生涯增添了许多乐趣。感谢一直在背后默默支持我的沈凯，与我聊人生，聊理想，聊学术研究的你，仿佛是我丢失的另一半。感谢你的出现，有你相伴，未来的道路不会孤单。

千言万语，唯有化作"谢谢"二字。未来的道路如何，我不得而知。不忘初心，砥砺前行。希望若干年后，我依然还是那个我。"板凳甘做十年冷，文章不写半句空"，于做学问，于做人。

王　芳

于厦门大学丰庭五801

2019 年 3 月 31 日